POLNISCHE SPEZIALITÄTEN

Mit diesem Spezialitätenkochbuch machen wir Sie ein wenig mit der polnischen Küche vertraut. Sie erfahren viel Interessantes über die Entwicklung und Herkunft polnischer Speisen, über die Kochkunst und ihre Sitten und Bräuche. So werden Sie staunen, mit wieviel Sorgfalt und Liebe beispielsweise ein echter Bigos gekocht wird, und es wäre verwunderlich, wenn Sie nicht Lust verspürten, ihn sofort zu probieren. Die Originalität der Gerichte aus unserem Nachbarland wurde bewahrt und viele von Ihnen, die während einer Urlaubsreise schon manche polnische Spezialität gekostet haben, werden gewiß Freude am Nachkochen finden. Wir wünschen viel Vergnügen beim Experimentieren mit Bigos, Pieroggen oder Barschtsch!

Ihr Verlag für die Frau

POLNISCHE SPEZIALITÄTEN

PAŃSTWOWE
WYDAWNICTWO EKONOMICZNE
WARSZAWA
UND
VERLAG FÜR DIE FRAU
LEIPZIG

Rezepte: Zofia Czerny, Stanisław Jarosiński, Helena Kulzowa-Hawliczkowa

Vorwort und Kapitelvortexte: Zofia Kozłowska
Deutsche Übersetzung: Irena Osińska

ISBN 83–208–0025–0

INHALT

ZUR GESCHICHTE DER POLNISCHEN KÜCHE

ALTPOLNISCHE ANFÄNGE

Die Anfänge der polnischen Küche reichen wie bei vielen anderen Völkern weit in die Vergangenheit zurück. Fürchten Sie jedoch nicht, liebe Leser, daß wir Ihnen etwa Rezepte für ein Kotelett aus Mammutfleisch empfehlen werden. Bei dem Einkauf von Mammutfleisch würden Sie sowieso auf unüberwindliche Schwierigkeiten stoßen. Beginnen wir unsere Betrachtung lieber gleich mit jener Zeit, als der Entstehungsprozeß des polnischen Staates bereits abgeschlossen war, damals also, als der erste Herrscher aus der Dynastie der Piasten, Mieszko I. im 10. Jahrhundert den Thron bestieg.

Aus jener Zeit sind uns zwar keine Kochbücher überliefert worden, doch fanden sich zum Glück findige Archäologen und Historiker, die bei den damaligen Bewohnern der polnischen Lande mit Erfolg die wißbegierigen „Topfkieker" spielten. Die Gelehrten bekundeten übereinstimmend, daß die Untertanen Mieszkos I. gar nicht schlecht gelebt haben. Der weitgereiste Kaufmann Ibrahim Ibn Jakub aus Spanien stellte in einem Bericht u.a. fest: „Was nun das Land des Mschka betrifft, so ist es das größte der slawischen Länder. Es ist reich an Getreide, Fleisch, Honig und Weideplätzen". Die Familien hatten demnach auch keine Schwierigkeiten mit den Vorräten und hüteten vorsorglich in ihren Speisekammern Korn, Grütze, Mehl, Fisch, Fleisch und andere Lebensmittel.

Wenn wir uns also dann in jene Zeit zurückversetzen und unter ein polnisches Dach einkehren, so können wir sicher sein, daß uns beispielsweise so ein Menü nicht entgeht: Brot, Żur (saure Mehlsuppe) oder eine andere Suppe, ein Schweine- oder gar Rehbraten, etwas vom Rost (ein Hecht oder Hähnchen), mit Öl oder Speck reichlich gefettete Grütze und zum Nachtisch Erdbeeren und Nüsse. Solch eine Speise erweckt keine Bedenken (im Gegenteil), obwohl ihre Üppigkeit beängstigend gewesen wäre. Solch reichliche Speise ohne Trinken herunterzuschlukken, war undenkbar. Und so langten die Schmauser nach leicht schäumendem Bier, einem uralten Getränk, womit – wie die Legende berichtet – schon der Begründer der ersten polnischen Königsdynastie, der sagenhafte Piast, seine Gäste bewirtet haben soll. In den Häusern der Reichen fehlte es auch nicht an Met, jenem bernsteingelben, nach Kräutern duftenden Getränk, das viel stärker als Bier ist. Vergessen wir jedoch nicht, daß der Hauptbestandteil des Met, der Bienenhonig, damals hauptsächlich zum Süßen der Speisen diente, da man den Zucker noch nicht kannte.

Gewiß litt niemand – angesichts der vorhandenen reichen Gaben der Natur – Not. Der aus Westeuropa stammende Chronist Gallus Anonymus pries im 12. Jahrhundert Polen und nannte es: „...ein Land, wo die Luft rein, der Boden fruchtbar ist, die Wälder voll Honig, die Gewässer voll Fisch, die Ritter kämpferisch, die Bauern fleißig, ...die Kühe voll Milch und die Schafe wollig sind".

Bis in die Neuzeit, d.h. bis Ende des 15. Jahrhunderts, waren die Unterschiede in der alltäglichen Ernährungsweise der verschiedenen Bevölkerungsschichten – mit Ausnahme jener Zeiten, wo das Land von Hungersnöten und Naturkatastrophen heimgesucht wurde – noch relativ gering, wenn man sie mit den späteren Epochen vergleicht. Gewiß aßen die Reichen besseres und mehr Fleisch und verschiedene Fischarten, besonders gern die schmackhaften Heringe; auch stand bei ihnen recht oft der Met auf dem Tisch und immer mehr wurde später von den aus dem Ausland eingeführten Gewürzen wie Pfeffer, Safran, Ingwer u.a. Gebrauch gemacht. Der Wein, besonders der ungarische, erfreute sich bei ihnen eines ausgezeichneten Rufes, wovon die in den Kreisen des Adels verbreitete Wendung „Nullum nisi hungaricum" (Ungarischen oder keinen) ein beredtes Zeugnis ablegt.

Im allgemeinen war die polnische Küche im Mittelalter noch recht einfach. Der polnische König Władysław Jagiełło (1351 bis 1434) mied starke Gertränke und aß nicht nur Fleisch sehr gern, er verschmähte auch Erbsen, Grütze und Bigos (ein Krautgericht) nicht. Seine Gemahlin, die Königin Jadwiga, plauderte mit ihren Hofdamen „ad placentas et pirogos", d.h., bei Plätzchen und Pieroggen, die mit Quark und anderen wohlschmeckenden Dingen gefüllt waren. Das Bild wäre jedoch einseitig, wenn wir behaupten wollten, die Königin und ihre Begleitung hätten ausschließlich diesen Speisen den Vorzug gegeben. Jadwiga war ein zwölfjähriges Kind, als sie ihrem Mann angetraut wurde, und wie jedes Kind liebte sie süßes Backwerk und hatte für Torten, Striezel, Kringel und höchstwahrscheinlich auch für die damals bereits berühmten Pfefferkuchen aus Toruń sehr viel übrig. Sonst war die Alltagskost am Hofe im großen und ganzen noch bescheiden.

Andererseits sind uns Berichte von prunkvollen Festlichkeiten und üppigen Gastmahlen am königlichen Hofe überliefert worden, so beispielsweise die Beschreibung eines glänzenden Festes, das der polnische König Bolesław Chrobry (der Tapfere) im Jahre 1000 anläßlich des Besuches des deutschen Kaisers Otto III. gegeben hat.

Prunkvoll und glänzend waren die Empfänge und Gastmähler am Hofe des Königs Władysław Jagiełło. Die Zahl der Gäste, die an langen, mit Leinentischtüchern bedeckten Tischen saßen, war gewöhnlich sehr groß. Die goldenen und silbernen Pokale, das kostbare Tafelgeschirr, die Kristall- und Jaspisgläser bildeten eine echte Augenweide. Die Zeremonie des Händewaschens leitete ein Festmahl ein. Trompeten- und Hörnerklang ließ den Truchsess und seine Gehilfen ihres Amtes walten: Wild, Geflügel, Fleisch, verschiedene Fische, Pieroggen, süßer Kuchen, kunstvoll verzierte riesige Torten, Früchte, Wein, Met und Bier wurden aufgetragen. Die Zahl der erlesenen Festtagsgerichte war sehr groß.

Diese Festlichkeiten und Gastmähler am Hofe des Königs und an den Herrenhöfen mit ihrem Prunk und Überfluß bildeten jedoch die Ausnahme, die tägliche Ernährung blieb bis in die Neuzeit recht einfach. Überragende Rolle spielte immer noch die alte, bescheidene Küche, die keine Übertreibungen kannte und schon damals die typischen Eigenschaften aufwies: die Vorliebe für Süßigkeiten und säuerliche Speisen wie Sauerkraut, Salzgurken, Barschtsch, Żur, saure Milch.

FREMDE EINFLÜSSE

Das 16. Jahrhundert begann in Polen unter einem guten Stern. Den Menschen ging es meistens wohl. Und auch der geniale Astronom Nicolaus Copernicus, der gerade zu dieser Zeit lebte und wirkte, brauchte sich um die eigenen körperlichen Belange nicht zu sorgen, wenn er die Himmelskörper beobachtete. Die Basis für den allgemeinen Wohlstand im Lande bildete die Landwirtschaft, die die Agrarprodukte nicht nur für den Binnenmarkt, sondern auch für den lohnend gewordenen Export lieferte.

Erst gegen Ende des 16. Jahrhunderts machte sich ein wirtschaftlicher Rückgang bemerkbar, der vor allem die Bauernklasse traf und auch den späteren Ruin der Städte einleitete. Hinzu kamen im 17. Jahrhundert Feldzüge und Kriege, die Polen in seiner Substanz bedrohten, wie der Einfall der Schweden, für den die Literatur den bezeichnenden Namen „Sintflut" (Henryk Sienkiewicz) geprägt hat. Die Versuche einer Reform der Gesellschaft und des Staates im 18. Jahrhundert, im Zeitalter der Aufklärung, kamen leider zu spät. Polen wurde ein Opfer der Nachbarmächte und verlor seine Unabhängigkeit für mehr als 120 Jahre.

Doch kehren wir in das 16. Jahrhundert zurück. Auch damals gab es einen „Überfall" auf Polen. Es war ein durchaus friedlicher Überfall, keinem Menschen wurde ein Leid angetan, die Kämpfe fanden in der Küche statt, nur Hühner und Enten ließen in großer Zahl ihr Leben. Befehlshaber der siegreichen Armeen aber waren... italienische Köche. Dabei fing alles ganz harmlos im Jahre 1518 an mit der Hochzeit des Königs Zygmunt Stary (Sigismund des Alten) aus der Jagiellonen-Dynastie mit der Tochter des Fürsten von Mailand, Bona Sforza, einer äußerst energischen und unternehmungslustigen Frau. Ihre Energie entlud sich sehr bald in einer wahren Invasion von italienischem Gemüse, von Wirsing, Blumenkohl, Kohlrabi, Sellerie und Porree nach Polen. Diese Invasion war so erfolgreich, daß die polnische Bezeichnung für Wurzelwerk bis zum heutigen Tag „włoszczyzna" (vgl. „Włochy" – Italien; „Włoch" – der Italiener) lautet. Es sollte aber nicht nur beim Gemüse bleiben. Den Untertanen von Sigismund und Bona mundeten ebenfalls die Gelees und andere auf italienische Art zubereitete Speisen. Sie schmeckten ihnen so gut, daß sie sich im Repertoire der polnischen Küche für immer einen festen Platz eroberten.

Die kulinarischen Talente von Lucullus'Erben wurden zwar auch in den späteren Jahrhunderten hochgeschätzt, was etwa in der Beliebtheit der italienischen Eiscrems oder Makkaronis seinen beredten Ausdruck findet, doch noch im 16. Jahrhundert traten die französischen Köche auf den Plan, um mit den italienischen in den Wettstreit zu treten. Sie erlangten, freilich erst im 18. Jahrhundert mit den französischen Spezialitäten, besonders dem französischen Gebäck und den verschiedenen Soßen – allen voran die Béchamelsoße – das ständige Bürgerrecht in Polen.

Die Polen verschmähten allerdings auch kulinarische Delikatessen aus anderen Ländern nicht. Vom Orient übernahmen sie verschiedene Süssigkeiten, wie zum Beispiel Makagigi, neben den schon früher eingeführten Gewürzen. Aus Rußland akzeptierten sie die Bliny, Kulebiaki und Kutia (Mohnspeise). Aus Litauen kamen die Kołduny (Hammel- und Rindfleischklößchen). Die Wege der Speisen und Getränke waren mitunter recht weit und verworren. So kam der chinesische Tee im 18. Jahrhundert nach Polen auf dem Umwege... über England, der arabische Kaffee über Deutschland. Diese Neuheiten wurden jedoch nicht sogleich und ohne Einwände akzeptiert. Der Kaffee erfreute sich anfänglich keiner allzu großen Beliebtheit, was auch der Dichter Jan Andrzej Morsztyn (1621 bis 1693) zum Ausdruck brachte, als er den Kaffee als ein abscheuliches, miserables, schädliches Gift bezeichnete. Trotz dieser Einwände fand der Kaffee dann viele begeisterte Anhänger, was von einem nur geringen Einfluß der Literatur auf die Wirklichkeit zeugt.

Im Einklang mit damaligen europäischen Sitten wurden die Gäste immer häufiger auf mehr als üppigen Gastmählern durch gebackene Rehe oder Wildschweine, die man im ganzen servierte, durch Pasteten, die mit lebendigen Vögeln gefüllt waren, oder Schlössern aus Zucker und Naschwerk, Eistürmen und ... kunstvoll aufgebauten, mit Würstchen umflochtenen Laokoon-Gruppen in Erstaunen versetzt. Auf die Tische gelangten Verrücktheiten wie Biberschwänze, Bärentatzen oder Elchmäuler. Dabei schmeckte alles überhaupt nicht. Doch darum ging es nicht. Man stellte einfach seinen Reichtum zur Schau, gab an, protzte. Zu Recht wetterte Mikołaj Rej (1505 bis 1569), der „Vater der polnischen Literatur", über diese „schamlosen Einfälle" und wies darauf hin, die Speisen wären viel besser und schmackhafter, wenn sie aus einem gewöhnlichen Topf auf die Servierplatten kämen. Er lobte das einfache und für die Gesundheit bekömmliche Essen: Fisch, frischen Quark und Eier, Gemüse und Obst, insbesondere Äpfel, über die er bemerkte: „Die Äpfel schmecken gedünstet, gebraten, gebacken, man sollte damit die Gänse füllen...”. Immer wieder empfahl er das Sauerkraut (wie sehr er damit recht hatte, stellte sich viel später heraus, als man den Vitamin-C-Gehalt des Sauerkrauts erkannte) und Ćwikła (Rote-Rüben-Salat mit Meerrettich), die er hochachtungsvoll „Frau Ćwikła” nannte. Mikołaj Rej hatte auch nichts gegen Schweinebraten, Birkhahn in Brühe oder fetten Kapaun mit Nudeln einzuwenden. Er warnte nur vor dem Übermaß. Die auf den Tischen der Reichen demonstrierte übertriebene Üppigkeit und Protzsucht verringerte sich aber keineswegs, im Gegenteil, der Hang zur Übertreibung nahm im Barock, im 17. und Anfang des 18. Jahrhunderts noch zu.

Im ganzen gesehen haben die fremden kulinarischen Einflüsse die polnische Küche bereichert. Die Kartoffel brachte sogar so etwas wie eine „kulinarische Revolution” zustande und verdrängte die altpolnische Grütze. Die Einflüsse des Auslands hinterließen in Polen jedoch ganz verschiedene Folgen: Zum einen unterlagen die ausländischen Rezepte, vom polnischen Geschmack beeinflußt, einer spezifischen Metamorphose; zum anderen bekamen die polnischen Speisen und Gerichte durch die Verwendung fremder Gewürze, Zutaten und Ingredienzen eine neue Geschmacksnote.

FEIERTAGE, FEIERTAGE...

Wie grundverschieden sind doch jene viele Jahrhunderte alten Speisen und Gerichte, die mit dem Brauchtum untrennbar verbunden werden! Die Sitte, an Festtagen anders und reichlich zu essen, war gewiß heidnischen Ursprungs. An Feiertagen mußte es eben anders, feierlich zugehen, und anders, festlich, mußten auch die Mahlzeiten sein.

Die „allerwichtigste” Mahlzeit zu Weihnachten war die am Abend des 24. Dezember (wigilia). Die ganze Familie, zusammen mit dem Gesinde, nahm am gemeinsamen Tische Platz. Zusätzlich wurde dabei immer ein freies Gedeck aufgelegt, das für einen Fremden gedacht war. Betrat ein solcher Gast unverhofft das Haus, so wurde er sofort zu Tisch geladen. In diesem alten Brauch kamen die Menschenfreundlichkeit und Gastfreundschaft, typische Eigenschaften der Polen von altersher, zum Ausdruck.

Das gemeinsame Essen am 24. Dezember war von besonderer Art. Die Speisen und Gerichte am Weihnachtsabend waren seit Jahrhunderten von der Tradition vorgeschrieben. Auf den Tisch gehörten unbedingt: Barschtsch aus roten Rüben mit gefüllten Pilzöhrchen, Fisch-, Pilz- oder Mandelsuppe, verschiedene Fischgerichte wie Karpfen in polnischer Soße, Karpfen gekocht mit kleingehackten Eiern bestreut, überbackener Hecht in Meerrettichsoße, Zander in Gelee, gebratene Pilze, Sauerkraut mit Pilzen, Kleingebäck oder Nudeln mit Mohn, Kompott aus getrockneten Früchten, Kisiel aus Moosbeern oder Mandeln, verschiedene Kuchensorten wie Mohnkuchen, Hefeplätzchen, Honig- und Pfefferkuchen und selbstverständlich die von den Kindern so sehnsüchtig erwarteten Süßigkeiten (bakalie) Rosinen, Feigen, Datteln, Mandeln und Bonbons.
Noch mehr gegessen wurde in alter Zeit gewiß zu Ostern, da ja dieses Fest bekanntlich nach einer längeren Fastenzeit gefeiert wurde. Schon aus diesem Grunde war Appetit auf gutes Essen reichlich vorhanden. Zu Ostern mußte es natürlich Schinken, verschiedene Wurstsorten und gebratene Ferkel geben. Den Ostertisch zierten bunt bemalte Ostereier, ein Osterlamm aus Zucker und viel Grünes. Den Clou der Tafel bildeten die berühmten polnischen Napfkuchen und vielerlei „Mazurki" (traditioneller Osterkuchen), die zu den Spitzenleistungen der polnischen Küche gehören.
Die Herstellung der Napfkuchen glich einer nach strengen Regeln ablaufenden Zeremonie. Zelebriert wurde sie in einer Atmosphäre großer Spannung, denn die Gefahr des Schliefs im Backwerk hing immer „drohend" in der Luft. Deshalb mußte alles genau nach Vorschrift ablaufen, der gesamte Backprozeß erinnerte geradezu an ein Drama in mehreren Akten. Zuallererst mußte bestes Weizenmehl gesiebt, danach die Milch angewärmt und der Hefeteig zum Gehen angerührt werden. Eine Menge Eigelb wurde dann mit Zucker zu einer schaumigen Masse verrührt, Rosinen, Vanille, Orangenschalen und Mandeln vorbereitet. Das alles gehörte gewissermaßen zum Prolog. Erst jetzt begann der erste Akt mit dem Vermengen der Zutaten und dem Kneten des Teigs, der so lange bearbeitet wurde, bis er nicht mehr an den Handflächen klebte. Mit diesem Teig wurden anschließend die hohen gekerbten Formen gefüllt, die breiten Frauenröcken ähnelten. Daher kommt auch der Name des Napfkuchens: „baba" – Weib. Die Kuchenformen wurden

nur zur Hälfte gefüllt, danach mit Leinentüchern zugedeckt und zum Gehen an einen warmen und ruhigen Ort gestellt. Und jetzt begann der so wichtige zweite Akt. Man hütete den Teig vor Erkältungen wie Säuglinge. Selbst der leiseste Luftzug brachte die besorgte Hausfrau um ihr seelisches Gleichgewicht. Wer unbedachterweise die Küchentür öffnete, wurde mit Gezeter und Drohungen bedacht. Schließlich wanderte der Teig in die Backröhre, und der Hausfrau blieb nichts weiter übrig, als geduldig zu warten, bis... an der in den Kuchen gestochenen Holznadel kein Teig mehr klebte. Doch auch dann war die Zeremonie noch längst nicht beendet. Nach dem Herausnehmen aus dem Ofen mußte die „baba" abkühlen. Und das sollte in absoluter Stille geschehen. Selbst der leiseste Lärm konnte ein Setzen des Teiges, den Schlief, hervorrufen. So schlichen denn alle auf den Zehenspitzen durch die Wohnung und vermieden lautes Sprechen, damit die Napfkuchen in Ruhe abkühlen konnten. Das war gewissermaßen der dritte Akt. Den Epilog bildete das Überziehen der Kuchen mit Glasur; mit Buchsbaumzweigen verziert wurden sie angerichtet.

Die Zubereitung der Ostermazurki bedurfte zwar keiner so großen Vorsicht, dagegen aber großen Ideenreichtums, guten Geschmacks, ja einer gewissen Spitzfindigkeit. Man braucht dazu eben... polnische Phantasie! Bei ein wenig Talent konnte jede Hausfrau ihr eigenes Rezept für die originellen Ostermazurki zusammenstellen. Deshalb gibt es auch eine Riesenmenge von Zubereitungsarten. Für die Qualität dieser Kuchen sind sowohl der Geschmack, als auch die kunstvolle Dekoration entscheidend. So ein richtiger Ostermazurek ist eigentlich eine besonders einfallsreiche Dekoration auf einer dünnen Oblate oder auf dünnem Mürbeteigboden, also ein kulinarisches Kunstwerk.

UNSERE VORSCHLÄGE

Wir sind bemüht, unseren Lesern eine möglichst umfassende Übersicht der polnischen Kochkunst zu bieten. Deshalb haben wir auch in unserem Buch ganz verschiedene Speisen und Gerichte berücksichtigt, so die allgemein bekannten und die landschaftsgebundenen, auch Rezepte, die die Jahrhunderte überdauert haben, wie Żur und Grütze, aber auch jene, die aus dem Ausland kamen und sich in Polen so akklimatisiert haben, daß die polnische Küche ohne sie undenkbar geworden ist, wie – um ein

Beispiel zu nennen – Kartoffeln. Saure Milch und junge Kartoffeln, mit gewiegtem Dill bestreut, ist ein Gericht, von dem jeder Pole im Ausland träumt.
Unsere Rezepte haben wir mehreren Kochbüchern entnommen, wobei die ganz alten aus Omas Kochbüchern einer kritischen Prüfung und „Abmagerungskur" unterzogen wurden. Daher empfehlen wir heute nicht mehr 50 Pieroggen pro Person oder einen Napfkuchen, für den 80 Eidotter gebraucht werden. Unsere Vorschläge sind dem Geschmack des 20. Jahrhunderts angepaßt. Viele Hausfrauen werden sicherlich unsere Rezepte, was den Energiegehalt betrifft, weiter reduzieren wollen. Wir haben wirklich nichts dagegen. Die Ergebnisse solcher Kürzungen sind häufig sehr interessant. Doch sollte man maßvoll experimentieren und nicht übertreiben.
Den größten Teil der Rezepte haben wir neueren und neuen polnischen Kochbüchern entnommen. Wer Zeit findet, die Rezepte eingehender zu untersuchen, wird die Überzeugung gewinnen, daß die polnische Küche ihre Traditionen pflegt, die sie von der Küche anderer Völker unterscheiden. In Polen wird auch heute alles leicht säuerlich und süß gegessen, es wird immer noch gern Sahne in die Suppe gerührt und das gekochte Gemüse mit zerlassener Butter und Semmelbröseln übergossen. Große Napfkuchen und Mazurki, auch Pfefferkuchen, nehmen weiterhin einen Ehrenplatz an unseren Tischen ein, und getrocknete Pilze, Meerrettich, Dill, Kümmel und Majoran sind nach wie vor unsere Lieblingsgewürze. Äpfel, Sauerkraut und Salzgurken sind heute ebenso populär wie zu Zeiten von Mikołaj Rej. Auch der Bigos, das beliebte Jagdgericht aus Sauerkraut, thront unverändert auf unseren häuslichen Speisekarten auf dem ersten Platz.

„Volkslieder und auch Nationalgerichte
Entstehen draußen nur in Feld und Wald.
Das Bauernvolk, das einfache und schlichte,
Gibt ihnen Form und richtigen Gehalt.

Den rechten 'Bigos' kann man zubereiten
Mit Sauerkraut auf mannigfache Art.
Auch werden Kräuter, je nach Jahreszeiten,
Doch ja recht klein geschnitten, nicht gespart.

Nur muß das Sauerkraut so weich und milde
Stets sein, daß auf der Zunge es zergeht.
Dazu kommt ein Stück Fleisch (doch nicht vom Wilde),
Vom Rind, vom Schwein, doch bester Qualität.

Und über offnem Feuer wird das alles
Gekocht, bis auch der letzte Saft heraus.
Bis aus den Kesseln brodelnd überall es
Hervorquillt dann, und fertig ist der Schmaus."

So hat die Zubereitung des Bigos der größte polnische Dichter der Romantik, Adam Mickiewicz (1798 bis 1855), im vierten Buch seines Versepos „Pan Tadeusz" (Nachdichtung von Walter Panitz, Aufbau-Verlag, Berlin 1955) beschrieben. Und so wird der Bigos auch bis heute gekocht, vielleicht ein wenig unpoetischer nur. Im Grunde genommen bewahrte sich die polnische Küche bis heute ihre charakteristischen Merkmale, sie paßte sie nur den neuen Lebensbedingungen an.
Unser Kochbuch ist für jene bestimmt, die ihr Menü mit polnischen Speisen und Gerichten bereichern wollen. Es beinhaltet einige hundert Rezepte für Vorspeisen, Suppen, Fleisch- und Fischgerichte, Kuchen und Getränke. Diese Rezepte, jeweils für 4 Personen berechnet, gestatten es, sowohl ein Alltagsessen als auch ein festliches Menü zusammenzustellen. Durch unser Kochbuch werden Sie ebenfalls mit der Zubereitung polnischer Nachtische und Leckerbissen bekannt gemacht.
Wir laden Sie zum Probieren und Kosten der polnischen Spezialitäten herzlichst ein und wünschen Ihnen

Smacznego – Guten Appetit!

VORSPEISEN

Vorspeisen sind in Polen sehr beliebt. Sie leiten festliche Mittag- und Abendessen ein, sollen den Appetit anregen und die Gäste in eine gelöste Atmosphäre versetzen.

Die Vielfalt der Vorspeisen ist unwahrscheinlich groß. In unserem Kochbuch können wir nur die bekanntesten und am meisten charakteristischen Vorspeisen und Imbisse berücksichtigen. Dabei verzichteten wir jedoch auf Wurstwaren, kaltes Fleisch und illustrierte Brote, die zwar zum festen „Vorspeisen-Programm" gehören, jedoch so einfach zuzubereiten sind, daß sie keiner besonderen Rezepte bedürfen. Zwei oder drei Wurstsorten, Schinken, Schweine-, Lenden- und Kalbsbraten werden einfach in hauchdünne Scheiben geschnitten, auf Platten angerichtet und mit grünen Kopfsalatblättern, mit Petersilie, Tomaten und Gurkenscheiben garniert. Dazu werden Rote-Rüben-Salat (Ćwikła), Meerrettich mit Essig oder Sahne, Senf, marinierte Pilze, Pflaumen oder Birnen in Essig auf den Tisch gestellt. Die Zubereitung der illustrierten Brote macht ebenfalls wenig Kopfzerbrechen. Dazu läßt sich vielerlei verwenden: Quark oder Schafskäse, gekochter Schinken oder Wurst, marinierte Pilze oder Salzgurken. Alles kann nach Belieben in verschiedenen Zusammenstellungen auf kleinen, mit Butter bestrichenen Weiß- oder Schwarzbrotschnitten dekorativ angerichtet und mit Petersilie garniert werden. Damit werden die illustrierten Brote „polnisch" aussehen.

Wenn die darauffolgenden Gänge nicht sehr energiereich sind, setzt sich die Vorspeise aus mehreren kalten und warmen Speisen zusammen. Sonst beschränkt man sich und reicht manchmal lediglich einen pikanten

Hering in Essig, saurer Sahne oder Öl. Zum Hering wird selbstverständlich ein Gläschen eiskalter Wodka serviert, und so kann man schon einen Trinkspruch ausbringen „Auf das Wohl der schönen Damen!". Das ist eine alte Sitte. Damit wird auch das erste Eis gebrochen, wenn Gäste geladen wurden, die sich noch nicht kannten.
Also dann – beginnen wir: „Zdrowie pięknych pań" – „Auf das Wohl der schönen Damen"!

KALTE VORSPEISEN

Quark mit Schnittlauch

Twarożek ze szczypiorkiem

600 g Quark, 1/4 l Sahne, Salz, 6 Eßl. gewiegter Schnittlauch, 12 Radieschen, Kopfsalatblätter.

Den Quark mit der Sahne verrühren, Salz und gehackten Schnittlauch zugeben, Alles gut verrühren, mit Radieschenscheiben garnieren und portionsweise auf Kopfsalatblättern anrichten. Zu schwarzem Roggenbrot servieren.

Schafskäse mit Sardinen

Awanturka (bryndza z sardynkami)

250 g Schafskäse (Bryndza), 1 kleine Dose Sardinen, 1 Eßl. gewiegte Zwiebel, Paprika.

Den Schafskäse in einer Schüssel mit einer Gabel weichkneten. Die zerkleinerten Sardinen, Zwiebel sowie Paprika nach Belieben zufügen und alles sorgfältig verrühren. Wenn die Masse zu dick ist, mit dem Sardinenöl verdünnen, bis sie als Brotaufstrich verwendet werden kann. Zur Masse kann man auch 1 Teelöffel zerkleinerte Kapern zugeben.

Käsekugeln

Gomółki z sera

200 g Quark, 50 g Butter, 100 g Reibekäse, Kümmel,

nach Belieben
Hasel- oder Walnüsse,
Paprika oder Schnittlauch.

Den Quark mit der Butter zu einer Masse verkneten, den Reibekäse und den Kümmel zugeben und alles gut vermengen. Mit befeuchteten Händen kleine länglichrunde Klumpen oder Kugeln formen. Auf ein Brettchen legen und einige Tage an einem luftigen Ort trocknen lassen. Die Käsekugeln können auch frisch serviert werden. Damit sie nicht so kleben nach Belieben in gemahlenen Hasel- oder Walnüssen, in Paprika oder gehacktem Schnittlauch wälzen.

Eier mit Wurst gefüllt
Jaja nadziewane kiełbasą

4 hartgekochte Eier,
100 g Wurst,
20 g Schnittkäse,
2 Eßl. Sahne,
Pfeffer, Salz,
125 g Mayonnaise, Senf,
Kopfsalat oder Petersilie.

Die Eier schälen, längs halbieren. Die Eigelb herausnehmen. Den Schinken oder die Mettwurst mit den Eigelb und dem Schnittkäse durch den Wolf drehen. Sahne, Pfeffer und Salz unter die Masse rühren. Die Eihälften mit der Masse füllen, auf einer Platte anrichten und mit der mit Senf verrührten Mayonnaise begießen. Mit Salatblättern oder Petersilie garnieren.

Eier mit Heringsbutter gefüllt
Jaja nadziewane pastą śledziową

4 hartgekochte Eier,
50 g Schmelzkäse, 20 g Senf,
70 g Heringsbutter,
300 g Gemüsesalat,
8 Kopfsalatblätter,
175 g Mayonnaise,
1 Teel. gewiegte Petersilie
und Dill.

Die Eier schälen, längs halbieren, die Eigelb herausnehmen und zusammen mit dem Schmelzkäse durch ein Sieb streichen. Senf und Heringsbutter zufügen und alles miteinander verrühren. Die Masse in die

Eihälften füllen. Nach Belieben die Masse mit einem Spritzbeutel obenauf spritzen. Den Gemüsesalat auf den Kopfsalatblättern anrichten, die gefüllten Eier darauf setzen. Alles mit Mayonnaise garnieren und mit gewiegter Petersilie und Dill bestreut servieren.

Eier mit Hering oder Räucherfisch gefüllt

Jaja nadziewane śledziem lub rybą wędzoną

200 g Salzheringe,
Bücklinge oder Sprotten,
4 hartgekochte Eier,
Mayonnaisensoße.

Die Heringe wässern, gut abspülen und abtropfen lassen, häuten, entgräten und in Stücke schneiden. Die geschälten Eier längs halbieren, die Eigelb herausnehmen. Die Heringsstücke zusammen mit den Eigelb durch den Wolf drehen. Die Heringsmasse mit 1 bis 2 Eßlöffel Mayonnaisensoße zu einer lockeren Masse schlagen. Die Eiweißhälften mit der Masse so füllen, daß sie jeweils die Form eines ganzen Eies ergeben. Die gefüllten Eier auf einem flachen Glasteller mit Mayonnaisensoße begießen, nach Belieben garnieren.

Gemüsesalat mit Mayonnaise

Sałatka jarzynowa z majonezem

100 g weiße Bohnen,
1 bis 2 hartgekochte Eier,
100 g Möhren, 50 g Sellerie,
50 g Petersilienwurzel,
200 g Pellkartoffeln,
100 g Äpfel,
100 g saure Gurken,
50 g marinierte Pilze,
1/4 l Mayonnaise, Salz, Zucker,
Zitronensaft oder Essig, Senf,
Petersilie, 1 Tomate,
1 kleine Staude Kopfsalat.

Die Bohnen waschen und mehrere Stunden einweichen, danach im Einweichwasser garkochen die hartgekochten Eier schälen. Das gare Gemüse und die gekochten und gepellten Kartoffeln zusammen mit den geschälten Äpfeln, sauren Gurken und Pilzen sowie den Eiern klein würfeln. Die weißen Bohnen zufügen und alles mit 3 bis 4 Eßlöffel Mayonnaise vermengen. Mit Salz, Zucker, Zitronensaft (oder Essig) und Senf abschmecken. Den Salat in einer Schüssel zu einem Berg auftürmen und mit der restlichen Mayonnaise begießen. Mit Petersilie, Tomatenvierteln, Eischeiben und Kopfsalatblättern garnieren. Anstelle von Bohnen kann man 100 g grüne Dosenerbsen verwenden. Gemüsesalat serviert man auch portionsweise in ungeschälten, ausgehöhlten Äpfeln.

Fleischsalat mit Mayonnaise
Sałatka mięsna z majonezem

750 g Pellkartoffeln,
200 g Äpfel,
120 g grüne oder saure Gurken,
200 g gebratenes oder gekochtes Fleisch (Rind-, Kalb-, Schweinefleisch oder Geflügel),
Mayonnaisensoße,
1 Eßl. Senf.
Zum Garnieren:
gekochte Möhre,
Gurke und Petersilie.

Alle Zutaten klein würfeln und mit der Mayonnaisensoße und Senf vermischen. Den Salat in eine größere Schüssel geben, mit Möhre, Gurke und Petersilie garnieren und kaltstellen. Man kann auch kleine Salatportionen auf Kopfsalatblättern oder in halbierten und ausgehöhlten Gurken anrichten.

Heringssalat
Sałatka śledziowa

100 g weiße Bohnen,
100 g Möhren,
100 g Petersilienwurzel,
50 g Sellerie,
400 g Pellkartoffeln,
120 g grüne oder Salzgurken,
200 g Äpfel,
50 g Zwiebeln,
300 g Salzheringe,
Salz, Essig, Zucker,
Mayonnaisensoße.
Zum Garnieren:
gekochte Möhre,
Gurke und Petersilie.

Wie den Gemüsesalat zubereiten, nur den vorher gewässerten, gut abgespülten, entgräteten und klein geschnittenen Salzhering zugeben. Mit Möhre, Gurke und Petersilie garnieren.

Salat Warschauer Art
Sałatka warszawska

80 g weiße Bohnen, 2 Eier, 60 g Senfgurke, 1/2 Eßl. Senf, Zitronensaft, 80 g Äpfel, 20 g Zwiebel, Salz, Pfeffer, Zucker, 2 Eßl. saure Sahne.

Die eingeweichten und gargekochten Bohnen abgießen und mit Senf, Zitronensaft, Salz, Pfeffer und Zucker vermengen. Eine Stunde durchziehen lassen. Die geschälten hartgekochten Eier, Gurken, geschälten Äpfel und Zwiebeln in Streifen oder kleine Würfel schneiden. Alle Zutaten gut vermischen und zum Schluß mit saurer Sahne abschmecken.

Spargelsalat
Sałatka szparagowa

500 g Spargel, Salz, Zucker, 2 Eßl. Öl, 4 Eßl. Milch, 1/2 Eßl. Senf, 1/2 Eßl. Essig.

Den Spargel in Salzwasser mit etwas Zucker und Milch garen. Den Senf mit Öl und Essig verrühren und mit Salz abschmecken. Den abgekühlten Spargel auf einem flachen Teller mit den Spitzen zur Mitte anrichten und mit der Soße übergießen.

Porreesalat
Sałatka z porów

400 g Porree, Zucker, Salz, 100 g Äpfel, 125 g Mayonnaise, Pfeffer, 100 g Salzgurken, 2 Eßl. gewiegter Dill.

Den Porree mit etwas gezuckertem Salzwasser übergießen, in 2 bis 3 cm lange Stücke schneiden. Auf einer Platte anrichten, salzen, pfeffern, mit fein gehobelten Gurken und Äpfeln überstreuen, mit Mayonnaise begießen, mit gewiegtem Dill bestreut servieren.

Marinierte Heringe
Śledzie marynowane

6 Salzheringe, 1 Teeglas Essig, 1 Möhre, 1 Lorbeerblatt,

6 Pimentkörner, 5 Pfefferkörner, *1 Eßl. Zucker,*
1 Teel. Senfkörner, *6 Zwiebeln.*

Die Heringe waschen und 24 Stunden wässern. Das Wasser mehrmals erneuern. Die Heringe aus dem Wasser nehmen, säubern, filetieren. Für die Marinade den Essig, 1 Glas Wasser, Möhrenscheiben, Lorbeerblatt, Piment-, Pfeffer- sowie Senfkörner etwa $^1/_2$ Stunde kochen lassen. Die Heringsmilch durch ein Sieb streichen, mit der abgekühlten Marinade vermengen und mit Zucker abschmecken. Die Zwiebeln in Ringe schneiden und abwechselnd mit den Heringsstücken in ein Glas schichten. Die Marinade darübergießen. Zugedeckt kühlstellen.

Heringspaste
Śledziowa pasta

1 Hering, 1 große Zwiebel, *2 Eßl. Mayonnaise,*
2 Äpfel, 50 g Gewürzgurken, *Zucker, Salz, Senf.*

Den Hering 3 bis 4 Stunden wässern, säubern, häuten, filetieren und entgräten. Die geschälte und zerkleinerte Zwiebel sowie die geschälten zerkleinerten und vom Kerngehäuse befreiten Äpfel zusammen mit den Gewürzgurken und dem Hering durch den Wolf drehen, mit Mayonnaise vermengen, mit Zucker, Salz und Senf abschmecken und alles gut verrühren. Die Heringspaste zu Kartoffelpuffern oder Brot servieren.

Heringe in saurer Sahne
Śledzie w śmietanie

500 g Salzheringe, *Zitronensaft oder Essig,*
80 g Äpfel, 30 g Zwiebel, *1 Teel. gewiegte Petersilie.*
$^1/_8$ l saure Sahne,
Salz, Zucker,

Die Salzheringe wässern, gut abspülen, abtropfen lassen, säubern, enthäuten und entgräten. Jede Hälfte in 3 bis 4 Stücke schneiden. Die Äpfel waschen, schälen und grob reiben. Die Zwiebel schälen, klein schneiden und sofort mit den geriebenen Äpfeln und saurer dicker

Sahne mischen. Mit Salz, Zucker, Zitronensaft oder Essig abschmecken. Die Heringsstücke auf einer Glasplatte anrichten, reichlich mit Sahne begießen und mit Petersilie bestreuen. Der Sahne nach Belieben etwas Senf zugeben.

Heringe in Öl

Śledzie w oleju

500 g Salzheringe,
30 bis 50 g Senf,
1/8 l Öl,
1 Lorbeerblatt.

Die Salzheringe waschen und 24 Stunden wässern. Aus dem Wasser nehmen, säubern, filetieren, enthäuten, entgräten. Jedes Heringsfilet mit Senf bestreichen, fest einrollen und mit einem Zahnstocher feststecken. Die Rollen in ein Glasgefäß schichten und mit Öl begießen. Lorbeerblatt zugeben. Das Glas zudecken und kühl aufbewahren. Als Vorspeise mit Zwiebelringen servieren.

Heringe à la „Rollmops"

Śledzie „Rolmopsy"

500 g Salzheringe, 1/8 l Essig,
1 Zwiebel, 1 Lorbeerblatt,
3 bis 5 Pfefferkörner,
5 g Salz, 5 g Zucker,
50 g Salz- oder Senfgurken,
50 g gare Möhren (Konserve),
2 bis 3 Eßl. Öl.

Die Salzheringe wässern, enthäuten und entgräten. Die Milch ebenfalls enthäuten und getrennt wässern. In 1/8 l Wasser den Essig, die kleingeschnittene Zwiebel, Lorbeerblatt, Pfefferkörner, Salz und Zucker etwa 15 Minuten kochen, abkühlen lassen. Die Heringe aus dem Wasser herausnehmen, abtropfen lassen und filetieren. In jedes Heringsfilet eine Gurken- und eine Möhrenscheibe fest einrollen und mit einem Zahnstocher feststecken. Die Rollen in ein Glasgefäß schichten. Die abgetropfte Milch durch ein feines Sieb passieren, mit Öl und der Essigmarinade verrühren und mit Salz und Zucker abschmecken. Die Soße über die Heringsrollen gießen. Das Glas zudecken und kühl aufbewahren (im Winter etwa 10 Tage).

Fisch in Mayonnaise

Ryba w majonezie

600 g Dorsch oder anderer Fisch,
250 g Mayonnaise,
300 g Gemüsesalat.
Für den Sud: 200 g Wurzelwerk,
1 Lorbeerblatt, 3 Pimentkörner.
Zum Garnieren: Petersilie,
Dill, 1 Gurke, 1 Tomate.

Den Fisch häuten, ausnehmen, von den Gräten befreien und in 1 $^1/_2$ Liter Wasser mit Wurzelwerk und den Gewürzen garen. Den abgekühlten Fisch in kleine Stücke schneiden, mit 1 bis 2 Eßlöffel dicker Mayonnaise gut verrühren. Auf einer länglichen Platte den Gemüsesalat anrichten. Die Fischmasse löffelweise auf den Gemüsesalat verteilen und mit Mayonnaise begießen. Mit gewiegter Petersilie und Dill, mit Gurkenscheiben und Tomatenvierteln sowie mit Mayonnaise garnieren.

Fischgelatine

Galantyna z ryby

1200 g Fisch
(Zander, Dorsch, Hecht),
200 g Wurzelwerk,
1 Lorbeerblatt,
3 Pimentkörner, Salz,
$^1/_8$ l Milch, 50 g Weißbrot,
60 g Zwiebeln, 3 Eier, Pfeffer,
40 g Butter oder Margarine,
100 g Essiggurken,
20 g Margarine
zum Bestreichen.
Für das Gelee: 20 g Gelatine,
1 Eßl. Essig, 2 Eiweiß,
Zum Garnieren:
einige Salatblätter.

Den Fisch schuppen, Kopf, Flossen und Schwanz abschneiden. Dann waschen, filetieren, enthäuten. In 2 Liter Wasser das gewaschene und geschälte Wurzelwerk, Kopf, Haut und Rückgrat mit den Gewürzen kochen, Salz zugeben. Den Sud abseihen und in einen Fischkessel gießen. Die Filets leicht klopfen. Das von den Filets, Kopf und Rückgrat abgeschnittene Fleisch mit dem in Milch eingeweichten und ausgedrückten Weißbrot sowie mit den kleingeschnittenen und in Fett gedünsteten Zwiebeln durch den Wolf drehen. 1 Ei, Salz, Pfeffer, 2 Eßlöffel Milch oder Wasser hinzufügen und zu einer feinen Masse vermischen. 2 Eier hart kochen, abkühlen, schälen. Eine Leinenserviette oder Pergamentpapier anfeuchten und mit Margarine bestreichen. Auf die Serviette die Fischfilets legen und darauf gleichmäßig die Fischmasse streichen, auf die Masse abwechselnd halbe Eier und Essiggurken geben. Die Serviette zusammenrollen und alle 2 bis 3 cm mit einem Faden zusammenbinden. Auf das Sieb des Fischkessels legen und über dem heißen Sud langsam 1 Stunde garen. Danach in den Sud geben, mit einem Brettchen beschweren und alles abkühlen lassen. Vorsichtig aus dem Sud herausnehmen und die Serviette aufrollen. Das Gericht auf eine lange Platte legen und in 1 cm dicke Scheiben schneiden. Die Gelatine nach Vorschrift einweichen und $^1/_8$ l siedenden Sud dazugießen. Ein mit feuchtem Leinen ausgelegtes Sieb über eine Kasserolle geben. 1 Liter kalten Sud hindurchgießen. Essig, 2 Eiweiß und die aufgelöste Gelatine hinzufügen. Auf kleiner Flamme alles bis zum Sieden schlagen. Vom Feuer nehmen, 20 Minuten stehen lassen, den Schaum abschöpfen, den Sud durchseihen. Nach Belieben mit Salz und Essig abschmecken. Das Fischgericht mit Salatblättern oder Winterkohl garnieren. Zweimal mit erstarrender Gelatine begießen. Mit einer scharfen Soße oder Meerrettich servieren. Als Beilage kann ein in Streifen oder Würfel geschnittenes Omelett, mit gekochtem und durchgeseihtem Spinat grün gefärbt, gereicht werden. Das Omelett kann auch mit Tomatenmark gefärbt werden.

Gefüllter Hecht oder Dorsch in Gelee

Szczupak lub dorsz nadziewany w galarecie

700 g Fisch, 200 g Wurzelwerk,
1 Lorbeerblatt, 3 Pimentkörner,
Salz, 30 g Weißbrot,
$^1/_{16}$ bis $^1/_8$ l Milch,
1 Zwiebel, 30 g Fett,
1 Ei, 30 g Grieß, Pfeffer.

Für das Gelee:
10 bis 20 g Gelatine,
1 Eßl. Essig, 2 Eiweiß.
Zum Garnieren:
1 hartgekochtes Ei,
einige Kopfsalatblätter.

Den Fisch schuppen, Flossen und Schwanz abschneiden. Den Fisch waschen. Die Haut um den Kopf anschneiden, umschlagen, mit einem scharfen Messer vom Fleisch trennen und am Kopf beginnend bis zum Schwanz abziehen. Beim Schwanz abschneiden. Die Haut beiseite legen, falls sie beschädigt wurde, zunähen. Den Fisch abspülen, abtropfen lassen, filetieren und entgräten. Das gewaschene und geschälte Wurzelwerk, Kopf und Rückgrat des Fisches mit den Gewürzen in 2 Liter Wasser kochen. Das Weißbrot in Milch einweichen, ausdrücken. Die Zwiebel schälen, in Scheiben schneiden und im Fett kurz dünsten. Das Fleisch mit dem Weißbrot und der Zwiebel durch den Wolf drehen. 1 Ei, etwas ungekochten Grieß, 3 bis 4 Eßlöffel Milch oder Wasser hinzufügen, mit Salz und Pfeffer abschmecken und zu einer feinen Masse mischen. Die Fischhaut mit der Masse locker füllen, zunähen. Auf den Einsatz des Fischkessels legen und den abgekühlten durchgeseihten Sud darübergießen. Langsam erwärmen, damit die Haut nicht platzt und 1 Stunde leise garen. Danach den Fisch im Sud abkühlen lassen, herausnehmen, in schräge Scheiben schneiden und auf eine lange Platte legen. Von $^{3}/_{4}$ Liter Sud das Gelee zubereiten wie im Rezept „Fischgelatine" beschrieben. Die Fischportionen beliebig mit dem gekochten und kleingeschnittenen Wurzelwerk und Eischeiben garnieren. Mit der erstarrenden Gelatine zweimal übergießen. Auf Kopfsalatblättern anrichten. Mit einer scharfen kalten Soße servieren.

Fischfilets in Gelee

Rybne filety w galarecie

800 g Fisch (Brasse, Schleie, Zander, Hecht oder Karpfen)
200 g Wurzelwerk,
2 Lorbeerblätter,
5 Pimentkörner, Salz.
Für das Gelee: 20 g Gelatine,
1 Eßl. Essig, 2 Eiweiß.
Zum Garnieren:
1 hartgekochtes Ei,
saure Gurke,
grüne Erbsen.

Den Fisch schuppen, ausnehmen und unter fließendem Wasser gründlich waschen. Mit einem scharfen Messer den Fisch entlang des Rückgrates aufschneiden und in 4 cm breite Stücke teilen. Den Kopf mit dem Wurzelwerk und den Gewürzen in 1 $^{1}/_{2}$ Liter Wasser kochen, vor dem Garen etwas Salz zugeben. In den warmen durchgeseihten Sud die Fischstücke legen und langsam 30 Minuten garen. Den Fisch mit dem Sud abkühlen lassen.Das Wurzelwerk herausnehmen und in Scheiben schneiden. Die für den Fisch bestimmte Platte mit den gekochten Gemüsescheiben, mit geschälten und in Scheiben geschnittenen Eiern, in Streifen oder Scheiben geschnittener Gurke und grünen Erbsen belegen. Den Fisch aus dem Sud nehmen. Gelee zubereiten wie im Rezept „Fischgelatine" beschrieben. Die Garnierung mit Gelee übergießen und abkühlen lassen. Aus den Fischstücken die größeren Gräten entfernen, den Fisch auf der Garnierung anrichten und ebenfalls mit Gelee übergießen, abkühlen lassen. Vor dem Servieren den Plattenboden mit einem feuchten, heißen Geschirrtuch anwärmen, dann den Fisch vorsichtig auf eine andere Platte stürzen. Den Fisch mit in saurer Sahne verrührtem fein geriebenem Meerrettich oder einer anderen kalten scharfen Soße servieren.

Karpfen oder Hecht in Gemüse I

Karp lub szczupak w jarzynach I

1 kg Fisch,
100 g Zwiebeln,
80 g Möhren,
80 g Petersilienwurzel,
100 g Sellerie, Salz,
20 g Zucker,
Pfeffer,
Pimentkörner,
1 kleines Lorbeerblatt,
10 g Gelatine.

Den Fisch schuppen, ausnehmen, unter fließendem Wasser gut waschen und den Kopf abschneiden. Das Fischfleisch filetieren und in schräge, 2 cm dicke Stücke schneiden. Das Wurzelwerk schälen, säubern, waschen, in Scheiben schneiden und in eine flache Kasserolle legen, darauf die Fischstücke sowie den gut gesäuberten und halbierten Kopf geben, Salz, Zucker und die zerdrückten Gewürze hinzufügen und Wasser darübergießen, so daß alles bedeckt ist. In der geschlossenen Kasserolle auf kleiner Flamme etwa 1 Stunde langsam garen. Nicht rühren! Den verdampften Sud mit Wasser auffüllen. Wenn das Wurzelwerk weich ist, etwas Sud abgießen, abkühlen lassen und darin die Gelatine einweichen. Einige Eßlöffel heißen Sud dazugeben, mit der Gelatine verrühren und in die Kasserolle zurückgießen. Die Kasserolle ein wenig schütteln, damit sich der Inhalt vermischt. Vom Feuer nehmen und abkühlen lassen. Den Fisch in demselben Topf servieren, in dem er gekocht wurde. Den Fisch mit Essig, in saurer Sahne verrührtem geriebenem Meerrettich, Tatarensoße oder Mayonnaise servieren.

Karpfen oder Hecht in Gemüse II

Karp lub szczupak w jarzynach II

800 g Fisch,
200 g Wurzelwerk,
250 g Zwiebeln,
1 bis 2 Lorbeerblätter,
Pimentkörner, 15 g Gelatine,
Salz, Zucker, Pfeffer.
Zum Garnieren: Petersilie
oder Kopfsalatblätter.

Den Fisch schuppen, ausnehmen, Flossen und Kopf abschneiden. Das Fischfleisch gut waschen und in Stücke schneiden. Das geputzte und gut gewaschene Wurzelwerk und die Gewürze in 2 Liter Wasser kochen. Das gare Wurzelwerk aus dem Sud nehmen. Den Sud mit den Zwiebeln und Gewürzen bis auf 1 Liter einkochen lassen. Die Fischportionen hineingeben und etwa 30 Minuten garen. Die Gelatine in kaltem Wasser einweichen, ausquellen lassen und dazugeben. Alles mit Salz, Zucker und Pfeffer abschmecken und aufkochen, bis sich die Gelatine gänzlich aufgelöst hat. Die Fischportionen vorsichtig aus dem Sud herausnehmen und in eine flache Schüssel legen, mit dem in Scheiben geschnittenen Gemüse garnieren und mit erstarrendem Sud übergießen. Nach dem Erstarren mit Petersilie oder Kopfsalatblättern garnieren.

Gefüllte Karpfenscheiben in Gelee

Karp nadziewany w „dzwonkach" w galarecie

1 Karpfen (1200 g),
200 g Wurzelwerk,
2 Lorbeerblätter,
5 Pimentkörner, Salz.
Für die Füllung:
50 bis 100 g Champignons,
30 g Fett, 50 g Zwiebeln,
30 g Weißbrot,
$^1/_{16}$ bis $^1/_8$ l Milch, 1 Ei,
20 g Grieß, Salz, Pfeffer.
Für das Gelee: 10 g Gelatine,
1 Eßl. Essig, 2 Eiweiß.
Zum Garnieren: 1 hartgekochtes Ei,
1 saure Gurke,
einige Kopfsalatblätter.

Den Karpfen schuppen, gut abwaschen, Flossen und Schwanz abschneiden. Die Haut rund um den Kopf einschneiden, ohne die Kehle durchzuschneiden, den Kopf und die Innereien entfernen. Den Karpfen waschen und in 2 cm breite Scheiben schneiden. Die schönsten und gleichmäßig großen zum Füllen aufheben. Von den kleineren Stücken das Fleisch ablösen und etwa 250 g für die Füllung verwenden. Das geputzte und gewaschene Wurzelwerk mit den Gewürzen, Kopf und Gräten in 1 $^1/_2$ Liter Salzwasser garen und durchseihen. Die gründlich geputzten, unter fließendem Wasser gewaschenen und in sehr dünne Scheiben geschnittenen Champignons in erhitztes Fett geben, die geschälten und in Scheiben geschnittenen Zwiebeln, Salz und Pfeffer hinzufügen. Alles 10 Minuten dünsten. Für die Füllung mit einem scharfen Messer das Fleisch vom Kopf entfernen und mit dem restlichen rohen Fischfleisch vermengen. Das in Milch eingeweichte, ausgedrückte Weißbrot sowie die gedünsteten Champignons und Zwiebeln hinzufügen. Alles durch den Wolf drehen, mit dem Ei, Grieß und 2 Eßlöffel Wasser oder Milch vermischen, mit Salz und Pfeffer abschmecken und zu einer dicken Masse vermengen. Die Fischscheiben auf einen flachen Teller legen, mit der Masse füllen und mit dem Messer glattstreichen. Die Fischportionen auf einem Kocheinsatz in den Fischkessel mit lauem, durchgeseihtem Sud legen und langsam etwa 25 Minuten garen. Danach bis zum Erkalten im Sud lassen. Den Fisch herausnehmen, auf eine Platte geben. Von 1 Liter Sud das Gelee bereiten (nach Rezept „Fischgelatine"). Die Fischportionen mit Ei-, Gurken- und Möhrenscheiben aus dem gekochten Wurzelwerk garnieren und zweimal mit dem erstarrenden Gelee begießen. Alles abkühlen lassen. Auf Salatblättern anrichten und servieren. Anstelle von Champignons können auch 100 g frische Steinpilze oder 10 g getrocknete, in Milch eingeweichte und weich gekochte Pilze verwendet werden. Den Fisch mit einer scharfen kalten Soße servieren.

Tatar-Beefsteak

Befsztyk tatarski

400 g Geschabtes, 60 g Zwiebeln,
60 g marinierte Pilze,
60 g Gewürzgurken, 2 Eigelb,
2 Eßl. Speiseöl, 1 Eßl. Senf,
Pfeffer, Salz.

Das Geschabte zusammen mit Zwiebeln, marinierten Pilzen und Gewürzgurken durch den Wolf drehen. Die Eigelb, Öl und Senf zugeben, pfeffern, salzen und alles gut miteinander vermengen. Mit Pilzen und Gewürzgurken garniert servieren.

Schinkenröllchen
Szynka zawijana z chrzanem

200 g roher oder gekochter Schinken, Meerrettich mit hartgekochten Eiern, Petersilie.

Den Schinken quer zur Faser in dünne Scheiben schneiden, auf jede Scheibe einen Teelöffel Meerrettich mit hartgekochten Eiern (oder Preiselbeeren mit Äpfeln und Meerrettich) geben und einrollen. Die Schinkenröllchen auf einer Platte anrichten und mit Petersilie garnieren. Nach Belieben die Schinkenröllchen abwechselnd mit geviertelten Tomaten auf Kopfsalatblättern anrichten.

Geflügel in Aspik
Drób w galarecie (w foremkach)

300 g Zwiebeln,
$^{3}/_{4}$ l Fleischbrühe,
400 g gekochte oder gebratene Geflügelreste,
20 g Gelatine,
3 Eiweiß zum Klären,
Küchenkräuter.

Die angebräunten Zwiebeln mit der Fleischbrühe übergießen und zum Kochen bringen, dann die Geflügelreste zugeben und alles noch kurze Zeit kochen lassen. Das Fett von der Brühe abschöpfen, die Brühe durch ein Sieb gießen, mit Gelatine vermengen, aufkochen lassen und, falls notwendig, klären. In kleine Formen oder Tassen eine dünne Schicht erstarrende Gelatine gießen, abkühlen lassen, auf den Aspik Küchenkräuter und das zerkleinerte, von der Haut befreite Fleisch verteilen, alles mit wenig Aspik übergießen und kaltstellen. Nach dem Erkalten das Fleisch erneut mit der erstarrenden Gelatine übergießen, bis es völlig bedeckt ist und nochmals kaltstellen. Vor dem Servieren die Formen für ein paar Sekunden in heißes Wasser tauchen und auf eine Platte stürzen. Dazu verschiedene kalte Soßen und Salate reichen.

Kalbs- oder Schweinezunge in Gelee
Ozór cielęcy lub wieprzowy w galarecie

750 g Kalbsfüße und Knochen, 150 g Wurzelwerk,

Pfeffer, Lorbeerblätter, Salz,
1 größere oder 2 kleine Zungen.
Für das Gelee: $^3/_4$ l Sud,
1 Eßl. Essig, 2 bis 3 Eiweiß.
Zum Garnieren:
2 hartgekochte Eier,
1 Tomate, 50 g grüne Erbsen.

Die Kalbsfüße und die Knochen waschen, etwas einhacken und mit dem Wurzelwerk und den Gewürzen in kaltem Wasser ansetzen, zum Sieden bringen und 2 Stunden kochen lassen. Die Zungen gründlich waschen, von den Speicheldrüsen befreien, unter fließendem Wasser abspülen und in den kochenden Sud legen. Salz zugeben und garen. Die Zungen aus dem Sud herausnehmen, häuten, erneut in den Sud legen, noch einmal aufkochen lassen und dann vom Feuer nehmen. Nach dem Abkühlen die Zungen aus dem Sud nehmen und in schräge dünne Scheiben schneiden. Die Zungenscheiben auf einer runden Platte in Form einer ganzen Zunge anrichten und mit Eischeiben, Tomatenvierteln und grünen Erbsen garnieren. Von $^1/_4$ Liter Sud das Gelee bereiten (siehe Rezept „Fischgelatine") und während des Erstarrens zweimal über die Zungen gießen. Zu den Zungen scharfe kalte Soßen oder fein geriebenen und mit saurer Sahne abgeschmeckten Meerrettich servieren.

Schweinesülze

Nóżki wieprzowe w galarecie

750 g Eisbein,
250 g Schweinefleisch
ohne Knochen,
150 g Wurzelwerk (Möhren,
Zwiebeln, Petersilienwurzel,
Sellerieknolle),
1 bis 2 Lorbeerblätter,
Piment- und Pfefferkörner,
1 bis 2 Knoblauchzehen, Salz,
Kopfsalatblätter oder Petersilie.

Das Eisbein mit dem gewaschenen Schweinefleisch, dem zerkleinerten Wurzelwerk und den Gewürzen in kaltem Wasser ansetzen. Alles 4 Stunden langsam garen, bis sich das Fleisch von den Knochen löst. Nach etwa 3 Stunden salzen, den Sud durchseihen. Das Fleisch von den Knochen lösen, in Würfel schneiden und wieder in die Brühe geben. Noch einmal aufkochen lassen und durchseihen. Die Knoblauchzehen mit Salz zerreiben und damit die Brühe abschmecken. Die gekochten Möhren mit dem Buntmesser in verschiedene Formen schneiden und

den Boden einer Glasschüssel damit auslegen. Darauf die Fleischstücke geben, mit der Brühe begießen und bis zum Erstarren abkühlen lassen. Vor dem Servieren das erstarrte Fett von der Oberfläche abnehmen. Die Sülze auf eine Platte stürzen, mit Kopfsalatblättern oder Petersilie garnieren. In Portionen schneiden und mit Essig oder Zitronensaft servieren. Die Sülze kann auch in Portionsschälchen zubereitet und nach Belieben auf Kopfsalatblättern gereicht werden.

Hasenpastete
Pasztet z zająca

Hasenbrust und Hasenklein von 1 Hasen,
250 g fettes Schweinefleisch,
100 g Wurzelwerk (Zwiebel, Möhren, Petersilienwurzel),
20 g getrocknete Pilze,
1 bis 2 Lorbeerblätter,
Piment- und Pfefferkörner,
Salz, 60 g Speck,
250 g Kalbs- oder Schweineleber,
60 g Weißbrot,
Ingwer, Muskat, 3 Eier,
30 g Fett zum Ausfetten der Form,
30 g Speck zum Auslegen der Form.

Das Fleisch mit dem geputzten und gewaschenen Wurzelwerk, den eingeweichten Pilzen und den Gewürzen in Salzwasser 1 $^{1}/_{2}$ Stunden kochen lassen. Vor dem Garen den Speck hinzufügen und noch 30 Minuten kochen. Das gare Fleisch aus der Brühe nehmen, abkühlen lassen und von den Knochen lösen. Die Leber in Scheiben schneiden und mit $^{1}/_{8}$ Liter Brühe begießen. 5 Minuten dünsten. Das in $^{1}/_{8}$ Liter Brühe eingeweichte Weißbrot, das gekochte Fleisch, Gemüse, Pilze und Leber zweimal durch den Wolf drehen. Der Masse Ingwer, geriebenen Muskat und Eier zufügen und gut vermengen. Eine Puddingform mit Fett ausstreichen und mit rohen Speckscheiben auslegen und bis zu $^{3}/_{4}$ mit der Fleischmasse füllen. Die Puddingform schließen und in einen größeren Topf mit kochendem Wasser stellen und etwa 1 Stunde garen. Die Pastete abkühlen lassen und noch lauwarm auf eine runde Platte stürzen. Mit verschiedenen kalten scharfen Soßen servieren. Die Pastete kann auch in einer feuerfesten Form in der Bratröhre gebacken werden.

Kalbspastete

Pasztet z cielęciny

500 g Kalbfleisch (Nacken-, Schulter-, Nieren- und Rückenpartien), 250 g fettes Schweinefleisch, 100 g Wurzelwerk (Zwiebel, Möhre, Petersilienwurzel), 10 g getrocknete Pilze, 1 bis 2 Lorbeerblätter, Piment-, und Pfefferkörner, Salz, 60 g Speck, 400 g Leber, 60 g Weißbrot, Muskat, Ingwer, 3 Eier, 30 g Fett zum Ausfetten der Form, 30 g Speck zum Auslegen der Form.

Wie Hasenpastete zubereiten. Die abgekühlte Pastete in Scheiben schneiden und mit verschiedenen kalten Soßen oder pikanten Salaten servieren.

Pastete aus Mischfleisch

Pasztet z mięsa mieszanego

160 g Schweinskopf, 130 g Rindfleisch, 80 g fettes Schweinefleisch oder Speck, 60 g Zwiebeln, 20 g Möhre, 20 g Petersilienwurzel, Salz, Piment- und Pfefferkörner, Lorbeerblätter, 60 g Schweineleber, 1 Brötchen, 1 Ei, Pfeffer, 40 g Fett.

Den Schweinskopf, das Rind- und Schweinefleisch mit dem Speck, der geschälten und in Scheiben geschnittenen Zwiebel, dem geputzten und gewaschenen Gemüse und den Gewürzen dünsten. Öfter Wasser zugießen. Die Leber gut waschen, säubern und in Scheiben schneiden. Das Brötchen in Würfel schneiden. Beides dem garen Fleisch zugeben. Alles abkühlen lassen und zweimal durch den Wolf drehen. Das Ei zugeben, alles gut vermengen und mit Salz und Pfeffer abschmecken. Die Masse in eine gefettete Form geben, etwas festdrücken und mit Papier zudekken. Bei Mittelhitze in der Bratröhre backen. Die Pastete etwas abkühlen lassen, aus der Form nehmen und mit zerlassenem Fett bestreichen. Die abgekühlte Pastete mit verschiedenen kalten Soßen servieren.

WARME VORSPEISEN

Polnische Häppchen

Polskie mini-kąski

I

250 g getrocknete Pflaumen,
50 g Fett, 250 g Räucherspeck,
Kümmel.

Die getrockneten Pflaumen 3 bis 4 Stunden wässern, abseihen und entkernen. Das Fett in einer Pfanne zerlassen, abkühlen. Räucherspeck in dünne Streifen schneiden. In jeden Räucherspeckstreifen eine Pflaume fest einrollen, mit Holzspießchen zusammenstecken und in die Pfanne legen. Mit Kümmel bestreuen. Kurz vor dem Essen in der gut vorgeheizten Röhre backen oder schnell anbraten. Heiß servieren. Anstelle von Pflaumen kann man geschnittene Pilze verwenden.

II

50 g Fett, 250 g Schnittkäse,
250 g Wurst, Kümmel.

Das Fett in einer Pfanne zerlassen, abkühlen. Käse in Würfel und Wurst in Scheiben schneiden. In jede Wurstscheibe einen Käsewürfel fest einrollen, mit Holzspießchen zusammenstecken und in die Pfanne legen. Mit Kümmel bestreuen. Kurz vor dem Essen in der gut vorgeheizten Röhre backen oder stark erhitzen und schnell anbraten. Heiß servieren.

III

50 g Fett, 400 g Würstchen,
1 Teel. gemahlenen Wacholder.

Das Fett in einer Pfanne zerlassen, abkühlen. Die Würstchen in 2 cm lange Stücke schneiden. Beide Enden der Wurststückchen kreuzweise anschneiden. In die Pfanne legen. Mit Wacholder bestreuen. Kurz vor dem Essen stark erhitzen, schnell anbraten. Die Enden der Würstchen gehen dann auf und sehen wie Rosen aus. In jedes Stückchen ein Holzspießchen stecken. Heiß servieren.

Weißwurst gegrillt
Biała kiełbasa z rusztu

500 g Weißwurst (roh),
Majoran, 50 g Butter.

Die Wurst in siedendes Wasser geben und 5 Minuten kochen lassen. Abseihen, in 10 cm lange Stücke schneiden, im Abstand von 1 bis 2 cm quer einschneiden. Mit Majoran bestreuen, mit zerlassener Butter begießen und grillen. Heiß servieren. Dazu Rote-Rüben-Salat mit Meerrettich geben.

Gefüllte Eier
Jaja faszerowane

7 Eier, 30 g trockenes Weißbrot,
3 bis 4 Eßl. Milch,
20 g Butter oder Margarine,
Salz, Pfeffer,
je 1 Eßl. kleingehackter Dill
und Schnittlauch,
20 bis 30 g Semmelbrösel,
Ausbackfett.

6 Eier gründlich waschen, in kaltes Salzwasser legen und hart kochen, abschrecken. Mit einem scharfen Messer die Eier mit der Schale längs halbieren. Die harten Eiweiß und die Eigelb vorsichtig aus den Schalen herausnehmen. Das Weißbrot in Milch einweichen, ausdrücken und zusammen mit den hartgekochten Eiweiß und Eigelb durch den Wolf drehen. 1 rohes Ei, 20 g Butter, Salz, Pfeffer, Dill und Schnittlauch zugeben, gut vermischen. Die halbierten Eischalen mit der Masse füllen, die obere Fläche mit dem Messer glätten und mit Semmelbröseln bestreuen. Mit dieser Seite in das erhitzte Fett in die Pfanne legen und goldgelb braten. Die gefüllten Eier werden als Vorspeise oder mit verschiedenem Gemüse als zweiter Gang oder zur Sauerampfersuppe serviert.

Äpfel mit Fleischfülle überbacken
Jabłka z mięsem zapiekane

8 Äpfel, $^1/_2$ Brötchen,
250 g Gehacktes,
1 Eiweiß, Salz, Pfeffer,
1 kleine Zwiebel, 1 Eßl. Fett.

Die gewaschenen ungeschälten Äpfel aushöhlen, so daß die Außenwände $^1/_2$ cm dick bleiben. Das Brötchen in Wasser oder Milch einweichen, ausdrücken, mit dem Hackfleisch und Eischnee vermengen, salzen, pfeffern. Die Hackfleischmasse in die Äpfel füllen. Die Zwiebel in Ringe schneiden und leicht anbräunen. Die gefüllten Äpfel daraufsetzen, das Apfelfleisch ebenfalls in die Pfanne geben. Alles in der Backröhre etwa $^1/_2$ Stunde backen. Heiß mit pommes frites servieren.

Blumenkohl mit Wurst überbacken

Kalafior z kiełbasą zapiekany

1 großer Blumenkohl, 200 g Wurst, 30 g Mehl, 30 g Butter, etwa $^1/_4$ l Milch, Salz, 3 Eier, Petersilie.

Den garen Blumenkohl in Röschen teilen. Die Wurst Würfeln. Aus Mehl und Butter eine Mehlschwitze bereiten, mit der Milch aufkochen, salzen und abkühlen lassen. Eigelb und Eischnee darunterrühren. Den Blumenkohl und die Wurst dazugeben. Alles in einer feuerfesten Form in der heißen Backröhre etwa 20 Minuten backen. Mit Petersilie garniert servieren.

Makkaroni mit Schinken überbacken

Makaron z szynką zapiekany

80 g Makkaroni, Salz, Zucker, 200 g grüne Erbsen, 200 g gekochter Schinken, 30 g Reibekäse, Petersilie.

Die garen Makkaroni mit den gegarten, mit Salz und Zucker abgeschmeckten grünen Erbsen und fein gewürfeltem Schinken vermengen. In einer feuerfesten Form mit Béchamelsoße übergießen, mit geriebenem Käse bestreuen und in der heißen Backröhre 20 bis 30 Minuten überbacken. Sofort mit Petersilie garniert servieren.

Spargel mit Kalbshirn überbacken

Szparagi z mózgiem zapiekane

300 g Spargel, Salz, Zucker, 300 g Kalbshirn, 30 g Butter,

30 g Zwiebeln, 1 Ei,
2 bis 3 Eßl. Sahne,
Salz, Pfeffer.

Zum Übergießen:
20 g Butter,
20 g Semmelbrösel, Petersilie.

Den Spargel in leicht gesalzenem und gezuckertem Wasser garen. Das Kalbshirn nach Rezept „Mürbeteigtörtchen mit Hirn gefüllt" zubereiten. Den garen Spargel in eine feuerfeste Form geben, mit Hirn überdecken, mit Béchamelsoße übergießen, zerlassene Butter und Semmelbrösel darübergeben. Kurz in der heißen Backröhre überbacken. Mit Patersilie bestreut in der Auflaufform servieren.

Bigos (polnischer Sauerkrauteintopf)

400 g Sauerkraut,
400 g Weißkohl,
5 g getrocknete Pilze,
200 g Schweinefleisch ohne Knochen,
200 g Kalbfleisch,
30 g Fett, 100 g Räucherspeck,
50 g frischer Speck,
50 g Zwiebeln, 20 g Mehl,
250 g Wurst,
50 g Tomatenmark,
Salz, Pfeffer, Zucker.

Das Sauerkraut fein schneiden, mit wenig kochendem Wasser übergießen und 1 Stunde garen. Den Weißkohl von welken Blättern befreien, waschen, hobeln und mit ein wenig kochendem Wasser übergießen. Zusammen mit den fein geschnittenen Pilzen etwa 30 bis 40 Minuten garen. Das Fleisch waschen, abtropfen lassen, salzen, in 30 g erhitztem Fett von allen Seiten anbräunen. Zusammen mit dem Räucherspeck zum Sauerkraut geben und etwa 40 Minuten dünsten. Den frischen, gewürfelten Speck auslassen, die Speckgrieben dem Bigos zugeben, im zerlassenen Fett die kleingeschnittene Zwiebel dünsten, Mehl zugeben und die Mehlschwitze zubereiten. Das Fleisch und den Räucherspeck aus dem Sauerkraut herausnehmen. Den Weißkohl mit dem Sauerkraut vermengen und mit der Mehlschwitze binden. Die ohne Schale in Scheiben geschnittene Wurst, das in Würfel geschnittene Fleisch und den fein gewürfelten Räucherspeck zum Kraut geben. Mit Tomatenmark, Salz und Pfeffer und nach Belieben mit Zucker abschmecken. Alles aufkochen lassen. Je mehr Fleischsorten für den Bigos verwendet werden, je besser schmeckt er. Es können auch verschiedene Bratenreste zugegeben werden, z.B. Kalbs- und Schweine- oder Wildbraten, Back- oder Brathähnchen und verschiedene Wurstsorten. Der Bigos wird durch einen Schuß Rotwein pikanter. Bigos kann auch nur aus Sauerkraut zubereitet werden. Mit Brot servieren. Bigos kann man einige Tage im Gefrierfach aufbewahren und dann aufwärmen.

Rinderflecke auf Warschauer Art

Flaki po warszawsku

1 kg Rinderflecke, Salz,
250 g Knochen,
300 g Wurzelwerk,
60 g Butter, 300 g Mehl,
Pfeffer, Ingwer, Majoran,
Muskatnuß, 30 g Reibekäse.

Die sehr gründlich erst heiß, dann kalt gewaschenen Flecke mit kochendem Wasser übergießen, aufkochen, durchseihen. Noch einmal mit kochendem Wasser übergießen, aufkochen, durchseihen. Mit kochendem Salzwasser übergießen und bis zum Weichwerden 4 bis 5 Stunden garen. Die garen Flecke aus dem Wasser nehmen und in dünne Streifen schneiden. Die gewaschenen Knochen gesondert in kaltem Wasser ansetzen, 15 g des Wurzelwerks zufügen und eine Brühe kochen, durchseihen. Das restliche Wurzelwerk klein hobeln, in 30 g zerlassenem Fett und $^1/_8$ Liter Brühe weichdünsten. Vom restlichen Fett und Mehl eine goldgelbe Schwitze bereiten, $^1/_2$ Liter kalte Brühe zugießen und aufkochen lassen. Die garen, in Streifen geschnittenen Flecke in die verdünnte Mehlschwitze geben, das Gemüse ebenfalls zufügen, mit Salz, Pfeffer, Ingwer, Majoran und geriebener Muskatnuß abschmekken. Alles aufkochen (man kann noch mit der Brühe verdünnen, wenn es nötig ist). Mit Reibekäse servieren. Als Einlage können Talg- oder Markklößchen gereicht werden. Die Flecke nach Belieben mit Brot ergänzen.

Mürbeteigtörtchen mit Hirn gefüllt

Babeczki kruche z mózgiem.

Für den Mürbeteig:
200 g Weizenmehl,
120 g Butter oder Margarine,
2 Eigelb, 2 bis 3 Eßl. Sahne, Salz.
Für die Fülle: 300 g Hirn,
30 g Fett, 30 g Zwiebeln, 1 Ei,
2 bis 3 Eßl. Sahne, Salz,
Pfeffer, Petersilie.

Die Zutaten zu einem Mürbeteig verkneten. Den Teig zugedeckt 1 Stunde kühl stellen, dann $^1/_2$ cm dick ausrollen. Den Teig über kleine Tortelettformen geben und mit der Handfläche in die Formen drücken, die Teigreste entfernen. Im gut vorgeheizten Backofen etwa 20 Minuten goldbraun backen. Die heißen Törtchen vorsichtig auf einen Teller stürzen.
Für die Füllung das Hirn $^1/_2$ Stunde in etwas Wasser einweichen, gut abwaschen, von Häutchen befreien und kleinschneiden. Das Hirn zur fein geschnittenen und hellbraun angerösteten Zwiebel geben. Alles etwa 10 Minuten garen, mit Ei und Sahne vermengen, mit Salz und Pfeffer abschmecken. Die Hirnfüllung in die Törtchen verteilen und in der vorgewärmten Backröhre 5 Minuten überbacken. Heiß mit Petersilie bestreut als Vorspeise oder als Zugabe zu klaren Suppen servieren.

Halbmürbe Pastetchen mit Fleisch- oder Wurstfülle

Paszteciki półkruche z mięsem lub kiełbasą

Für die Fülle:
400 g Kalb- oder Schweinefleisch ohne Knochen, 40 g Fett, 50 g Zwiebeln, 10 g getrocknete Pilze oder 2 Bouillonwürfel, Salz, Pfeffer, 1 Eßl. gewiegter Dill oder Petersilie.
Für den Teig:
300 g Weizenmehl, 150 g Butter oder Margarine, 2 Eier, 2 Eßl. Sahne, 1 Teel. Backpulver, Salz, $^1/_2$ Ei zum Bestreichen des Teigs.

Das gewaschene, abgetrocknete und in Stücke geschnittene Fleisch in erhitztem Fett in der Pfanne anbraten. Dann in einer Kasserolle mit zerkleinerter Zwiebel, gewaschenen getrockneten Pilzen (oder 100 g frischen) in 2 bis 3 Eßlöffel Wasser etwa 30 Minuten dünsten. Nach dem Garen alles durch den Wolf drehen, Salz, Pfeffer und gewiegten Dill oder Petersilie, nach Belieben 2 hartgekochte, fein gehackte Eier zugeben. Die Masse abkühlen lassen. Die Teigzutaten miteinander verkneten. Den Teig $^1/_2$ cm dick ausrollen und in zwei 30 cm lange und 10 bis 12 cm breite Rechtecke schneiden. Die Füllung darauf verteilen, den Teig zusammenrollen und etwas breit drücken. Mit dem Messerrükken auf der Oberfläche Quadrate markieren. Die Pasteten mit verquirltem Ei bestreichen. Etwa 6 cm lange Stücke schneiden, mehrmals einstechen und auf einem Backblech in der gut vorgeheizten Röhre etwa 25 bis 30 Minuten backen. Heiß vom Blech herunterschieben. Als warme Vorspeise oder als Zugabe zu klaren Suppen servieren.

Hefepastetchen mit Weißkrautfülle

Paszteciki drożdżowe z kapustą

Für den Teig: 15 g Hefe, 5 g Zucker, 250 g Mehl, 1/8 l Milch, 1/2 Ei, 1 Eigelb, Salz, 40 g Fett, 20 g Fett zum Ausfetten des Backblechs, 1/2 Ei zum Bestreichen des Teiges.

Für die Fülle: 20 g getrocknete Pilze, 1 kg Weißkraut, 50 g Zwiebeln, 40 g Fett, Salz, Pfeffer, 2 hartgekochte Eier.

Die Hefe zerdrücken, Zucker und 50 g Mehl zugeben und mit wenig Milch verrühren, warmstellen. Wenn der Hefeteig aufgeht, verquirltes Ei und Eigelb und das restliche Mehl hinzufügen, leicht salzen. Anfangs mit dem Löffel rühren, dann mit der Hand kneten. Wenn der Teig zu dick wird, einige Löffel Wasser zugeben und so lange kneten, bis sich Luftblasen bilden und der Teig ganz glatt wird. Das weiche Fett nach und nach zugeben und weiter kneten. Die Teigreste vom Schüsselrand entfernen, den Teig mit Mehl bestreuen, mit einer Serviette zudecken und gehen lassen. Die eingeweichten Pilze kochen. Das Weißkraut von welken Blättern befreien, abspülen und fein hobeln, geschnittene Zwiebeln hinzufügen. Die weichgekochten fein geschnittenen Pilze und etwa 3 bis 4 Eßlöffel Pilzsud sowie das Fett zum Weißkraut geben. Alles zusammen dünsten. Nach dem Garen mit Salz und Pfeffer abschmecken, die hart gekochten, geschälten und gewiegten Eier zugeben (die Füllung kann auch ohne Eier und Pilze zubereitet werden). Den aufgegangenen Teig auf einem mit Mehl bestreuten Küchenbrett 1 cm dick ausrollen. In 30 bis 40 cm lange und 10 bis 12 cm breite Streifen schneiden. Die Füllung darauf verteilen, die Streifen zusammenrollen und etwas breit drücken. Mit dem Messerrücken Quadrate markieren. Die Rollen in schräge, 3 bis 4 cm breite Stücke schneiden, aufs Blech legen und warmstellen, damit sie aufgehen. Mit zerquirltem rohen Ei bestreichen und in der gut vorgewärmten Backröhre etwa 20 Minuten backen, Wenn die Pastetchen goldbraun sind, herausnehmen und heiß servieren.

Hefemürbteigtaschen mit Weißkrautfülle

Kapuśniaczki krucho-drożdżowe

Für den Teig: 20 g Hefe, 5 g Zucker, 250 g Mehl, 1/8 l Milch, 2 Eigelb, 150 g saure Sahne, Salz, 80 g Butter, 20 g Fett zum Ausfetten.
Für die Fülle: 1 kg Weißkraut, 30 g Zwiebeln, 50 g Fett, Salz, Pfeffer, 10 g Zucker.

Aus den Teigzutaten einen Hefeteig bereiten (siehe „Kulebiak aus Hefeteig mit Reis und Pilzen") und gehen lassen. Das Weißkraut von welken Blättern befreien, abspülen, weich kochen, auf ein Sieb geben, abtropfen lassen und durch den Wolf drehen. Zwiebel schälen, kleinschneiden, anrösten, die Weißkrautmasse, Salz, Pfeffer und Zucker nach Geschmack hinzufügen, gut vermengen und alles anbraten. Pergamentpapier in viereckige (10 cm×13 cm) Stücke schneiden und mit Fett bestreichen. Den aufgegangenen Teig in 20-Gramm-Portionen aufteilen, mit den Fingern auf viereckige Stücke dehnen und darauf die Weißkrautmasse legen, einrollen und jede Portion in die vorbereiteten Papierstücke locker einwickeln und mit den Papierenden nach unten aufs Blech legen, zum Aufgehen liegen lassen. Die aufgegangenen Hefeteigtaschen in der gut vorgeheizten Backröhre backen (35 bis 40 Minuten). Danach das Blech herausziehen, die Papierumschläge entfernen und die heißen Teigtaschen auf bunten Servietten auf einer Platte servieren.

Gebratene Hefepastetchen mit Fleischfülle

Paszteciki drożdżowe z mięsem (smażone)

Für den Teig: 20 g Hefe, 5 g Zucker, 250 g Mehl, 1/8 l Milch, 1/2 Ei, 1 Eigelb, Salz, 30 g Fett, 70 g Fett zum Braten.
Für die Fülle: 300 g gekochtes oder gedünstetes Fleisch oder Fisch, 50 g Zwiebeln, 30 g Fett, 1 Brötchen, 3 bis 4 Eßl. saure Sahne oder Fleischbrühe, Salz, Pfeffer.

Für den Teig die Hefe zerdrücken, Zucker, 50 g Mehl und einige Eßlöffel Milch zugeben. Etwas verrühren und zugedeckt warm stehen lassen. Wenn das Hefestück aufgegangen ist, geschlagenes Ei und Eigelb und das restliche Mehl zufügen, leicht salzen. Anfangs mit dem Löffel rühren, dann mit der Hand kneten. Wenn der Teig zu dick wird, etwas Wasser zugeben. So lange kneten, bis sich Luftbläschen bilden und der Teig ganz glatt wird. Dann allmählich zerlassenes Fett zufügen und weiter kneten. Die Teigreste vom Schüsselrand entfernen, den Teig mit Mehl bestreuen, mit einer Serviette zudecken und zum Aufgehen stehen lassen. Für die Fleischfülle das gekochte Fleisch oder gedünsteten Fisch, die kleingeschnittene und in Fett angeröstete Zwiebel und das in Wasser eingeweichte und ausgedrückte Brötchen durch den Wolf drehen, gut vermischen und 3 bis 4 Eßlöffel saure Sahne oder Fleischbrühe hinzufügen. Mit Salz und Pfeffer abschmecken. Den aufgegangenen Teig auf einem mit Mehl bestreuten Küchenbrett 1 cm dick ausrollen. Mit einer runden Form Plätzchen von 6 bis 7 cm Durchmesser ausstechen, die Füllung darauf verteilen und wie Pieroggen zusammendrücken oder die Teigfläche in 10 cm lange und 6 cm breite Rechtecke schneiden, die Füllung darauflegen, zusammenrollen und die Enden nach innen legen. Die Pastetchen auf ein mit Mehl bestreutes Küchenbrett legen und unter einem sauberen Geschirrtuch ruhen lassen, bis sie aufgehen (die Küchentemperatur sollte 20 bis 24°C betragen). In stark erhitztem Schweinefett in der Pfanne braun braten. Wenn sie von einer Seite angebraten sind, mit der Gabel wenden und von der anderen Seite braten. Die fertigen Pastetchen mit der Gabel aus der Pfanne heben und das Fett abtropfen lassen. Heiß servieren. Der auf diese Weise zubereitete Teig kann auch mit gehäuteten und halbierten Wiener Würstchen, mit kleingeschnittenem Schinken oder fein geschnittener Dampfwurst gefüllt werden.

Gebackene Hefepastetchen mit Fleischfülle

Paszteciki drożdżowe z mięsem (pieczone)

Den Teig nach Rezept „Gebratene Hefepastetchen mit Fleischfülle" zubereiten. Die Pastetchen mit Fleischfülle, Schinken oder Wiener Würstchen, auch mit Fleisch-Weißkohl-Fülle zubereiten. Die geformten Pastetchen auf ein mit Fett bestrichenes und mit Mehl bestreutes Backblech legen. Wenn sie aufgegangen sind, mit geschlagenem Ei bestreichen. In der vorgeheizten Backröhre bei Mittelhitze etwa 25 Minuten backen. Die goldbraunen Pastetchen heiß servieren.

Pastetchen auf Bieszczady-Art

Paszteciki bieszczadzkie

Für den Teig: 20 g Hefe, 5 g Zucker, 250 g Mehl, 1/8 l Milch, 1/2 Ei, 1 Eigelb, Salz, 30 g Fett, 20 g Fett zum Ausfetten des Backblechs, 1/2 Ei zum Bestreichen des Teiges. Für die Fülle: 800 g Kartoffeln, 50 g Zwiebeln, 150 g Schafskäse (Bryndza), 20 g Butter, 1 Ei, Salz, Pfeffer.

Einen Hefeteig zubereiten (siehe Rezept „Gebratene Hefepastetchen mit Fleischfülle"), die gekochten, gepellten und abgekühlten Kartoffeln zusammen mit den rohen Zwiebeln durch den Wolf drehen. Schafskäse, Butter und 1 Ei zugeben, alles vermischen und mit Salz und Pfeffer abschmecken. Den aufgegangenen Teig auf dem Küchenbrett 1 1/2 cm dick ausrollen und runde Plätzchen von 6 bis 7 cm Durchmesser ausstechen. Die Fülle auf die Teigplätzchen verteilen und runde Pastetchen formen. Den Rand zusammendrücken. Die gut zugeklebten Pastetchen auf das mit Fett bestrichene Backblech legen und gehen lassen. Wenn sie aufgegangen sind, mit zerquirltem Ei bestreichen und in der vorgeheizten Backröhre bei Mittelhitze 20 bis 30 Minuten backen. Heiß mit saurer Sahne, saurer Milch, Kefir oder Joghurt servieren.

Pastetchen auf Małopolska-Art

Paszteciki małopolskie

Für den Teig: 20 g Hefe, 5 g Zucker, 250 g Mehl, 1/8 l Milch, 1/2 Ei, 1 Eigelb, Salz, 30 g Fett, 20 g Fett zum Ausfetten des Backblechs, 1/2 Ei zum Bestreichen des Teiges. Für die Fülle: 100 g Buchweizengrütze (angebräunt), 50 g Räucherspeck, 50 g Zwiebeln, 150 g Quark, Salz, Pfeffer.

Den Hefeteig zubereiten (siehe Rezept „Gebratene Hefepastetchen mit Fleischfülle"). Die Grütze in der doppelten Menge Wasser garen. Den in Würfel geschnittenen Räucherspeck mit der fein geschnittenen Zwiebel bräunen, mit der Grütze und Quark vermengen, mit Salz und Pfeffer abschmecken. Den aufgegangenen Teig 1 1/2 cm dick ausrollen und runde Plätzchen von 6 bis 7 cm Durchmesser ausstechen. Auf die Plätzchen die Füllung verteilen, den Rand zusammendrücken und

Pieroggen formen. Die gut zugedrückten Pieroggen auf das mit Fett bestrichene Backblech legen und gehen lassen. Mit Ei bestreichen und im vorgeheizten Backofen bei Mittelhitze 20 bis 30 Minuten hellbraun backen. Die fertigen Pastetchen auf einer Platte anrichten und mit saurer Sahne, saurer Milch oder mit Joghurt servieren.

Pastetchen aus französischem Teig mit Pilzen gefüllt

Paszteciki z ciasta francuskiego z grzybami

Für die Fülle: 400 g Steinpilze oder Champignons, 50 g Zwiebeln, 20 g Butter, 30 g Mehl, 1/8 l Sahne, 1 Eigelb, Salz, Pfeffer, gewiegter Dill und Petersilie.

Für den Teig: 250 g Butter oder Margarine, 250 g Mehl, 1/2 Ei, 1/2 bis 3/4 Glas kaltes Wasser, 1/2 Eßl. Essig, eine Prise Salz, 1/2 Ei zum Bestreichen des Teiges.

Die Pilze waschen, putzen, von den Stielen befreien und fein schneiden. Zwiebelringe, Butter sowie 2 bis 3 Eßlöffel Wasser zugeben und dünsten. Das Mehl mit 3 Eßlöffel kaltem Pilzsud anrühren und zu den Pilzen dazugießen und alles zusammen weiterdünsten. Sahne, Eigelb, Salz und Pfeffer zugeben, mit gewiegtem Dill und Petersilie vermischen. Für den Teig die Butter gut kühlen. Das Mehl auf das Küchenbrett schütten, in die Mitte eine Vertiefung drücken, 1/2 Ei, 1/2 bis 3/4 Glas Wasser, Essig und Salz hineingeben und alles zu einem lockeren Teig verkneten. Den lange und sorgfältig gekneteten Teig zu einem Rechteck ausrollen, in seine Mitte das ganze Stück Butter geben. Den Teig zu einem Kuvert zusammenfalten, so daß die Butter bedeckt ist. Die Teigränder fest zusammendrücken. Alles wieder zu einem Rechteck ausrollen, dreifach zusammenlegen, in den Kühlschrank geben. Nach 15 Minuten herausnehmen und erneut ausrollen. Wieder dreifach zusammenlegen und in den Kühlschrank geben. Diesen Vorgang mindestens dreimal wiederholen. Zuletzt den Teig 1 cm dick ausrollen und runde Plätzchen ausstechen. Die Hälfte der Plätzchen mit Ei bestreichen, aus der Mitte der anderen Hälfte der Plätzchen wiederum kleine runde Plätzchen ausstechen. Die so erhaltenen Ringe auf die vollen Scheiben legen und in der heißen Backröhre etwa 15 Minuten backen. In die fertigen Pastetchen die heiße Fülle verteilen und sofort servieren.

Pierogge aus Hefeteig mit Fleischfülle

Pieróg drożdżowy z mięsem

Für die Fülle: 50 g Zwiebeln, 30 g Fett, 300 g Fleisch, 1 trockenes Brötchen oder 50 g Weißbrot, 3 bis 4 Eßl. Sahne oder Brühe, Salz, Pfeffer.

Für den Teig: 15 g Hefe, 5 g Zucker, 250 g Mehl, 1/8 l Milch, 1/2 Ei, Salz, 30 g Fett; 20 g Fett zum Bestreichen des Backblechs, 1/2 Ei zum Bestreichen des Teiges.

Für die Fülle die geschälte Zwiebel fein hobeln und in Fett anbräunen, das Brötchen in Wasser oder Milch einweichen, ausdrücken. Das gekochte Fleisch zusammen mit der Zwiebel und dem Brötchen durch den Wolf drehen. Alles gut vermengen und nach und nach 2 bis 3 Eßlöffel Sahne oder Fleischbrühe zugeben, mit Salz und Pfeffer abschmecken. Die Fülle muß dick sein. Einen Hefeteig nach dem Rezept „Gebratene Hefepastetchen mit Fleischfülle" zubereiten. Den fertigen Hefeteig auf dem Küchenbrett zu einem 25 bis 30 cm langen und 15 bis 18 cm breiten Rechteck ausrollen, die Fülle darauf verteilen und alles zusammenrollen. Die Rolle auf ein gefettetes Blech legen und eine Weile stehen lassen, bis der Teig erneut gegangen ist. Mit verquirltem Ei bestreichen und bei Mittelhitze in der Backröhre etwa 30 Minuten backen. Auf einer Platte anrichten und in schräge 3 cm breite Scheiben schneiden. Die Pierogge mit frischer oder zerlassener Butter oder mit Tomaten-, Pilz- oder einer anderen Soße servieren.

Kulebiak aus Hefemürbteig mit Reis und Pilzen

Kulebiak krucho-drożdżowy z ryżem i grzybami

Für die Fülle: 30 g getrocknete Pilze, 200 g Reis, Salz, 40 g Fett, 50 g Zwiebeln, 2 hartgekochte Eier, Pfeffer.

Für den Teig: 20 g Hefe, 5 g Zucker, 250 g Mehl, 1/8 l Milch, 1 Ei, 1 bis 2 Eigelb, 3 bis 4 Eßl. saure Sahne, Salz, 70 g Butter, 20 g Fett zum Bestreichen des Backblechs, 1/2 Ei zum Bestreichen des Teiges.

Die Pilze waschen, weichkochen, abseihen, fein schneiden. Den gut gewaschenen Reis mit so viel siedendem Wasser und Pilzsud übergießen, daß die Flüssigkeit die doppelte Menge des Reises ergibt, Salz und 20 g Fett zugeben und garen. Zwiebel schälen, fein schneiden und goldgelb in 20 g Fett anrösten. Eier schälen und klein schneiden. Den weich gekochten Reis mit den Pilzen, Eiern und Zwiebeln vermengen, salzen und pfeffern. Die Hefe mit Zucker, 50 g Mehl und etwas Milch vermischen und 2 bis 3 Minuten stehen lassen. Das restliche Mehl, 1 Ei, 2 Eigelb, Sahne, Salz und die mit dem Messer zerkleinerte Butter zugeben. Mit einem großen Messer alles gut vermengen. Dann den Teig schnell kneten, 1 cm dick zu einem Rechteck ausrollen. Die Füllung auf den Teig geben, längs zusammenklappen und die Teigränder fest aufeinanderdrücken. Das Blech mit Fett bestreichen, mit Mehl bestreuen. Den Kulebiak auf das Blech legen, warmstellen und gehen lassen, bis sich die Menge verdoppelt hat, mit zerquirltem Ei bestreichen und in der vorgeheizten Backröhre etwa 1 Stunde backen. Den goldbraun gebakkenen Kulebiak auf eine Platte legen und in Portionen schneiden. Kulebiak wird entweder als Vorspeise mit zerlassener Butter oder mit Tomaten- und Pilzsoße als zweiter Gang oder zu Fleisch- oder Hühnerbrühe serviert. Anstelle von getrockneten Pilzen können für die Füllung 200 g frische gedünstete Pilze verwendet werden.

Kulebiak aus Hefeteig mit Weißkrautfülle
Kulebiak drożdżowy z kapustą

Für den Teig: 15 g Hefe, 5 g Zucker, 250 g Mehl, 1/8 l Milch, 1/2 Ei, 1 Eigelb, Salz, 30 g Fett, 20 g Fett zum Bestreichen des Backblechs, 1/2 Ei zum Bestreichen des Teiges.

Für die Fülle: 800 g Weißkraut, Salz, 200 g frische Steinpilze, Champignons oder 20 g getrocknete Pilze, 40 g Fett, 50 g Zwiebeln, Pfeffer, 2 hartgekochte Eier.

Den Teig nach dem Rezept „Gebratene Hefepastetchen mit Fleischfülle" zubereiten und gehen lassen. Das Weißkraut waschen, fein hobeln, in wenig Salzwasser etwa 10 Minuten garen, abtropfen lassen und durch den Wolf drehen. Die gut gewaschenen, geputzten und in dünne Scheiben geschnittenen Pilze in 2 Eßlöffel Wasser mit 20 g Fett und Salz zugedeckt dünsten. Nach dem Abkühlen zusammen mit dem Weißkraut durch den Wolf drehen. Die geschälten, gehobelten und in 20 g Fett angebräunten Zwiebeln dazu geben. Alles vermengen und mit Salz und Pfeffer abschmecken. Die Eier in Stücke schneiden. Wenn der Teig aufgegangen ist (sich mengenmäßig verdoppelt hat), auf dem mit Mehl bestreuten Brett schnell kneten. Den Teig 1 cm dick ausrollen. Die Fülle auf die Mitte in Form eines langen Streifens legen, darauf die Eistücke streuen. Die zwei längeren Teigränder fest aufeinanderdrücken, so daß eine Naht entsteht. Das Blech mit Fett bestreichen, mit Mehl bestreuen. Den Teig vorsichtig auf das eingefettete Blech legen und noch einmal gehen lassen. Den aufgegangenen Teig mit zerquirltem Ei bestreichen. In der gut vorgewärmten Backröhre etwa 1 Stunde hellbraun backen. Den fertigen Kulebiak auf eine Platte geben und in Portionen schneiden. Heiß mit zerlassener Butter als Vorspeise oder mit Pilz- und Tomatensoße als zweiten Gang oder als Zugabe zu Suppen, z.B. zu Barschtsch oder Tomatensuppe, servieren.

Kulebiak aus Hefeteig mit Fisch

Kulebiak drożdżowy z rybą

Für den Teig:
15 g Hefe,
5 g Zucker, 250 g Mehl,
1/8 l Milch, 1/2 Ei, 1 Eigelb,
Salz, 30 g Fett, 20 g Fett zum Bestreichen des Backblechs,
1/2 Ei zum Bestreichen des Teiges.

Für die Fülle:
400 g gekochter Dorsch oder anderer Fisch, 100 g Reis,
50 g Zwiebel, 60 g Fett,
1 Teel. gewiegte Petersilie,
1 bis 2 Suppenwürfel,
Salz, Pfeffer.

Einen Hefeteig nach dem Rezept „Gebratene Hefepastetchen mit Fleischfülle" zubereiten, gehen lassen und zu einem 1 cm dicken Rechteck ausrollen. Den ausgenommenen, geputzten Fisch (Dorsch, Karausche, Hecht) in Stücke schneiden. Den Reis körnig kochen, die Zwiebel hobeln und in Fett anbräunen. Den Suppenwürfel in 2 bis 3 Löffel Wasser auflösen und aufkochen. Auf die Mitte des Teiges eine 2 cm dicke Schicht Reis, darauf die angebräunte Zwiebel, die gewiegte Petersilie und den zerkleinerten Fisch geben. Alles mit dem aufgelösten

Suppenwürfel und zerlassenem Fett beträufeln, salzen und pfeffern. Danach den Kulebiak zusammenklappen, die zwei längeren Teigränder fest aufeinanderdrücken, so daß eine Naht entsteht. Das Blech mit Fett bestreichen, mit Mehl bestreuen. Den Kulebiak auf das eingefettete Blech legen, warmstellen und gehen lassen. Nach dem Gehen den Teig mit verquirltem Ei bestreichen und in der gut vorgeheizten Backröhre 1 Stunde backen. Den fertigen Kulebiak in dicke Scheiben schneiden und heiß mit zerlassener Butter oder Tomatensoße servieren. Der Fülle können nach Belieben zwei hartgekochte, fein geschnittene Eier zugefügt werden. Der Kulebiak schmeckt aus französischem oder halbfranzösischem Teig auch sehr gut.

SUPPEN UND SUPPENEINLAGEN

Daß man das Herz des Mannes durch den Magen erreichen kann, ist jeder Frau bekannt. Im alten Polen konnte man mit Hilfe einer Speise sogar einem unerwünschten Freier den Korb geben, die „czernina", die „schwarze Suppe", hatte diese symbolische Bedeutung. Zum Glück konnten die Mädchen, die damals im heiratsfähigen Alter waren, nicht nur und einzig „schwarze Suppe" kochen, sie wären ja allesamt unverheiratet geblieben...

Brillat-Savarin, der berühmte französische Meister der Kochkunst, faßte seine Meinung über die Suppe in folgendem Satz zusammen: „Sie ist eine gesunde, leichte, sättigende und zu allem passende Speise, die vorteilhaft auf den Magen wirkt und ihn für die Aufnahme weiterer Speisen vorbereitet". Die Suppe als besonderer Gang verbreitete sich in Polen viel mehr als beispielsweise in Frankreich. Daran trug gewiß das relativ rauhe Klima die Schuld. Die milden Winter waren selten, die Fröste recht stark, so daß die Menschen oft das Bedürfnis verspürten, etwas Warmes und Kräftiges zu sich zu nehmen. Dieses Bedürfnis wurde eben am besten durch einen Barschtsch, der die Farbe von Rotwein hatte, eine dicke Graupensuppe mit Fleisch, einen Żur mit Wurst oder eine wohlschmeckende Pilzsuppe befriedigt. Andererseits hält die polnische Küche auch Erfrischendes für die warme Jahreszeit bereit: kalte Suppe (chłodnik), verschiedene Obstsuppen und – um es nicht zu vergessen – die einfache gute, frische saure Milch.

Eine Grundbedingung muß man freilich beim Zubereiten der Suppen unbedingt erfüllen. „Nichts" und – wie wir in Polen zu sagen pflegen –

„nur ein Nagel" geben niemals eine gute Suppe. Sie muß doch kräftig, inhaltsreich und schmackhaft sein. Dazu sind fünf Dinge erforderlich: der Sud, das Hauptprodukt, das Bindeelement, Gewürze und Einlagen. Den Sud erhält man bekanntlich aus dem Garkochen von Wurzelwerk, das sind etwa zwei große Möhren, eine mittlere Petersilienwurzel, ein Porree, ein Stückchen Sellerieknolle und meistens auch ein Stückchen Wirsing. Nicht selten wird das Wurzelwerk und Gemüse zusammen mit dem Fleisch oder den Knochen gekocht. Über den Geschmack der Suppe entscheidet zumeist das Hauptprodukt, von dem sie auch den Namen übernimmt, wie Gurkensuppe, Pilzsuppe usw. Das Bindeelement der Suppe ist die klassische Mehlschwitze, die entweder mit Wasser oder mit saurer Sahne verdünnt wird. Den „letzten Schliff" verleihen der Suppe die Gewürze, das mitgekochte Lorbeerblatt, die Pfeffer- oder Pimentkörner und die vor dem Servieren zugefügte gewiegte Petersilie oder Dill. Die Einlage können beispielsweise Nudeln, als Beilage gesondert serviertes Kartoffelpüree bilden.
Über das Gelingen und den Geschmack der Suppe entscheidet letztendlich das Kochtalent der Hausfrau. Würden wir eine Umfrage veranstalten und von ausländischen Feinschmeckern das Charakteristische und Besondere der polnischen Suppen zu erfahren versuchen, dann erhielten wir bestimmt nur eine gleichlautende Antwort: „Das Abschmecken mit saurer Sahne und Überstreuen mit gewiegtem Grünzeug, besonders mit dem so geschätzten, wohlschmeckenden Dill." Sie werden sicherlich aus eigener Erfahrung dieses Urteil bestätigen.

SUPPEN

Feine Fleischbrühe

Rosół wykwintny

500 g Rindfleisch mit Knochen, 1/4 Huhn, Salz, Lorbeerblatt, 4 Pfefferkörner, 2 Pimentkörner, 250 g Wurzelwerk, 50 g Zwiebel, 1 Eßl. gewiegte Petersilie.

Das gewaschene Fleisch mit Salz, Lorbeerblatt, Pfeffer und Piment in 2 Liter kaltem Wasser ansetzen und kochen lassen. Während der

Garzeit das geputzte und gewaschene Wurzelwerk ohne den Wirsing zugeben. Geschälte Zwiebel in der Backröhne ohne Fett anbräunen. Gegen Ende der Garzeit den gewaschenen Wirsing zusammen mit der angebräunten Zwiebel in die Brühe geben. Alles kochen lassen. Die Brühe durchseihen. Mit gewiegter Petersilie bestreut servieren. Als Einlage Würfel aus Grieß, französische Nudeln oder Windbeutelerbsen reichen. Zur Fleischbrühe passen gut Pastetchen und pikante kleine Quarkkuchen.

Barschtsch mit Fleisch

Barszcz na mięsie

5 g getrocknete Pilze,
300 g Rindfleisch mit Knochen,
200 g Knochen, Salz,
200 g Wurzelwerk, 50 g Zwiebeln,
1 Lorbeerblatt, Pfeffer,
400 g rote Rüben,
1/4 bis 1/2 l Rote-Rüben-Extrakt,
1 Knoblauchzehe, Zucker.

Die eingeweichten Pilze mit dem gewaschenen Fleisch und den Knochen in 1 1/2 Liter Salzwasser auf kleinem Feuer garen. Gegen Ende der Garzeit das gesäuberte Wurzelwerk, die geschälte und ohne Fett in der Backröhre gebräunte Zwiebel, Lorbeerblatt und Pfeffer zugeben. Die gewaschenen und gebürsteten roten Rüben mit der Schale kochen, schälen und auf einem groben Reibeisen hobeln. Dann in die durchgeseihte Fleischbrühe geben und aufkochen lassen. Den Barschtsch mit der Säure und der in Zucker und Salz zerriebenen Knoblauchzehe abschmecken. Nach Belieben das kleingeschnittene Fleisch zugeben. Alles wärmen, nicht kochen, damit die Farbe erhalten bleibt. Barschtsch kann von Rinder- und Gemüsebrühe mit Zugabe von 150 g Schweinefleisch, Räucherspeck oder Wurst zubereitet werden. Als Einlage eignen sich gekochte weiße Bohnen oder hartgekochte in Viertel geteilte Eier und gekochte, in Scheiben geschnittene Kartoffeln. Soll klarer, ohne geriebene rote Rüben zubereiteter Barschtsch serviert werden, den garen Barschtsch durch ein Feinsieb durchseihen und entfetten. In Tassen oder auf Tellern servieren. Zum Barschtsch in Tassen werden verschiedene Pastetchen gereicht. Als Einlage zum Barschtsch als klare Suppe gibt man sogenannte Teigöhrchen.

Barschtsch mit Fisch

Barszcz na rybach

Zubereiten wie Barschtsch mit Fleisch. Anstelle von Fleisch und Knochen sind Fischköpfe, Gräten und eßbare Innereien zu verwenden.
Die Teigöhrchen zum klaren Barschtsch mit einer Fülle aus Fischmasse servieren.

Vegetarischer Barschtsch

Barszcz jarski

10 g getrocknete Pilze, Salz,
250 g Wurzelwerk,
500 g rote Rüben,
$^{1}/_{4}$ bis $^{1}/_{2}$ l Rote-Rüben-Extrakt,
1 Knoblauchzehe, Zucker.

Mit 1 $^{1}/_{2}$ Liter Wasser wie Barschtsch mit Fleisch zubereiten. Die Teigöhrchen zum klaren Barschtsch mit Pilzfüllung servieren.

Barschtsch mit Sahne

Barszcz zabielany

250 g Wurzelwerk,
400 g rote Rüben, Salz,
30 g Mehl,
$^{1}/_{8}$ l saure Sahne,
$^{1}/_{4}$ l Rote-Rüben-Extrakt,
1 bis 2 Knoblauchzehen, Zucker.

Das Wurzelwerk putzen und waschen, die roten Rüben waschen, schälen und in dünne Scheiben schneiden, Wurzelwerk und rote Rüben mit 1 $^{3}/_{4}$ Liter Wasser überbrühen und salzen, garkochen. Das Mehl in wenig kaltem Wasser anrühren, in die durchgeseihte Brühe gießen und aufkochen lassen. Saure Sahne zugeben. Rote–Rüben–Extrakt nach Geschmack hinzufügen. Die Knoblauchzehen mit Zucker und Salz zerreiben und zugeben. Der Barschtsch mit Sahne kann auch mit Gemüse- und Knochenbrühe zubereitet werden. Als Einlage eignen sich gekochte weiße Bohnen oder hartgekochte und in Viertel geschnittene Eier.
Den Barschtsch ohne Einlage oder mit Eiern kann man mit Kartoffelpüree reichen.

Rote-Rüben-Blätter-Suppe

Botwina

200 g Kalbfleisch mit Knochen
Salz, 250 g Wurzelwerk,
400 g junge rote Rüben
mit Blättern, Essig
oder Zitronensaft, 20 g Mehl,
$^1/_8$ l saure Sahne,
$^1/_4$ l Rote-Rüben-Extrakt,
Zucker,
1 Löffel gewiegte Kräuter
(Petersilie, Dill und Schnittlauch).

Das Fleisch waschen. Die Knochen herauslösen und mit 1 $^1/_2$ Liter kaltem Salzwasser aufsetzen. 30 Minuten kochen lassen. Das Fleisch zugeben und alles zusammen weiterkochen lassen. Vor Ende der Garzeit das geputzte Wurzelwerk hinzufügen und alles fertiggaren, durchseihen. Die roten Rüben sorgfältig unter fließendem Wasser waschen, in dünne Streifen schneiden (zusammen mit Blättern) und in wenig Essigwasser zugedeckt kochen. Das Mehl in $^1/_8$ Liter kalter Fleischbrühe anrühren, in die restliche Fleischbrühe geben, aufkochen lassen, saure Sahne und Rote–Rüben–Extrakt zugeben. Das gare Fleisch in Würfel schneiden und zusammen mit den roten Rüben und Blättern in die Fleischbrühe geben. Erwärmen ohne zu kochen. Mit Essig oder Zitronensaft, Zucker und Salz abschmecken. Gewiegte Petersilie, Dill und Schnittlauch zufügen. Als Einlage eignen sich hartgekochte, in Viertel oder in Scheiben geschnittene Eier.

Gemüsekremsuppe

Zupa jarzynowa przecierana

200 g Knochen, 100 g Möhren,
50 g Sellerie- und
Petersilienwurzel,
100 g Porree,
100 g grüne Erbsen
oder grüne Bohnen,
100 g Wirsing, 200 g Kartoffeln,
Salz, 20 g Mehl, 1 bis 2 Eigelb,
$^1/_8$ l saure oder süße Sahne,
1 Eßl. gewiegte Petersilie
und Dill.

Die Knochen, das gewaschene, geputzte Gemüse und die Kartoffeln mit 1 $^1/_2$ Liter Wasser überbrühen, dann salzen und kochen. Die Knochen herausnehmen, das gare Gemüse und die Kartoffeln durch ein Sieb streichen, die Brühe nach und nach zugießen. Das Mehl in wenig kalter

Brühe anrühren, in die Suppe geben und alles aufkochen lassen. Eigelb mit der Sahne und $^1/_8$ l heißer Suppe verquirlen und in die Suppe geben. Mit Salz abschmecken. Mit gewiegter Petersilie und Dill bestreuen. Die Gemüsekremsuppe kann auch ohne Knochen, nur mit Gemüsebrühe zubereitet werden. Als Einlage eignen sich angeröstete Weißbrotwürfel.

Tomatensuppe

Zupa pomidorowa

200 g Wurzelwerk, Salz,
500 bis 600 g frische Tomaten,
100 g Zwiebeln, 20 g Fett,
30 g Mehl, $^1/_8$ l saure Sahne,
Zucker, gewiegter frischer Dill.

Das gewaschene und geputzte Wurzelwerk mit 1 $^1/_2$ Liter Wasser überbrühen, salzen und kochen. Die gewaschenen und kleingeschnittenen Tomaten mit den geschälten und in Scheiben geschnittenen Zwiebeln in erhitztem Fett mit wenig Wasser schnell garen. Tomaten und Zwiebeln durch ein Sieb streichen und mit der durchgeseihten Wurzelwerkbrühe verrühren. Das Mehl in $^1/_8$ Liter kaltem Wasser anrühren und in die Suppe gießen. Aufkochen lassen und saure Sahne zufügen, mit Zucker und Salz abschmecken. Gewiegten Dill zugeben. Die Tomatensuppe kann auch mit Knochenbrühe zubereitet werden. Anstelle von frischen Tomaten kann auch 100 g Tomatenmark verwendet werden. Als Einlage eignen sich angeröstete Weißbrotwürfel, körnig gekochter Reis, Nudeln oder Windbeutelerbsen.

Erbsensuppe

Grochówka

300 bis 400 g gelbe Erbsen,
Salz, 150 g geräucherter Speck,
250 g Wurzelwerk,
50 g Zwiebeln, 20 g Fett,
20 g Mehl,
1 bis 2 Knoblauchzehen,
Majoran.

Die Erbsen lesen, abspülen, für einige Stunden in kaltem abgekochten Wasser einweichen. In demselben Wasser garen. Nach dem Garkochen salzen. Von dem geräucherten Speck und dem gereinigten Wurzelwerk mit 1 $^1/_2$ Liter Wasser eine Brühe kochen. Die garen Erbsen durch ein Sieb streichen, die Brühe nach und nach zugeben. Die Zwiebeln schälen, kleinschneiden und im Fett hellgelb anrösten, Mehl leicht anbräunen, mit Zwiebeln verrühren, anschwitzen. Mit der Mehlschwitze die Suppe binden. Die mit Majoran und Salz zerriebenen Knoblauchzehen dazugeben. Den gekochten gewürfelten Räucherspeck zufügen. Die Erbsensuppe kann auch mit Wurzelwerkbrühe zubereitet werden. Als Einlage eignen sich Nudeln oder angeröstete Weißbrotwürfel.

Bohnensuppe mit Mehlklümpchen

Zupa fasolowa z zacierką

200 bis 300 g weiße Bohnen,
Salz, 200 g Knochen,
200 g Wurzelwerk, 50 g Zwiebeln,
30 g Fett, 20 g Mehl,
1 Knoblauchzehe, Majoran.

Für die Mehlklümpchen:
100 g Mehl,
Salz, 1 Ei,
20 g Mehl zum Bestreuen.

Die Bohnen verlesen, waschen und mehrere Stunden in 1 $^1/_2$ Liter kaltem Wasser einweichen. Im Einweichwasser kochen. Die garen Bohnen salzen. Aus den Knochen und dem Wurzelwerk einen Sud kochen. Die weichen Bohnen durch ein Sieb streichen und den fertigen Sud dazugeben. Die geschälte, kleingeschnittene Zwiebel im Fett anbräunen, Mehl leicht anbräunen, mit Zwiebeln verrühren, anschwitzen. Die Mehlschwitze mit kaltem Wasser anrühren, in die Suppe geben. Alles aufkochen lassen. Die Knoblauchzehe mit Majoran und Salz zerdrücken und der Suppe zufügen. Für die Mehlklümpchen aus Mehl, Salz, Wasser und dem Ei einen Teig kneten. Den Teig mit einem Messer hobeln oder auf einem Reibeisen reiben. Mit Mehl bestreuen. In kochendes Salzwasser geben und kurz garen. Die fertigen Mehlklümpchen abseihen und mit der Bohnensuppe servieren.

Kartoffelsuppe mit saurer Sahne

Zupa ziemniaczana ze śmietaną

250 g Knochen,

10 g getrocknete Pilze,

150 g Wurzelwerk, 20 g Fett,
500 bis 600 g Kartoffeln, Salz,
20 g Mehl, $^1/_8$ l saure Sahne,
1 Eßl. gewiegte Petersilie
und Dill, Rosmarin.

Die gewaschenen Knochen, die geputzten Pilze und das gereinigte und gewaschene Wurzelwerk mit 20 g Fett in 1 $^3/_4$ Liter Wasser kochen. Die Kartoffeln waschen, schälen, spülen, in dicke Streifen schneiden und in der durchgeseihten und leicht gesalzenen Brühe garen. Das Mehl in $^1/_8$ Liter kaltem Wasser anrühren und die Suppe damit binden. Die saure Sahne unterrühren. Mit Salz abschmecken, mit gewiegter Petersilie, Dill und Rosmarin servieren.

Kartoffelsuppe auf Poznań-Art

Zupa ziemniaczana (kartoflanka) poznańska

250 g Wurzelwerk (ohne Wirsing),
50 g Zwiebeln, $^1/_2$ Eßl. Basilikum,
Salz, Pfeffer, 750 g Kartoffeln,
$^1/_8$ l saure Sahne, 1 Eßl. Butter,
1 Eßl. gewiegter Dill.

Das geschälte, gewaschene, kleingeschnittene Wurzelwerk und die geschälten und kleingeschnittenen Zwiebeln mit Basilikum, Salz und dem Pfeffer in 1 $^3/_4$ Liter kaltem Wasser ansetzen und kochen. Die Kartoffeln schälen und in der durchgeseihten Gemüsebrühe kochen. Die garen Kartoffeln mit Brühe durch ein Sieb streichen, saure Sahne dazugeben. Alles gut mit Butter verrühren. Mit Dill bestreut servieren. Als Einlage geröstete Weißbrot- oder Brötchenwürfel reichen.

Kohlsuppe aus Weißkraut

Kapuśniak ze świeżej kapusty

500 g Weißkraut, 50 g Zwiebeln,
100 g geräucherter Speck,
200 g Kartoffeln, 2 Suppenwürfel,
1 Lorbeerblatt, Salz,
1 bis 2 Knoblauchzehen.

Das Weißkraut von den äußeren welken Blättern befreien, waschen und hobeln, die geschälten Zwiebeln und den Räucherspeck in Würfel schneiden, dem Weißkraut zufügen und alles mit 1 $^3/_4$ Liter Wasser überbrühen. Ankochen, den Topf etwa 2 bis 3 Minuten öffnen und dann zugedeckt weitergaren. Die geschälten Kartoffeln in dünne Scheiben oder kleine Würfel schneiden und in die kochende Suppe geben. Kurz vor dem Garwerden die zerdrückten Suppenwürfel, ein Lorbeerblatt und nach Belieben eine mit Salz zerriebene Knoblauchzehe zugeben. Mit Salz abschmecken.

Kohlsuppe aus Sauerkraut

Kapuśniak z kwaszonej kapusty

50 g geräucherter Speck,
50 g Zwiebeln, 300 g Sauerkraut,
200 g Kartoffeln, 1 Suppenwürfel,
Pfeffer, $^1/_2$ Lorbeerblatt,
1 Knoblauchzehe, Salz.

Den in Würfel geschnittenen Speck zerlassen und die feingeschnittene Zwiebel darin anbräunen. Den Saft des Sauerkrautes leicht auspressen und beiseite stellen. Das fein geschnittene Sauerkraut mit zerlassenem Speck und Zwiebel verrühren und 8 bis 10 Minuten unter öfterem Rühren dünsten. Nach 2 bis 3 Minuten die Pfanne schließen und zugedeckt weiter dünsten. Die in dünne Scheiben geschnittenen Kartoffeln dann etwa 10 Minuten in 1 $^3/_4$ Liter Wasser kochen. Danach das Sauerkraut mit den Speckwürfeln und den angerösteten Zwiebeln hinzufügen und weitere 5 Minuten garen. Kurz vor Ende der Garzeit den zerdrückten Suppenwürfel, Pfeffer, $^1/_2$ Lorbeerblatt und mit Salz zerriebene Knoblauchzehe zugeben. Mit Salz und rohem Sauerkrautsaft abschmecken.

Kohlsuppe auf Mazury-Art

Kapuśniak mazurski

250 g geräucherte Rippen,
500 g Sauerkraut, Kümmel,
50 g Zwiebeln, 30 g Fett,
300 g Kartoffeln, Salz, Pfeffer.

Die Knochen waschen und dann in 1 $^1/_2$ Liter Wasser kochen lassen. Das Sauerkraut wiegen, mit Kümmel bestreuen und ohne Deckel auf starker Flamme garen. Die Zwiebeln fein schneiden und im Fett leicht anbräunen. Die gewaschenen Kartoffeln schälen und fein würfeln. Die Knochenbrühe abgießen, die Kartoffeln darin garen. Das Sauerkraut, die angebräunte Zwiebel und das von den Knochen gelöste Fleisch dazugeben. Zum Schluß Salz und Pfeffer zufügen. Dazu Brot oder Erbspüree reichen.

Kohlsuppe auf Kaszuby-Art

Kapuśniak kaszubski

250 g Knochen,
250 g Wurzelwerk,
Salz, 300 g Weißkraut,
50 g Zwiebeln, Kümmel,
1 Eßl. Tomatenmark, 30 g Mehl,
$^1/_8$ bis $^1/_4$ l saure Sahne,
Pfeffer.

Die gewaschenen Knochen mit dem gereinigten Wurzelwerk in 1 $^3/_4$ Liter Salzwasser kochen, dann durch ein Sieb gießen. Das fein gehobelte Weißkraut und die fein geschnittenen Zwiebeln mit Kümmel in wenig Wasser im offenen Topf kochen. Das gare Weißkraut in die Brühe geben. Die Suppe mit Mehl binden, ankochen. Saure Sahne zugeben. Mit Salz und Pfeffer abschmecken. Mit Salzkartoffeln servieren.

Saure Suppe auf Kaszuby-Art

Kwasica kaszubska

200 g Knochen,
150 g Wurzelwerk (ohne Wirsing),
20 g Zwiebeln,
20 g getrocknete Pilze,
$^1/_2$ l Sauerkrautsaft,
30 g Schweinefett, 20 g Mehl,
Salz, Zucker, Pfeffer.

Die Knochen mit dem geputzten Wurzelwerk, den geschälten Zwiebeln und den gewaschenen Pilzen in 1 Liter Wasser kochen. Den Sud durch ein Sieb gießen und mit dem Sauerkrautsaft vermischen. Eine Mehlschwitze bereiten und die Suppe damit binden. Mit Salz, Zucker und Pfeffer abschmecken. Als Einlage eignen sich gekochte Bohnen. Nach Belieben gekochtes und in Würfel geschnittenes Rindfleisch zugeben.

Gurkensuppe

Zupa ogórkowa

250 g Wurzelwerk, 20 g Fett,
250 bis 300 g saure Gurken,
30 bis 40 g Mehl, $^1/_4$ l Milch,
1 Eigelb, 20 g Butter,
$^1/_8$ l Gurkenbrühe, Salz

Das geputzte und gewaschene Wurzelwerk mit 20 g Fett in 1 $^1/_2$ Liter Wasser kochen und durch ein Sieb geben. Die sauren Gurken auf einem groben Reibeisen reiben. Das Mehl in der Milch anrühren, in die Wurzelwerkbrühe geben und aufkochen lassen. Das Eigelb mit der Butter und $^1/_8$ Liter heißer Wurzelwerkbrühe verrühren und in die Suppe geben. Die geriebenen Gurken, Gurkenbrühe und Salz hinzufügen. Die Suppe erhitzen. Die Gurkensuppe kann auch mit Knochenbrühe zubereitet werden. Zum Binden nach Belieben saure Sahne verwenden. Als Einlage eignen sich angeröstete Weißbrotwürfel oder gekochte Kartoffelscheiben.

Sauerampfersuppe

Zupa szczawiowa

250 g Wurzelwerk, 10 g Fett,
Salz, 150 g Sauerampfer,
30 bis 40 g Mehl, $^1/_4$ l Milch,
2 Suppenwürfel, 1 bis 2 Eigelb,
30 g Butter oder Margarine.

Das geputzte Wurzelwerk mit 10 g Fett in 1 $^1/_2$ Liter Salzwasser kochen und durch ein Sieb gießen. Den gewaschenen und von den Stengeln befreiten Sauerampfer durch den Wolf drehen. Die Hälfte der Masse in die Suppenterrine geben, den Rest in wenig Wasser kochen. Die Wurzelwerkbrühe mit dem in Milch verquirlten Mehl binden. Den zerdrückten Suppenwürfel und den garen Sauerampfer und Salz zugeben. Vor dem Servieren das Eigelb mit Butter vermischen und mit der Suppe verrühren. Alles in die Suppenterrine geben. Anstelle von Milch kann man die Suppe mit saurer oder süßer Sahne binden. Die Sauerampfersuppe kann auch mit Knochenbrühe zubereitet werden. Als Einlage eignen sich angeröstete Weißbrotwürfel, Fleischknödel, gegossene Nudeln, körnig gekochter Reis oder hartgekochte und geviertelte Eier. Werden Eier verwendet, Kartoffelpüree dazu reichen.

Dillsuppe

Zupa koperkowa

300 g Knochen,
250 g Wurzelwerk,
40 g Mehl, 1 bis 2 Eigelb,
Butter, $^{1}/_{8}$ l saure Sahne,
Salz, 3 Eßl. gewiegter Dill.

Die gewaschenen Knochen mit dem geputzten Wurzelwerk in 1 $^{3}/_{4}$ Liter Wasser kochen und durch ein Sieb gießen. Mit angerührtem Mehl binden. Das Eigelb mit der Butter in $^{1}/_{8}$ Liter heißer Suppe verrühren und in die restliche Suppe geben, saure Sahne darunterrühren, Salz dazugeben. Mit gewiegtem frischen Dill bestreut servieren. Als Einlage eignen sich gegossene, gelegte oder französische Nudeln.

Zwiebelsuppe

Zupa cebulowa

300 g Rindfleisch mit Knochen,
Salz, 200 g Wurzelwerk
(ohne Wirsing), 180 g Zwiebeln,
250 g schwarzes Roggenbrot,
50 g Butter, Muskatnuß,
Ingwer, Nelken.

Das gewaschene Fleisch in 1 $^{1}/_{2}$ Liter Salzwasser auf kleinem Feuer garen. Gegen Ende der Garzeit das gesäuberte Wurzelwerk und die geschälte und in der Backröhre ohne Fett gebräunte Zwiebel (20 g) zugeben. Durchseihen. Das Roggenbrot in Würfel schneiden. 20 g Butter im Tiegel erhitzen, die Würfel dazugeben, in der Backröhre anrösten. Die restlichen Zwiebeln schälen, in Scheiben schneiden und in 30 g Butter dünsten. Die angebräunten Roggenbrotwürfel und die gedünsteten Zwiebeln in die Fleischbrühe geben, zerkochen, durch ein Sieb streichen. Mit Gewürz und Salz abschmecken. Pikante Quarkkuchen dazu reichen.

Kümmelsuppe

Zupa kminkowa

200 g Knochen,
250 g Wurzelwerk,
5 bis 10 g Kümmel, 40 g Fett,
40 g Mehl, Salz.

Die gewaschenen Knochen mit dem geputzten Wurzelwerk und Kümmel in $1^3/_4$ Liter Wasser kochen, durch ein Sieb geben, mit einer goldgelben Mehlschwitze binden und ankochen. Mit Salz abschmecken. Als Einlage eignen sich angeröstete Weißbrotwürfel oder gelegte Nudeln. Anstelle einer Einlage können auch Mürbeteig- oder Hefeteigsalzstangen gereicht werden.

Kümmelsuppe mit Sahne
Zupa kminkowa ze śmietaną

200 g Kalbs- oder Rindsknochen, 200 g Wurzelwerk (ohne Wirsing), 40 g Zwiebeln, 5 bis 10 g Kümmel, 40 g Butter, 30 g Mehl, $^1/_8$ l saure Sahne, Salz.

Die gewaschenen Knochen, das geputzte Wurzelwerk und die geschälte Zwiebel in $1^1/_2$ Liter Wasser kochen und durch ein Sieb geben. In 10 g Butter den Kümmel anrösten, bis er vom Boden der Pfanne springt, mit der Brühe begießen, etwa 1 Stunde garen und durchseihen. Die Suppe mit einer Mehlschwitze aus der restlichen Butter und dem Mehl binden, Sahne und nach Bedarf Salz zugeben. Mit angerösteten Weißbrotwürfeln servieren.

Brotsuppe
Zupa chlebowa

200 g Kalbs- oder Rindsknochen, 200 g Wurzelwerk (ohne Wirsing), 50 g Zwiebeln, 150 g trockenes Schwarzbrot, fein gemahlener Kümmel, Salz, 2 Eigelb, $^1/_8$ l Milch, 40 g Butter, Petersilie.

Die gewaschenen Knochen, das geputzte Wurzelwerk und die geschälte und in Scheiben geschnittene Zwiebel in $1^1/_2$ Liter Wasser kochen und durch ein Sieb geben. In $^1/_2$ Liter der Brühe das Brot aufkochen, durch ein Sieb streichen und in die Brühe geben. Mit gemahlenem Kümmel und Salz abschmecken. Das Eigelb mit Milch verquirlen und die Suppe binden, die Butter unterrühren. Die Suppe mit gewiegter Petersilie bestreuen. Angeröstete Weißbrotwürfel dazu reichen.

Polnische Graupensuppe
Krupnik polski

10 g getrocknete Pilze,
250 g Wurzelwerk,
200 g Knochen,
100 g Perlgraupen,
40 g Butter oder Margarine,
250 g Kartoffeln, Salz,
je 1 Eßl. gewiegte Petersilie und Dill.

Die eingeweichten Pilze, das geputzte Wurzelwerk und die gewaschenen Knochen dann in $1^1/_2$ Liter Wasser kochen und durch ein Sieb geben. Wurzelwerk und Pilze in dünne Streifen schneiden. Die Graupen in knapp $^1/_2$ Liter Wasser kochen, mit kaltem Wasser abschrecken und 20 g Butter dazugeben. Die in Würfel geschnittenen Kartoffeln in der Brühe garen. Die Graupen, Pilze, das Gemüse und Salz dazugeben. Den Rest der Butter unterrühren, mit gewiegter Petersilie und Dill bestreut servieren. Die Graupensuppe kann mit Eigelb oder saurer Sahne verfeinert werden.

Pilzsuppe aus frischen Pilzen
Zupa ze świeżych grzybów

250 g Wurzelwerk (ohne Wirsing),
20 g Fett, Salz,
400 g frische Pilze,
100 g Zwiebeln,
30 g Mehl, Pfeffer,
$^1/_8$ bis $^1/_4$ l saure Sahne,
1 Eßl. gewiegte Petersilie und Dill.

Das geputzte Wurzelwerk mit Fett in $1^1/_2$ Liter Salzwasser kochen und durch ein Sieb gießen. Die Pilze gründlich unter fließendem Wasser waschen, putzen und in dünne Streifen schneiden, in wenig Wasser zusammen mit der geschälten und geriebenen Zwiebel garen und in die Brühe geben. Die Suppe mit angerührtem Mehl binden. Salz, Pfeffer, Sahne, gewiegte Petersilie und Dill zugeben. Die Pilzsuppe kann auch mit einer Mehlschwitze gebunden werden. Als Einlage eignen sich Perlgraupen, gegossene Nudeln oder dünne Makkaroni.

Pilzsuppe aus getrockneten Pilzen

Zupa z suszonych grzybów

30 g getrocknete Pilze,
250 g Wurzelwerk
(ohne Wirsing),
50 g Zwiebeln, Salz, 30 g Mehl,
$^1/_4$ bis $^1/_8$ l saure Sahne.

Die eingeweichten Pilze, das geputzte Wurzelwerk und die geschälte Zwiebel in $1^3/_4$ Liter Salzwasser kochen und durch ein Sieb gießen. Die Brühe mit angerührtem Mehl binden, aufkochen lassen, mit Salz und Pfeffer abschmecken und saure Sahne zugeben. Die garen Pilze wiegen und in die Suppe geben. Als Einlage eignen sich Perlgraupen, angeröstete Weißbrotwürfel, Würfel aus Grieß, gegossene oder viereckige Nudeln (Łazanki).

Fischsuppe

Zupa rybna

150 g Wurzelwerk,
250 bis 300 g Fisch (Karausche,
Wels, Karpfen, Hecht)
oder Fischreste (Kopf,
Rückgrat mit Gräten, Haut),
1 Lorbeerblatt,
einige Pimentkörner, 30 g Mehl,
Salz, Pfeffer, Muskatnuß,
$^1/_8$ l saure Sahne.

Den Fisch oder die Fischabfälle mit dem geputzten Wurzelwerk, Lorbeerblatt und Pimentkörnern in 2 Liter Wasser kochen und durch ein Sieb gießen. Aus dem Fischfleisch Klößchen zubereiten (Rezept s. S. 76). Die Brühe mit angerührtem Mehl binden, aufkochen, mit Salz, Pfeffer und geriebener Muskatnuß abschmecken, saure Sahne unterziehen. Anstelle von Sahne kann auch Eigelb verwendet werden. Als Einlage eignen sich Fischklößchen, Windbeutelerbsen, französische oder viereckige Nudeln (Łazanki).

Krebssuppe

Zupa rakowa

300 g Rind- oder Kalbfleisch mit Knochen,
150 g Wurzelwerk,
16 Krebse, Salz, Dill,
60 g Butter, 100 g Reis,
20 g Mehl, 1/8 l saure Sahne.

Das Fleisch und die Knochen mit dem Wurzelwerk in 1 1/2 Liter Wasser kochen und durchseihen. Die Krebse sorgfältig unter fließendem Wasser mit einer Bürste waschen, in kochendes Wasser geben, Salz und Dill beifügen. Zugedeckt etwa 15 Minuten kochen. Die Krebse mit dem Schaumlöffel aus dem Sud nehmen, abkühlen lassen, das Fleisch aus Hinterleib und Schere herausnehmen, in eine Schüssel legen und mit wenig Fleischbrühe übergießen, damit es nicht austrocknet. Die Schalen von den Innereien abtrennen. Die Scherenschalen sowie alle anderen roten Panzerteile entfernen, trocknen und im Mörser zerkleinern oder mahlen. In ausgelassene Butter geben und mit 1/4 Liter Fleischbrühe übergießen. So lange garen, bis sich auf der Oberfläche rotes Fett, die sogenannte Krebsbutter, ansammelt. Die Krebsbutter sorgfältig in ein anderes Gefäß abschäumen. Den Reis körnig garen. Die durchgeseihte Fleischbrühe mit der Brühe aus den gemahlenen Krebsschalen vermischen. Die Krebsbutter hinzufügen, das Mehl in 1/8 Liter kalter Brühe verquirlen, die Suppe damit binden, aufkochen lassen und salzen. Saure Sahne oder Eigelb unterziehen, das Krebsfleisch, den körnig gekochten Reis und gewiegten Dill zugeben.

Saure Mehlsuppe

Zalewajka

1 große Zwiebel,
500 g geschälte Kartoffeln,
4 Pfefferkörner, 1/2 l Żursäure,
Salz, 30 g Speck.

Die Zwiebel schälen und klein schneiden. Die Kartoffeln würfeln und mit den Pfefferkörnern und der Zwiebel in 1 1/2 Liter Wasser kochen. Die Żursäure nach Geschmack zugeben. Alles aufkochen and salzen. Den Speck in kleine Würfel schneiden, zerlassen und in die Suppe geben. Die Suppe mit Brot servieren.

Saure Mehlsuppe mit Milch

Żur na mleku

$^1/_2$ l Żursäure,
20 g Mehl, $^1/_2$ l Vollmilch,
$^1/_8$ bis $^1/_4$ l saure Sahne, Salz,
1 Eßl. gewiegter frischer Dill
und Schnittlauch.

Die Żursäure in $^1/_4$ Liter kochendes Wasser gießen. Die Suppe mit dem kalt angerührten Mehl binden und aufkochen lassen. Die gekochte Milch und die Sahne darunterrühren und Salz zugeben. Mit gewiegtem Dill und Schnittlauch bestreut servieren. Gekochte, mit zerlassenem Speck übergossene Kartoffeln dazureichen.

Saure Mehlsuppe mit Räucherspeck oder Wurst

Żur na boczku lub kiełbasie

250 g Wurzelwerk,
150 bis 200 g Räucherspeck
oder Wurst,
$^1/_4$ bis $^1/_2$ l Żursäure,
20 bis 30 g Mehl, Salz,
1 Knoblauchzehe,
800 g Kartoffeln.

Wurzelwerk reinigen, waschen und zusammen mit dem Räucherspeck in $1^1/_2$ Liter Wasser kochen. Die Brühe durch ein Sieb gießen, die Żursäure dazugeben, mit kalt angerührtem Mehl binden, aufkochen lassen, salzen. Den garen Speck in Würfel schneiden, die Knoblauchzehe mit Salz zerreiben und in die Suppe geben. Gekochte Kartoffeln mit zerlassenem Speck dazu reichen.

Geflügelblutsuppe

Czernina

Blut einer Gans oder Ente,
1 Eßl. Essig, Gänse- oder
Entenklein,
250 g Wurzelwerk,
1 Lorbeerblatt,
Pfeffer,
100 g Trockenobst
(Pflaumen, Äpfel),
Zitronensaft
oder Essig,
Zucker, Salz.

Das Blut mit einem Eßlöffel Essig verrühren. Das Geflügelklein abspülen, das Wurzelwerk putzen, waschen und zusammen mit den Gewürzen in 1 $^{3}/_{4}$ Liter Wasser kochen. Die Brühe durch ein Sieb gießen, das Blut zufügen und unter ständigem Rühren aufkochen, das in Streifen geschnittene Wurzelwerk zugeben. Mit Zitronensaft oder Essig, Zucker und Salz abschmecken. Das gare Obst, geschnittenes Geflügelkleinfleisch und viereckige Nudeln (Łazanki) in die Suppe geben und servieren.

Biersuppe
Polewka piwna

$1^{1}/_{2}$ l helles Bier,
2 bis 3 Nelken,
ein Stückchen Zimt,
3 Eigelb, 100 bis 150 g Zucker.

Das Bier mit den Gewürzen aufkochen. Die Eigelb mit Zucker zu einer feinen Masse schlagen, $^{1}/_{8}$ Liter heißes Bier zugießen, alles gut verrühren und dem restlichen Bier zugeben. Als Einlage eignen sich angeröstete Weißbrotwürfel und gewürfelter Quark.

Saure Milch
Zsiadłe mleko (kwaśne mleko)

1 l Vollmilch,
4 Teel. saure Sahne.

Die Vollmilch in Ton- oder Steingutschälchen verteilen. Jeder Portion einen Teelöffel saure Sahne zufügen. Die Schälchen an einem warmen Ort stehen lassen, ohne die Gefäße zu berühren, damit die Milch im Laufe von 24 bis 48 Stunden schön dick wird. Die Milch möglichst nicht länger stehen lassen! Die saure Milch gut gekühlt in den Portionsschälchen auf den Tisch bringen. Nach Belieben mit gewiegtem Schnittlauch bestreuen.
Gekochte neue Kartoffeln oder angebräunte, körnig gekochte Buchweizengrütze dazu reichen. Beide Gerichte mit zerlassener Butter oder zerlassenen Speckwürfeln begießen und reichlich mit gewiegtem Dill bestreuen.

Kalte Gurkensuppe

Chłodnik ogórkowy

300 bis 400 g Kalbfleisch mit Knochen, Salz,
250 g Wurzelwerk,
300 g rote Rüben,
30 g Mehl,
$^1/_4$ l saure Sahne,
200 g saure Gurken, Zucker,
$^1/_4$ l Gurkensaft, 2 Eier,
je 1 Eßl. gewiegter Dill und Schnittlauch.

Das Fleisch mit den Knochen in $1^1/_4$ Liter Wasser mit Salz und Wurzelwerk kochen. Die Rüben waschen und mit der Schale kochen, dann schälen, auf einem groben Reibeisen reiben und in die durchgegossene Brühe geben. Die Suppe mit Mehl binden und aufkochen lassen. Saure Sahne und in Würfel geschnittene saure Gurken zugeben. Mit Salz, Zucker und saurem Gurkensaft abschmecken. Das gekochte und in Würfel geschnittene Kalbfleisch und die hartgekochten und in Scheiben geschnittenen Eier zugeben. Mit Dill und Schnittlauch bestreut kalt servieren.

Kalte Sommersuppe mit saurer Milch und roten Rüben

Chłodnik z kwaśnego mleka z botwinką

300 bis 400 g junge, rote Rüben mit Blättern,
Salz, Zucker,
Zitronensaft oder Essig,
1 l saure Milch,
$^1/_8$ bis $^1/_4$ l Sahne,
150 g grüne Gurke,
2 hartgekochte Eier,
$^1/_8$ l Rote-Rüben-Extrakt,
je 2 Eßl. gewiegter Dill und Schnittlauch.

Die gewaschenen roten Rüben fein schneiden (zusammen mit Blättern), in wenig Wasser mit Salz, Zucker und Zitronensaft garen. Die saure Milch mit der Sahne verquirlen, die gekochten, abgekühlten roten Rüben, die dünn geschälte, gehobelte Gurke, die in Scheiben geschnittenen Eier und dem Rote-Rüben-Extrakt zugeben. Mit Dill und Schnittlauch bestreut servieren.

Kalte Beerenkremsuppe aus saurer Milch
Chłodnik owocowy z kwaśnego mleka

250 bis 300 g Beeren (Walderdbeeren, Himbeeren, Gartenerdbeeren), 1 l saure Milch, $^1/_8$ bis $^1/_4$ l saure Sahne, 100 g Zucker.

Die frischen Beeren verlesen, gut waschen und durch ein Sieb streichen. Die Milch mit der Sahne verquirlen, die Obstmasse und Zucker darunterrühren. Als Einlage eignen sich angeröstete Weißbrotwürfel.

Klare Obstsuppe
Zupa owocową czysta

600 g Obst (schwarze Johannisbeeren oder Sauerkirschen, Pflaumen, Äpfel), Nelken, Zimt, 10 g Kartoffelmehl, 100 bis 150 g Zucker.

Das Obst gut waschen, abtropfen lassen (Äpfel zerkleinern, nicht schälen), in $1^1/_4$ Liter Wasser mit Nelken und Zimt garen, durch ein Sieb streichen. Dabei nach und nach den Obstsud zugießen. Das Kartoffelmehl in $^1/_8$ Liter kaltem Obstsud anrühren. Den Obstsud aufkochen, das angerührte Kartoffelmehl zugeben und unter ständigem Rühren nochmals aufkochen. Mit Zucker abschmecken. Diese Suppe kalt oder heiß servieren. Als Einlage eignen sich süße Toastbiskuits oder Nudeln.

Obstsuppe mit Sahne
Zupa owocowa ze śmietaną

600 g Obst (Schwarze Johannisbeeren oder Sauerkirschen, Pflaumen, Äpfel), Nelken, Zimt, 10 g Kartoffelmehl, $^1/_4$ l saure Sahne, 100 bis 150 g Zucker.

Das Obst waschen, abtropfen lassen (Äpfel zerkleinern, nicht schälen). Mit Nelken und Zimt in 1 Liter Wasser garen, durch ein Sieb streichen. Dabei nach und nach den Obstsud zugießen. Das Kartoffelmehl in der sauren Sahne anrühren, in die warme Suppe gießen und unter ständigem Rühren aufkochen lassen. Heiß auftragen. Als Einlage eignen sich süße Toastbiskuits oder Nudeln.

Mandelsuppe

Zupa migdałowa

150 g süße Mandeln, *10 g bittere Mandeln,* *$1^1/_4$ l Milch, 60 g Rosinen,* *50 bis 80 g Zucker.*

Die überbrühten, geschälten und fein gemahlenen Mandeln mit kochender Milch übergießen. Die ausgelesenen und gewaschenen Rosinen und Zucker dazugeben. Als Einlage eignet sich körnig gekochter Reis.

Süße Eischnee-Suppe

Zupa „Nic"

$1^1/_4$ l Milch *$^1/_4$ Vanillestange, 2 Eier,* *100 bis 150 g Zucker.*

Die Milch mit der Vanille aufkochen. Die Eiweiß schaumig schlagen, nach und nach Zucker zugeben. Den Schaum mit dem Löffel auf die Milch geben und alles aufkochen lassen. Den garen Schaum auf einen Teller geben. Die Milch süßen, mit dem Eigelb verrühren und über den Schaum gießen. Die Suppe kalt oder heiß mit Reiseinlage servieren.

SUPPENEINLAGEN

Weißbrotwürfel

Kostki z bułki

100 g trockenes Weißbrot
oder Brötchen, 20 bis 30 g Butter
oder Margarine.

Brötchen oder Weißbrot in Würfel schneiden. Butter oder Margarine im

Tiegel erhitzen und die Würfel dazugeben. In die vorgewärmte Backröhre stellen und goldgelb anrösten.

Würfel aus Grieß

Kostki z grysiku

85 g Grieß, Salz.

Den Grieß in 5 Eßlöffel kaltem Wasser anrühren und in $^2/_5$ Liter kochendes Salzwasser gießen, garkochen, oft umrühren. Den garen Grießbrei auf einem angefeuchteten Küchenbrett mit einem in Wasser getauchten Messer zu einem 1 cm dicken Viereck glattstreichen. Den erstarrten Grießbrei in Würfel schneiden. Sie eignen sich als Einlage in Fleischbrühe, Gurkensuppe, Pilzsuppe u.a.

Körnige Gerstengrütze

Kasza jęczmienna na sypko

150 g Gerstengrütze,
20 g Fett, Salz.

Die Grütze verlesen und spülen. Reichlich $^1/_4$ Liter Wasser mit Fett und Salz aufsetzen, die Grütze hineingeben. Auf sehr kleiner Flamme unter Rühren körnig kochen oder in der Backröhre garen.

Körniger Reis

Ryż na sypko

200 g Reis,
20 g Fett, Salz.

Den Reis verlesen, waschen, $^1/_2$ Liter Wasser mit Salz und Fett zum Kochen bringen, den Reis hineingeben und langsam auf kleiner Flamme garen. Wenn das Wasser verkocht ist, den Reis umrühren, zudecken und in der Backröhre weitergaren. Wenn die Reiskörner nicht mehr zusammenkleben, herausnehmen. Den Reis mit der Gabel auflockern und in einer vorgewärmten Schüssel anrichten.

Mehlklümpchen
Zacierki

120 g Mehl, 1 Ei, Salz,
30 g Mehl zum Bestreuen.

Das Mehl sieben. Ei, Salz und 2 Eßlöffel Wasser zugeben. Einen Teig kneten. Aus dem Teig mit den Fingern kleine Teigstückchen zupfen, mit Mehl bestreuen, in Salzwasser geben, kurz garen, abseihen, in die Suppe geben. Der Teig kann auch mit einem Messer geschnitzelt oder auf einem Reibeisen gerieben und in die kochende Flüssigkeit gegeben werden.

Viereckige Nudeln
Łazanki

100 g Mehl, 1 Ei, Salz.

Das Mehl auf ein Küchenbrett sieben, das Ei, 2 Eßlöffel Wasser und Salz zugeben und einen Teig kneten. Den Teig dünn ausrollen, bis er durchsichtig wird. Zum Trocknen liegen lassen. Mit Mehl bestreuen, fest einrollen, 1 cm breite Streifen schneiden, 5 bis 6 Streifen zusammenlegen und in kleine ($1^1/_2$ cm × $1^1/_2$ cm) Quadrate schneiden. Während des Schneidens die Nudeln auf dem Brett mit den Fingern auflockern und öfter mit Mehl bestreuen, damit sie nicht zusammenkleben. Die Nudeln in kochendes Salzwasser geben. Wenn die Nudeln an die Oberfläche kommen, auf ein Sieb geben und mit kaltem Wasser übergießen. Die abgetropften Nudeln in die Suppenschüssel geben und sofort mit einer Fleischbrühe oder einer anderen klaren Suppe übergießen. Für gebundene Suppen bestimmte Nudeln sollten gleich in der Suppe gekocht werden.

Gelegte Nudeln
Kluski kładzione

150 g Mehl, 1 Ei, Salz.

Das gesiebte Mehl mit dem Ei und wenig Wasser zu einem leichten Teig verarbeiten. Den Teig so lange mit dem Löffel rühren, bis sich Luftbläschen bilden. Mit dem in heißes Wasser getauchten Löffel von dem Teig kleine längliche Nudeln in kochendes Salzwasser legen. Wenn die Nudeln auf der Oberfläche schwimmen, abseihen, mit warmem Wasser abspülen, abtropfen lassen und auf die Suppenteller verteilen. Die gelegten Nudeln nach Belieben gleich in der Suppe kochen.

Gegossene Nudeln
Kluski lane

30 g Mehl, 1 Ei, Salz.

Das gesiebte Mehl in einem Topf mit dem Ei so lange verrühren, bis sich Luftbläschen bilden. Den Teig langsam in kochendes Salzwasser gießen. Darauf achten, daß er nicht zusammenklebt. Wenn die Nudeln oben zu schwimmen beginnen, mit einem Schaumlöffel herausnehmen, in die Suppenschüssel geben und die Suppe darüber gießen. Die gegossenen Nudeln nach Belieben gleich in der Suppe kochen.

Französische Nudeln
Kluski francuskie

20 g Butter, 2 Eier,
40 bis 50 g Mehl, Salz.

Die Butter mit den Eigelb schaumig rühren. Nach und nach Eischnee, Mehl und Salz zugeben. Wenn der Teig zu dünn ist, noch Mehl hinzufügen. Mit dem in kochendes Wasser getauchten Eßlöffel kleine längliche Nudeln in kochendes Salzwasser oder in die kochende Suppe geben.

Halbfranzösische Nudeln
Kluski półfrancuskie

30 g Butter, 1 Ei oder 2 Eiweiß,
250 g Mehl, Salz,
1 Prise Backpulver.

Die Butter mit dem Ei schaumig rühren. Mehl, Salz, wenig Wasser und Backpulver zugeben und alles zu einem Teig verrühren. Mit dem in heißes Wasser getauchten Eßlöffel den Teig in kochendes Salzwasser geben. Dabei den Löffel mit dem Teig an den Topfrand schlagen, daß der Teig in das Wasser geschüttelt wird. Wenn alle Nudeln im Topf sind, umrühren, zudecken und auf kleiner Flamme mehrmals aufkochen lassen. Abseihen, mit heißem Wasser überbrühen, abtropfen lassen und in die Suppe geben.

Nudeln aus Weizengrieß
Kluski z grysiku

30 g Butter, 2 Eigelb, Salz,
3 Eiweiß, 20 g Mehl,
20 g Weizengrieß.

Die Butter schaumig rühren, nach und nach Eigelb unterrühren. Salz und Eischnee zugeben, mit Mehl und Weizengrieß vermischen. Probeweise wenig Teig mit dem vorher in siedendes Wasser getauchten Teelöffel in kochendes Salzwasser geben. Wenn der Teig auseinandergeht, Mehl zufügen. Die Nudeln zugedeckt auf kleiner Flamme kochen. Wenn sie oben schwimmen, mit einem Schaumlöffel herausnehmen. Sind sie als Beilage zur Brühe gedacht, sofort in die Brühe geben. Diese Nudeln eignen sich mit Konfitüre und Sahne auch als Nachtisch.

Windbeutelerbsen
Groszek ptysiowy

50 g Butter, Salz, 100 g Mehl,
1 Ei, 1 Eigelb, 20 g Butter
zum Bestreichen des Backblechs.

Die Butter mit $^1/_8$ Liter Wasser aufkochen. Eine Prise Salz zugeben. Das Mehl schnell in das kochende Wasser einrühren. Den Teig auf kleiner Flamme mit einem Holzlöffel so lange rühren, bis er glatt und glänzend ist und sich vom Topfboden löst. Die Kasserolle vom Herd nehmen und leicht abkühlen lassen. 1 Ei und 1 Eigelb zufügen und bis zum gänzlichen

Abkühlen etwa 15 Minuten rühren. Aus dem Teig kleine Kugeln formen und auf das gefettete Backblech setzen. Nach Belieben die Teigkugeln mit einer Spritze auf das Blech spritzen. In der heißen Backröhre etwa 10 Minuten goldgelb backen. Gegen Ende der Backzeit die Flamme zudrehen und die Backröhre öffnen, damit die Kugeln langsam abkühlen. Die sogenannten Windbeutelerbsen zu Fleischbrühen und anderen klaren Suppen, auch zu Obstsuppen servieren.

Öhrchen mit getrockneten Pilzen

Uszka z grzybami

60 g getrocknete Pilze oder 200 g Champignons, 50 g Zwiebeln, 20 g Fett, 30 g trockene Semmel oder Weißbrot, 20 g Semmelbrösel, Salz, Pfeffer.
Für den Teig: 150 g Mehl, 1 Ei, Salz.

Die gründlich gewaschenen und einige Stunden eingeweichte Pilze im Einweichwasser kochen, bis die Flüssigkeit fast verkocht ist. Die Pilze auf einem Sieb abtropfen lassen und mit den gerösteten Zwiebelwürfeln und der eingeweichten und ausgedrückten Semmel durch den Wolf drehen, mit Semmelbröseln, Salz und Pfeffer vermengen. Aus dem gesiebten Mehl, dem Ei und etwa $^1/_8$ Liter Wasser einen lockeren Teig kneten. Sehr dünn ausrollen und in 3 bis 4 cm große Quadrate schneiden. Die Füllung jeweils in die Mitte der Quadrate verteilen und die diagonal liegenden Teigränder zusammendrücken, so daß ein Dreieck entsteht. Beide Ecken des Dreiecks übereinanderkleben, so daß Öhrchen entstehen. In reichlich Salzwasser geben und kochen. Wenn sie an der Oberfläche schwimmen, die Öhrchen mit dem Schaumlöffel herausnehmen, mit heißem Wasser übergießen und abtropfen lassen. Werden frische Champignons verwendet, sollten sie gut gedünstet sein.

Öhrchen mit Fleisch oder Fisch

Uszka z mięsem lub rybą

200 g Fleisch oder gebackener, gebratener oder gekochter Fisch,

50 g Zwiebeln, 20 g Fett,
30 g trockene Semmel
oder Weißbrot,
20 g Semmelbrösel,
Salz, Pfeffer.
Für den Teig: 150 g Mehl,
1 Ei, 1/8 l Wasser, Salz,

Zubereitung nach vorhergehendem Rezept.

Fleisch- und Fischklößchen
Pulpety z mięsa lub ryby

1 Zwiebel, 20 g Fett,
30 g trockenes Brötchen
oder Weißbrot,
150 g gekochtes Fleisch,
Bratwurst oder gegarter Fisch,
2 Eier, Salz, Pfeffer, Majoran,
1 Eßl. gewiegte Petersilie,
20 g Semmelbrösel.

Die geschälte Zwiebel in Ringe schneiden und in Fett hellgelb anschwitzen. Das Brötchen einweichen, ausdrücken und zusammen mit der angebräunten Zwiebel und dem Fleisch oder Fisch durch den Wolf drehen. Eier, Salz, Pfeffer, Majoran, gewiegte Petersilie und Semmelbrösel daruntermischen. Aus der Masse walnußgroße Klößchen formen und in Salzwasser kochen. Wenn sie an die Oberfläche kommen, abseihen. Zu Fleischbrühen, Kohlsuppe oder Sauerampfersuppe servieren. Fischklößchen passen zu Fischsuppen. Sie können nach Belieben in der Suppe gekocht werden.

Talg- oder Markklößchen
Pulpety z łoju lub szpiku

200 g Rindertalg, 2 Eier,
50 g bis 80 g Semmelbrösel,
1 Eßl. gewiegte Petersilie,
Salz, Pfeffer, 20 g Mehl.

Den Talg von den Häuten säubern, durch den Wolf drehen und mit Eiern, Semmelbröseln, Petersilie, Salz und Pfeffer vermengen. Kleine Klößchen formen, in Mehl wälzen und in kochendes Salzwasser geben. Ein Klößchen zur Probe kochen. Nach etwa 5 Minuten, wenn sie an die Oberfläche kommen, die Klößchen aus dem Wasser nehmen und mit Flecken servieren.

Leberklößchen

Pulpety z wątróbki

150 g Kalbs-, Schweine- oder Geflügelleber,
1 Ei, 30 g Fett,
60 bis 80 g Semmelbrösel,
Salz, Pfeffer,
1 Eßl. gewiegte Petersilie,
20 g Mehl.

Die von den Häuten befreite Leber durch den Wolf drehen, Ei, Fett, Semmelbrösel, Salz, Pfeffer und Petersilie zugeben, gut durchkneten. Kleine Klößchen formen, in Mehl wälzen und in kochendes Salzwasser geben. Ein Klößchen zur Probe kochen, wenn es zerfällt, noch Semmelbrösel zugeben. Wenn sie an die Oberfläche kommen, die Klößchen herausnehmen, auf einem Sieb abtropfen lassen und heiß zu Flecken, Kohlsuppe, Sauerkraut oder Fleischbrühe servieren. Die Klößchen können auch direkt in der Brühe gekocht werden.

FLEISCH-GERICHTE

Daß die Polen gern Fleisch essen, ist seit altersher allgemein bekannt. Der päpstliche Nuntius Ruggieri stellte im Jahre 1565 fest, „daß ein Pole soviel Fleisch ißt wie fünf Italiener", während der für kulinarische Fragen zuständige F. Curtius im 18. Jahrhundert sicherlich nicht ohne Grund behauptete: „England und Polen sind die Länder in Europa, wo laut allgemeiner Meinung am meisten Fleisch gegessen wird."
Damit hatten beide ganz gewiß nicht unrecht, denn damals gehörte es zum guten Ton, daß in den Häusern des reichen Adels gleich zwei, drei oder noch mehr Fleischgerichte mit den entsprechenden Beilagen dem Gast angeboten wurden. Danach wurde auch der Geldbeutel des Hausherrn eingeschätzt. Der Wojewode Krzysztof Opaliński (1609 bis 1655) beschrieb den Empfang des Gastes so: „Man stellte die Schüsseln gleich auf den Tisch, eine mit Fleisch, eine andere mit Gemüse, die dritte mit gekochten Erbsen, auf denen der zerlassene Speck floß wie der Walfisch im Meer." Gewiß dachte damals niemand an Abmagerungskuren, der durchschnittliche Energieverbrauch war gewiß auch höher als heute. Die Rezepte in alten Kochbüchern, die sowieso für die reiche Oberschicht gedacht waren, begannen dementsprechend: „Man nehme ein halbes Kalb...", „Man nehme zwanzig Pfund Rindfleisch..." oder „...den Schinken von einem jungen Schwein". Heute begeistert sich kein Mensch mehr für diese Riesenportionen, auch nicht für Schüsseln, in denen „der Speck wie ein Walfisch" herumschwimmt. Gewiß aber wird auch heute noch gern Fleisch gegessen.
Zu den traditionellen polnischen Fleischgerichten gehören u.a. gekoch-

tes Rindfleisch mit Meerrettichsoße, Husarenbraten, Rinderbraten angeschnitten mit Meerrettich, gedünstete Rinderrouladen, Zunge in polnischer Soße, Wurst in verschiedener Gestalt. Doch auch andere von uns vorgestellte Fleischgerichte bekommen einen polnischen Charakter durch die Zugabe von Rahm, getrockneten Pilzen, Meerrettich oder Äpfeln, auch von Majoran und anderen in Polen bevorzugten Gewürzen und Zutaten. Zu den beliebtesten Gerichten in Polen gehört zweifelsohne das panierte Schweinskotelett mit gedünstetem Weißkraut oder Sauerkraut und Salzkartoffeln. Wir empfehlen es nachdrücklich genau so wie den – übrigens preisgekrönten – „Lendenbraten Czarnolas". Auf den nachfolgenden Seiten finden Sie selbstredend auch die Rezepte für den bekannten Osterschinken in Teig, für Buletten und Leber mi Äpfeln gedünstet. Diese und auch die anderen Fleischgerichte sind sehr schmackhaft. Probieren Sie und überzeugen Sie sich selber.

KALBFLEISCH

Gedünsteter Kalbsbraten

Pieczeń cielęca duszona

800 g Kalbfleisch (Schlegel),
Salz,
1 bis 2 Knoblauchzehen,
20 g Mehl,
50 g Fett,
50 g Zwiebeln, Petersilie oder Dill.

Das Fleisch waschen, ungleiche Stücke mit einem Faden zu einer Rolle binden. Das mit der mit Salz zerdrückten Knoblauchzehe eingeriebene und mit Mehl bestreute Fleisch in stark erhitztem Fett von allen Seiten anbraten und mit $^1/_8$ l Wasser begießen. Die geschälte und in Scheiben geschnittene Zwiebel dazugeben und alles etwa 1 Stunde zugedeckt dünsten. Öfter wenig Wasser dazugießen. Den garen Kalbsbraten aus dem Bratensaft nehmen und in Scheiben schneiden. Den Bratensaft mit Mehl binden, aufkochen, nach Bedarf salzen und über die Fleischscheiben gießen. Mit Petersilie oder Dill garnieren. Dazu Kartoffeln und Spinat oder Gemüse mit Butter (à la polonaise) oder einer Frischkost servieren.

Kalbsbraten auf Wildart

Pieczeń cielęca „na dziko"

800 g Kalbfleisch (Schlegel),
Wurzelwerk (30 g Möhre,
50 g Petersilie und Sellerie),
60 g Speck, Salz, Pfeffer,
30 g Fett, 20 g Mehl,
1/8 l saure Sahne.

Für die Essigmarinade:
1/8 l Essig, 1 bis 2 Lorbeerblätter,
3 bis 4 Pfefferkörner,
3 bis 4 Pimentkörner,
30 g Zwiebeln, Salz.

Das gewaschene und von den Sehnen befreite Fleisch mit dem gewaschenen, gehobelten Wurzelwerk und einer aus 1/4 Liter Wasser, Essig, Gewürzen, Zwiebel und Salz gekochten und abgekühlten Marinade begießen. Das Fleisch kühl stellen und 2 Tage in der Marinade liegen lassen, jeden Tag umdrehen. Den Speck in 6 cm lange Streifen schneiden, salzen und pfeffern. Das Fleisch aus der Marinade herausnehmen, mit einem Tuch abtrocknen, mit den Speckstreifen spicken, salzen und in stark erhitztem Fett von allen Seiten anbraten. Die Zwiebel aus der Marinade und etwas Essigwasser zugeben und etwa 1 Stunde zugedeckt dünsten. Den garen Braten aus der Kasserolle nehmen und in Scheiben schneiden, den Bratensaft mit Mehl binden und nach Bedarf Salz zugeben. Die saure Sahne unter die Soße rühren. Die Fleischscheiben nochmals erhitzen, in einer Schüssel anrichten, mit Bratensoße begießen und servieren. Die restliche Soße dazu reichen. Als Beilage eignen sich Salzkartoffeln, Makkaroni, Nudeln, Gemüse mit Butter (à la polonaise) oder Frischkost. Die Soße kann nach Belieben mit 1 bis 2 Gläsern Weißwein verfeinert werden.

Kalbfleisch à la Rehbraten

Pieczeń cielęca à la sarna

500 g Kalbfleisch (Schlegel),
40 g Speck,
einige Wacholderbeeren,
Nelken,
Salz, 40 g Butter,
1 Glas Weißwein, 10 g Mehl,
1/4 l saure Sahne.

Für die Essigmarinade:
1/8 l Essig, 20 g Zwiebeln,
einige Pfeffer-
und Pimentkörner,
1 Lorbeerblatt, Salz.

Das Kalbfleisch mit Speckstreifen spicken, Wacholderbeeren und Nelken im Mörser zerkleinern und damit das Fleisch bestreuen. Aus Essig, Zwiebel, Gewürzen, Salz und $^{1}/_{3}$ Liter Wasser eine Marinade kochen. Das Fleisch in ein Tongefäß oder in einen Kochtopf legen und mit der heißen Marinade übergießen, 2 bis 3 Tage kühl stellen. Dann das Fleisch aus der Marinade herausnehmen, mit einem Leinentuch abtrocknen und salzen. Das Fleisch in eine Bratpfanne mit zerlassener Butter geben und öfter damit begießen. Während des Bratens das Fleisch mehrmals mit dem Bratensaft begießen. Vor dem Fertigbraten Weißwein zugeben. Die Soße mit dem in Butter angeschwitzten Mehl binden und die saure Sahne zufügen. Das Fleisch aus der Soße nehmen, in Scheiben schneiden, in der Soße erhitzen. Als Beilage eignen sich gelegte Nudeln und Preiselbeeren mit Äpfeln.

Kalbsbrust mit polnischer Fülle

Mostek cielęcy z nadzieniem polskim

800 g Kalbsbrust, Salz.
Für die Fülle:
80 g trockene Semmel,
$^{1}/_{8}$ l Milch, 30 g Butter,
2 Eier,
1 Eßl. gewiegte Petersilie,
1 Eßl. gewiegter Dill,
$^{1}/_{4}$ Teel. geriebene Muskatnuß,
Pfeffer, Salz,
20 bis 30 g Semmelbrösel,
60 g Fett.

Die gewaschene Kalbsbrust mit einem Tuch trockenreiben, die Haut über den Rippenknochen aufschneiden und die Rippen herauslösen, die Muskelschichten so voneinander trennen, daß eine Tasche entsteht. Dazu die Kalbsbrust flach auf den Küchentisch legen und das Küchenmesser zwischen zwei Muskelschichten schieben, die sich ohnehin voneinander trennen. Diese „Tasche" mit der Hand verlängern und ausdehnen. Das Kalbfleisch von außen und von innen salzen. Für die Fülle die trockene Semmel in Milch einweichen und Dill, geriebene Muskatnuß, Salz, Pfeffer, 20 bis 30 g Semmelbrösel und das zu Schaum geschlagene Eiweiß hinzufügen, alles zusammen gut verrühren, so daß eine dicke Masse entsteht. Die „Tasche" mit der Masse füllen und mit Zwirn zunähen. In der Bratpfanne 60 g Fett zerlassen, das Fleisch dazugeben, wenig Wasser zugießen und in der Bratröhre etwa 1 bis 1 1/2 Stunden unter öfterem Begießen mit dem Bratfett garen. Den verdünsteten Bratensaft öfter mit Wasser auffüllen. Die knusprig gebratene Kalbsbrust aus der Röhre herausnehmen, den Zwirn entfernen, das Fleisch in dicke Scheiben schneiden und vorsichtig auf eine Platte legen. Mit der Bratensoße begießen. Als Beilage eignen sich Kartoffelpüree oder pommes frites und Gurkensalat (Mizeria) oder Kopfsalat. Die Füllung der Kalbsbrust kann durch Zugabe von 100 bis 150 g Kalbs- oder anderer Leber verfeinert werden.

Kalbsschnitten im eigenen Saft

Zrazy cielęce w sosie naturalnym

500 bis 600 g Kalbfleisch
ohne Knochen (Keule), Salz,
30 g Mehl, 40 g Fett,
50 g Zwiebel, Pfeffer.

Das Fleisch waschen, abtrocknen, häuten, von Sehnen befreien und quer zur Fleischfaser in schräge Scheiben schneiden. Jede Scheibe mit einem angefeuchteten Fleischklopfer klopfen und zu runden, 1 cm dicken Portionen formen. Jede Portion salzen, mit Mehl bestreuen und im heißen Fett goldbraun braten. Danach die gebratenen Fleischscheiben nebeneinander in eine entsprechend große Kasserolle legen, mit dem Bratfett begießen, geschälte, in Scheiben geschnittene und goldgelb angeschwitzte Zwiebeln hinzufügen, etwas Wasser dazugießen und etwa 40 bis 50 Minuten zugedeckt langsam schmoren lassen. Wenn das Fleisch gar ist, den Bratensaft mit Mehl binden, salzen, pfeffern, und noch einmal aufkochen. Ist der Bratensaft zu dick, mit wenig Wasser verdünnen. Das Fleisch mit der Bratensoße servieren. Als Beilage eignen sich Salzkartoffeln, Weizen- oder Perlgrütze und Frischkostsalat oder Gemüse mit Butter (à la polonaise).

Kalbsschnitten in Sahnesoße

Zrazy cielęce w sosie śmietanowym

500 bis 600 g Kalbfleisch
(Keule), Salz, 30 g Fett,
60 g Zwiebeln, 30 g Mehl,
1/8 l saure Sahne, Pfeffer.

Nach vorhergehendem Rezept zubereiten. Den Bratensaft mit angeschwitztem Mehl binden, aufkochen und mit saurer Sahne verrühren. Wenn der Bratensaft zu dick ist, mit wenig Wasser verdünnen. Mit Salz und Pfeffer abschmecken. Als Beilage Salzkartoffeln, Perl- oder Weizengrütze und Gemüse mit Butter (à la polonaise) oder Gemüsefrischkost reichen.

Kalbsschnitten mit Äpfeln

Zrazy cielęce z jabłkami

500 g Kalbfleisch (Keule),
Salz, 30 g Mehl, 50 g Butter,
200 g Äpfel, Majoran,
1/8 l Fleischbrühe, 1 Zitrone,
Zucker, Petersilie.

Das Fleisch waschen, abtrocknen, häuten, von Sehnen befreien und quer zur Fleischfaser in schräge Scheiben schneiden. Jede Scheibe mit dem Klopfer nicht allzu stark klopfen, salzen, mit Mehl bestreuen. In einem Teil des erhitzten Fettes anbraten. Die Fleischschnitten in eine Kasserolle auf die mit Majoran bestreuten Apfelschalen und Kerngehäuse legen, mit Fleischbrühe begießen und dünsten. Die geschälten Äpfel in Achtel schneiden, mit Zitronensaft beträufeln, mit Zucker und etwas Majoran bestreuen und leicht in der restlichen Butter anschwitzen, ohne daß sie zerfallen, auf eine vorgewärmte Platte geben. Die Kalbsschnitten auf den Äpfeln anrichten und mit dem Bratensaft begießen, mit Zitronenscheiben und gewiegter Petersilie garnieren. Als Beilage eignen sich körnig gekochter und mit grünen garen Erbsen vermischter Reis oder Kartoffeln und Kopfsalat.

Kalbsrouladen mit Schinken oder Räucherspeck

Zrazy cielęce zawijane z szynką lub boczkiem

500 bis 600 g Kalbfleisch
(Keule), Salz, Pfeffer,
100 g Räucherspeck,
gekochter Schinken oder
Leberpastete,
30 g Mehl,
40 bis 50 g Fett,
50 g Zwiebeln,
50 g Tomatenmark,
1 Eßl. gewiegter Dill.

Das Fleisch waschen, abtrocknen, häuten, von Sehnen befreien und quer zur Fleischfaser in schräge Scheiben schneiden. Jedes Stück Fleisch mit einem angefeuchteten Klopfer nicht allzu stark zu dünnen Schnitten klopfen, mit Salz und Pfeffer bestreuen. In jede Fleischschnitte 2 bis 3 Streifen Räucherspeck einwickeln und fest zusammenrollen, mit Holzstäbchen oder Zahnstochern zusammenstecken. Die Fleischrouladen mit etwas Mehl bestreuen, in stark erhitztem Fett von allen Seiten anbraten. In eine flache, entsprechend große Kasserolle oder Bratpfanne legen, geschälte, in Scheiben geschnittene und goldgelb angeschwitzte Zwiebel zugeben, das mit Tomatenmark verrührte Wasser darübergießen und langsam zugedeckt gardünsten. Kurz vor Ende der Garzeit mit dem restlichen Mehl bestreuen und aufkochen lassen. Die Rouladen in eine Schüssel geben, mit Soße begießen und mit gewiegtem Dill bestreuen. Als Beilage eignen sich Salzkartoffeln, Perl- oder Weizeugrütze und Gemüsefrischkost. Auf dieselbe Weise werden Kalbsrouladen mit Schinken oder Leberpastete zubereitet.

Kalbsschnitten mit Paprika

Zrazy cielęce z papryką

500 bis 600 g Kalbfleisch,
Salz, Pfeffer, 30 g Mehl,
30 g Fett, 50 g Zwiebeln,
60 g Tomatenmark, Paprika,
1/8 l saure Sahne,
1 Eßl. gewiegter Dill.
Für halbfranzösische Klößchen:
20 g Fett, 2 Eier, Salz,
300 g Mehl, 1 Backpulver.

Das Fleisch waschen, abtrocknen, häuten, von Sehnen befreien und quer zur Fleischfaser in 8 schräge Scheiben schneiden. Die Scheiben mit einem angefeuchteten Klopfer leicht klopfen, rundlich formen. Mit Salz, Pfeffer und Mehl bestreut in stark erhitztem Fett auf beiden Seiten bräunen. Nebeneinander in eine flache, entsprechend große Kasserolle legen, geschälte, in Scheiben geschnittene und goldgelb angeschwitzte Zwiebeln hinzufügen. Das Fleisch mit 1/8 l Wasser begießen und zugedeckt gardünsten. Vor Ende der Garzeit Tomatenmark zugeben, mit Paprika und Salz abschmecken und aufkochen lassen. Für die halbfranzösischen Klöße Fett kremig rühren. Unter Rühren nach und nach die Eier, Salz, Mehl und soviel Wasser oder Milch zugießen, daß der Teig schwer vom Löffel reißt. Den Teig mit dem Löffel rühren, bis Luftbläschen entstehen, erst dann mit dem Backpulver vermengen. Mit dem Löffel längliche Klößchen in das kochende Wasser geben, etwa 2 Minuten kochen, bis sie oben schwimmen. Mit dem Schaumlöffel herausnehmen und mit heißem Wasser abspülen. Die gedünsteten Kalbsschnitten in eine Schüssel geben. Die Soße mit saurer Sahne binden, die garen Klößchen hineinlegen und mit gewiegtem Dill bestreuen. Die Kalbsschnitten zur Soße mit den Klößchen geben. Mit Gemüsefrischkost servieren.

Falsche Hähnchen

Fałszywe kurczęta

400 bis 500 g Kalbfleisch ohne Knochen, Salz, 30 g Mehl, 1 Ei, 80 g Semmelbrösel, 60 g Butter.
Für die Fülle:
60 g trockene Semmel, 1/8 l Milch, 1 Ei, 20 g Butter, 20 g Semmelbrösel, 1 Teel. gewiegter Dill oder 1 Teel. gewiegte Petersilie, Salz, Pfeffer.

Das gewaschene, abgetrocknete und von Sehnen befreite Fleisch quer zur Faser in 4 schräge Scheiben schneiden. Jede Scheibe zu 1/2 cm dünnen Portionen klopfen. Für die Fülle die in Milch eingeweichte Semmel ausdrücken und durch den Wolf drehen. Die mit Eigelb verrührte Butter, die Semmelbrösel, gewiegten Dill oder Petersilie sowie Salz und Pfeffer und zuletzt den Eischnee dazugeben und alles gut verteilen. Alles zu Rouladen zusammenrollen, mit Rouladennadeln zusammenstecken und panieren. Die Rouladen in heißem Fett in einer Pfanne auf kleiner Flamme langsam von allen Seiten braun braten. Butter zugeben und langsam in der Backröhre fertigbraten. Während der Bratzeit die Rouladen von oben mehrmals mit Bratfett beträufeln. Die Rouladennadeln entfernen und die Rouladen auf einer Platte anrichten. Mit Kartoffelpüree, Bratkartoffeln oder pommes frites, grünem Kopfsalat oder Gurkensalat servieren. Die Fülle läßt sich nach Belieben mit 80 bis 100 g Leber verfeinern.

Kalbsschnitzel mit Meerrettich
Sznycel cielęcy z chrzanem

700 g Kalbfleisch mit Knochen (hohe Rippe), Salz, 20 g Mehl, 100 bis 150 g geriebener Meerrettich, 1 Eigelb, 1 Eßl. Zucker, Zitronensaft.

Die Fleischscheiben klopfen, salzen, in Mehl wälzen und braten. Danach in eine feuerfeste Pfanne legen. Den Meerrettich mit Eigelb verrühren, salzen und mit Zucker abschmecken. Die Meerrettichmasse auf die Kalbsschnitzel verteilen und alles in der Backröhre erhitzen. Vor dem Servieren die Schnitzel mit Zitronensaft beträufeln. Als Beilage Kartoffeln reichen.

Gehackte Kalbsschnitzel mit Hirn oder Champignons
Kotlety mielone cielęce z mózgiem lub pieczarkami

500 g Kalbfleisch, etwa 1/8 l Milch, 40 g trockene Semmel, 1 Ei, Salz, 40 g Semmelbrösel, 50 g Bratfett, Petersilie.

Für die Hirnmasse: 1 Kalbshirn, Salz, Essig, Zwiebel, 40 bis 50 g Butter, Pfeffer, 20 g Semmelbrösel.

Das Fleisch und die in Milch eingeweichte, ausgedrückte Semmel zweimal durch den Wolf drehen, Ei und Salz zugeben, alles gut vermengen. Aus der Fleischmasse 4 große oder 8 kleinere 1 1/2 cm dicke Schnitzel formen, in Semmelbröseln wälzen und in heißem Fett von beiden Seiten hellgelb braten. Auf kleiner Flamme fertigbraten. Das Kalbshirn wässern, von Sehnen und Häutchen befreien, abseihen, in kochendes Salzwasser, dem wenig Essig zugefügt wurde, geben und etwa 8 Minuten garen. Die Zwiebel würfeln und in 20 g Butter hellbraun anschwitzen, das kleingeschnittene Hirn zugeben und zusammen mit der Zwiebel dünsten, mit Salz und Pfeffer abschmecken. Auf jedes gebratene Schnitzel eine dicke Hirnschicht verteilen, mit zerlassener und mit Semmelbröseln vermengter Butter beträufeln und in der heißen Backröhre einige Minuten überbacken. Auf einer Platte mit Petersilie garniert anrichten. Kartoffeln und Kopfsalat oder eine andere Frischkost dazu reichen. Anstelle von Hirn lassen sich 150 bis 200 g Champignons verwenden. Die kleingeschnittenen, mit Zwiebel in Fett gedünsteten Champignons vor dem Überbacken mit 20 bis 50 g Reibekäse vermischen.

Gebratene Kalbsleber

Wątróbka cielęca smażona (sauté)

500 bis 600 g Kalbsleber,
40 g Fett, 80 g Zwiebeln,
Pfeffer, 20 bis 30 g Mehl,
20 g Butter, Salz.

Die Leber waschen, häuten, von den Röhren befreien und in 1 1/2 cm dicke Scheiben schneiden. In 20 g erhitztem Fett die geschälten und in Scheiben geschnittenen Zwiebeln goldgelb anschwitzen und wieder aus der Pfanne nehmen. Die Leberstücke mit Pfeffer und Mehl bestreuen und in dem stark erhitzten Fett von beiden Seiten anbraten. Die angebratenen Leberstücke mit der angerösteten Zwiebel bestreuen, Butter zugeben und zusammen weiter braten. Die Leber sollte von außen braun und von innen rosa sein. Die garen Leberstücke mit Salz bestreuen und auf einer Platte mit der angerösteten Zwiebel anrichten. Sofort mit Salzkartoffeln und Gemüsefrischkost servieren.

Panierte Kalbsleber

Wątróbka cielęca smażona (panierowana)

400 bis 500 g Kalbsleber,
40 g Bratfett, 20 g Butter, Salz.
Zum Panieren: 30 g Mehl, 1 Ei,
800 g Semmelbrösel.

Die Leber waschen, häuten, von den Röhren befreien, in 1 1/2 bis 2 cm dicke Scheiben schneiden. Die Leberscheiben in Mehl wälzen, in verquirltes Ei tauchen und mit Semmelbröseln panieren. Die Panade mit der Hand festdrücken, den Rand mit dem Messer glätten. Die panierte Leber in stark erhitztem Fett von beiden Seiten anbraten, innen muß die Leber rosa bleiben. Kurz vor dem Garwerden Butter hinzufügen, salzen. auf einer Platte anrichten und sofort mit beliebig zubereiteten Kartoffeln und Gemüsefrischkost servieren.

Kalbsleber mit Äpfeln

Wątróbka cielęca smażona z jabłkami

400 g Kalbsleber,
400 g Äpfel,
Majoran, 30 g Mehl,
40 g Schweinefett,
Salz, Pfeffer,
80 g Zwiebeln,
20 g Butter, 1 Zitrone.

Die Leber waschen, enthäuten, die Röhren entfernen. Die ungeschälten Äpfel halbieren, vom Kerngehäuse befreien, mit Majoran bestreuen und in der Bratröhre anbacken. Die Kalbsleber in Scheiben schneiden und von beiden Seiten mit Mehl bestreuen, in erhitztem Fett von beiden Seiten bräunen. Die Leber soll innen rosa bleiben. Kurz vor dem Garwerden salzen und pfeffern. Die geschälte, in Scheiben geschnittene Zwiebel in Butter goldgelb rösten. Die angebratenen Leberscheiben auf die Äpfel legen, mit den gerösteten Zwiebeln bestreuen, mit zerlassener Butter übergießen und in der Bratröhre überbacken. Die Leberportionen auf einer Platte mit Zitronenscheiben garnieren. Gekochte, mit gewiegtem Dill bestreute Kartoffeln dazu reichen. Dazu Kopfsalat mit gezuckerter saurer Sahne oder Tomatensalat servieren.

Gebratene Kalbsnieren

Cynaderki cielęce smażone

4 Kalbsnieren, 20 g Mehl,
Salz, 30 g Schweinefett,
1 Teel. gewiegte Petersilie.

Die Nieren von überflüssigem Fett befreien (eine 1 cm dicke Fettschicht übriglassen), längs teilen, gründlich waschen, von den Röhren befreien und noch einmal waschen. Die Nieren 1 Stunde wässern, danach mehrmals spülen und abtropfen lassen. Dann in schräge $^1/_2$ cm dicke Scheiben schneiden, mit Mehl bestreuen, salzen und in stark erhitztem Fett von beiden Seiten braten. Auf kleinerer Flamme garen. In der Pfanne mit gewiegter Petersilie bestreut servieren. Dazu eignen sich beliebig zubereitete Kartoffeln, Gemüse mit Butter (à la polonaise) und Frischkost.

Kalbshirn auf polnisch

Móżdżek cielęcy po polsku

Salz, 3 Eßl. Essig,
500 g Kalbshirn, 1 Zwiebel,
40 g Fett, 2 Eier, Pfeffer,
1 Teel. gewiegte Petersilie.

1 Liter Salzwasser mit Essig aufkochen. Das gewaschene Hirn dazugeben, aufkochen und 3 bis 5 Minuten ziehen lassen. Die garen Hirnstücke vorsichtig mit einem Schaumlöffel herausnehmen, abtropfen und abkühlen lassen. Die geschälte, gewürfelte, im Fett goldgelb angeschwitzte Zwiebel mit dem in grobe Stücke geschnittenen Hirn vermengen. 2 Eigelb zugeben, salzen, pfeffern. Alles gut verrühren, erhitzen und mit gewiegter Petersilie bestreuen. Werden anstelle von Eigelb ganze Eier zum Hirn gegeben, sollte das Hirn einige Minuten braten, bis die Eier stocken. Die Hirnhaut kann auch erst nach dem Garen abgezogen werden. Mit Kartoffeln, Spinat und Tomaten- oder Kopfsalat servieren.

Kalbshaxen in Teig gebraten

Nóżki cielęce smażone w cieście

4 Kalbshaxen,
200 g Wurzelwerk,
1 bis 2 Lorbeerblätter, einige Pfeffer- und Pimentkörner,
Salz, Pfeffer, Mehl,
60 bis 80 g Bratfett,
frische Kräuter.
Für den Teig:
200 g Mehl,
2 kleine Eier,
2 Eßl. Speiseöl, Salz.

Die Kalbshaxen überbrühen, aufkochen, abseihen und zerhacken. Nochmals überbrühen und 2 bis 3 Stunden kochen lassen. Vor dem Garwerden das gereinigte und gewaschene Wurzelwerk und die Gewürze zugeben, salzen, zugedeckt fertig garen. Nach dem Garen durchseihen, abtropfen lassen und die noch heißen Kalbshaxen von den Knochen und dickeren Knorpeln trennen. Die Haxen zu Vierecken formen, ein Brett darüberlegen und beschweren. Bis zum völligen Abkühlen liegen lassen. Dann die Stücke halbieren. Für den Teig das Mehl mit Eigelb verquirlen und nach und nach 8 Eßlöffel Wasser und das Öl zugießen.

Die zu Schnee geschlagenen Eiweiß darunterziehen und Salz zugeben. Die Fleischstücke salzen, mit Pfeffer und Mehl bestreuen, auf die Gabel spießen und in den Teig tauchen, leicht abtropfen lassen und in stark erhitztem Fett von beiden Seiten goldgelb anbraten, dann auf kleiner Flamme garbraten. Auf einer Platte anrichten und mit frischen Kräutern garnieren. Mit scharfer Senf- oder Cornischonsoße oder mit Wirsingsalat servieren.

RINDFLEISCH

Rindslende „Czarnolas"

Polędwica „Czarnolas"

500 g Rindslende.
Für die Marinade:
Salz, Pfeffer,
60 g Wurzelwerk, Essig, Speiseöl,
Wacholderbeeren,
Lorbeerblätter.
Für die Fülle:
20 g getrocknete Pilze,
20 g Zwiebeln,
200 g Champignons,
80 g Butter oder Margarine, Salz,
Pfeffer, Muskatnuß, 4 Eigelb,
10 g Semmelbrösel, Mehl,
Bratfett, Butter,
1 Zweig frischer Wacholder,
1 Glas Rotwein,
entsteinte Backpflaumen
und Tomaten zum Garnieren.

Die Rindslende längs zur Faser einschneiden, aufklappen, so daß ein rechteckiges Stück entsteht. Das Fleisch leicht klopfen, salzen, pfeffern, mit geriebenem Wurzelwerk und den zerkleinerten und mit Essig und Öl verrührten Gewürzen begießen und einige Stunden stehen lassen, damit es mürbe wird. Für die Fülle die getrockneten Pilze waschen, einweichen und in demselben Wasser kochen, nach dem Garen fein würfeln. Die geschälte Zwiebel kleinschneiden und die gewaschenen und feingeschnittenen Champignons in zerlassener Butter anrösten, danach die zerkleinerten restlichen Pilze zugeben, mit Salz, Pfeffer, einer Prise Muskatnuß vermengen, stark anrösten, die geschlagenen Eigelb und Semmelbrösel zugeben und alles gut vermengen. Die aufgeschnittene Rindslende aus der Marinade nehmen, die abgekühlte Fülle daraufgeben, einrollen und zusammenbinden. Die Lende mit Mehl bestäuben und in stark erhitztem Schweinefett anbraten, Butter sowie Wurzelwerk und Gewürze aus der Marinade hinzufügen, dann in der gut vorgeheizten Bratröhre etwa 10 bis 15 Minuten schmoren lassen. (Die Lende soll innen rosa bleiben). Kurz vor Ende der Garzeit einen Wacholderzweig in die Pfanne geben. Dem Bratsaft das Dünstwasser der Pilze zugeben, die Soße mit einer aus Butter und Mehl bereiteten Mehlschwitze binden, ein Glas Rotwein zugießen und mit Salz abschmecken. Die Soße darf nicht allzu dick sein. Die abgekühlte Lende in Scheiben schneiden, in der Bratröhre nochmals erhitzen, mit Soße begießen, mit gekochten Backpflaumen und Tomatenvierteln garnieren. Die restliche Soße dazu reichen. Dazu Kartoffelkroketten, gedünstete rote Rüben und Kohlfrischkost servieren.

Rinderbraten auf Wildart

Pieczeń wołowa na dziko

Für die Marinade:
50 g Zwiebeln, 1 Lorbeerblatt,
einige Pfeffer-
und Pimentkörner, 1/8 l Essig.
600 bis 700 g Rindfleisch,
(am besten Hüfte, Oberschale,
Lungenstück oder Bug),
60 g Speck, Salz, 20 g Mehl,
30 g Fett,
1 Eßl. getrocknete Pilze,
1/8 l saure Sahne.

Für die Marinade 1/4 Liter Wasser mit den Gewürzen und den geschälten, in Scheiben geschnittenen Zwiebeln ansetzen. Nach dem Aufkochen Essig zugeben und abkühlen lassen. Das Fleisch abspülen, in ein Tongefäß oder einen Emailletopf legen, mit der Marinade übergießen und 2 bis 3 Tage kühl stellen. Danach das Fleisch herausnehmen, mit Speckstreifen spicken, salzen, mit Mehl bestreuen und in stark erhitztem Fett von allen Seiten anbraten. In eine entsprechend große Kasserolle geben, mit Bratfett übergießen, einige Löffel Wasser, Zwiebel aus der Marinade sowie die Marinadengewürze und getrocknete Pilze hinzufügen. Alles zusammen zugedeckt schmoren lassen. Das Fleisch öfter umwenden, damit es nicht anbrennt. Den verdunsteten Bratensaft mit der Marinade auffüllen. Damit die Soße nicht allzu sauer wird, Wasser zugeben. Das gare Fleisch herausnehmen. Die Soße mit dem restlichen Mehl binden, aufkochen lassen, abschmecken und saure Sahne zugeben. Den Braten quer zur Faser in schräge Portionsscheiben schneiden, auf einer Platte anrichten und mit Soße begießen. Dazu gekochte Kartoffeln, gelegte Nudeln oder Makkaroni und gedünstete rote Rüben oder Gemüsefrischkost servieren.

Rinderbraten auf Husarenart

Pieczeń husarska

600 g Rindfleisch, Salz,
20 g Mehl, 40 g Fett.
Für die Fülle:
60 g Semmelbrösel,
20 bis 30 g Butter
oder Margarine, 100 g Zwiebeln,
Pfeffer, Salz.

Das gewaschene und geklopfte Fleisch mit Salz und Mehl bestreuen und in heißem Fett von allen Seiten anbraten. In einer Kasserolle mit Fett und $^{1}/_{8}$ Liter Wasser schmoren. Für die Fülle Semmelbrösel gut mit Butter und fein geriebenen Zwiebeln verrühren, pfeffern und salzen. Den garen Braten quer zur Faser in schräge abwechselnd schmale und breite Portionsscheiben schneiden. Jede zweite Scheibe nicht ganz durchschneiden. Zwischen diese Scheiben die Füllung geben, die Scheiben zusammendrücken. Den Braten wieder in die Kasserolle legen und mit dem Bratensaft begießen. Noch etwa 10 Minuten schmoren. Die Soße kurz vor dem Servieren mit Mehl binden. Das Fleisch vorsichtig auf einer Platte anrichten und mit der Soße begießen. Dazu Kartoffelpüree, gedünstetes Sauerkraut, Weißkraut, Rotkohl oder Frischkost servieren.

Rinderbraten mit Meerrettich gefüllt

Pieczeń wołowa zakrawana z chrzanem

600 g Rindfleisch,
Salz, 30 g Mehl,
60 g Fett,
50 g Zwiebeln.
Für die Fülle:
100 bis 150 g Meerrettich,
1 Ei, 2 bis 3 Eßl. saure Sahne,
40 g Semmelbrösel, Salz, Zucker.

Das gewaschene und geklopfte Fleisch salzen, mit Mehl bestreuen und in heißem Fett von allen Seiten anbraten. In einer Kasserolle mit den in Scheiben geschnittenen, angeröstęten Zwiebeln und $^1/_8$ Liter Wasser zugedeckt auf kleiner Flamme schmoren lassen. Für die Fülle den Meerrettich waschen, putzen, schälen und auf einem feinen Reibeisen reiben. Semmelbrösel, 1 Ei, Sahne, Salz und Zucker zugeben, alles zu einer dicken Masse vermengen. Den garen Braten quer zur Faser in schräge, abwechselnd dünne und breite Scheiben schneiden. Jede zweite Portionsscheibe nicht durchschneiden lassen und zwischen diese Scheiben die Fülle geben, zusammendrücken und je 2 Scheiben mit Fülle zu einer Portion zusammenfügen. Den Braten in der Schnittreihenfolge wieder in die Kasserolle legen, mit dem Bratensaft begießen und etwa 10 Minuten weiterschmoren lassen. Das Fleisch vorsichtig auf einer Platte anrichten, mit der Soße begießen. Dazu beliebig zubereitete Kartoffeln, gedünstete rote Rüben oder Gemüse mit Butter (à la polonaise) und Frischkost servieren.

Rinderbraten im eigenen Saft

Pieczeń wołowa w sosie własnym

600 bis 700 g Rindfleisch,
Salz, 20 g Mehl,
50 g bis 60 g Bratfett,
100 g Zwiebeln.

Das gewaschene, von Sehnen und Häuten befreite, geklopfte Fleisch salzen, mit etwas Mehl bestreuen und in heißem Fett von allen Seiten anbraten. In eine entsprechend große Kasserolle legen. Im restlichen Fett die geschälte und in dünne Scheiben geschnittene Zwiebel goldgelb anschwitzen und mit dem Fett dem Fleisch zufügen. Einige Eßlöffel Wasser zugeben und zugedeckt etwa 2 Stunden garschmoren. Während der Schmorzeit den verdunsteten Bratensaft mit Wasser auffüllen und den Braten öfter umwenden, damit er nicht anbrennt. Den Bratensaft mit dem restlichen angeschwitzten Mehl binden. Die Soße beliebig mit Wasser verdünnen. Den garen Braten quer zur Faser in schräge Portionsscheiben schneiden und auf einer Platte anrichten. Mit der Soße begießen. Mit Kartoffeln oder Makkaroni, Gemüse mit Butter (Blumenkohl, Spargelbohnen) und Frischkost servieren.

Rinderbraten mit Pilzen
Pieczeń wołowa z grzybami

20 bis 30 g getrocknete Pilze oder 200 g frische Champignons, 700 g Rindfleisch, Salz, 20 g Mehl, 60 g Bratfett, 50 g Zwiebeln.

Die sorgfältig gewaschenen Pilze in 1/2 Liter Wasser kochen. Den Braten nach Rezept „Rinderbraten im eigenen Saft" vorbereiten. Das angebratene Fleisch in eine Kasserolle geben. Die goldgelb angeschwitzte Zwiebel und die in dünne Streifen geschnittenen Pilze zufügen, mit dem Pilzkochwasser begießen und langsam zugedeckt schmoren. Während des Schmorens den Braten mehrmals wenden, damit er nicht anbrennt. Den verdampften Bratensaft mit Pilzkochwasser nachfüllen. Den garen Braten herausnehmen. Den Bratensaft mit dem restlichen Mehl binden, aufkochen. Das Fleisch quer zur Faser in schräge Portionscheiben schneiden und auf einer Platte anrichten. Die Soße mit den geschnittenen Pilzen darübergeben. Mit angebräunter, körnig gekochter Buchweizengrütze, gekochten Kartoffeln oder Makkaroni und Frischkost servieren.

Rindersauerbraten
Sztufada

Für die Marinade: Wurzelwerk (30 g Zwiebeln, 30 g Sellerieknolle, 30 g Möhren, 30 g Petersilienwurzel), 20 g Zucker, 20 g Speiseöl, 1/2 Lorbeerblatt, je 5 Pfeffer- und Pimentkörner.
600 bis 700 g Rindfleisch, 40 g Speck, Salz, 60 g Bratfett, 100 g Zwiebeln, 30 g Tomatenmark, 1 Knoblauchzehe, 1 Glas Weißwein.

Das Wurzelwerk waschen, hobeln. Zucker, Öl und das zerkleinerte Gewürz zugeben und alles mit der Hand so lange kneten, bis das Wurzelwerk Saft läßt. Das Fleisch waschen, von den Häuten und Sehnen befreien, abtrocknen, mit dem Gemüse- und Gewürzgemisch einreiben, in ein Tongefäß geben und zugedeckt 24 Stunden kühl stellen. Am nächsten Tag das Fleisch herausnehmen und die Gemüse- und Gewürzmasse entfernen. Den Schweinespeck in 6 cm lange und 1 cm dicke Streifen schneiden und damit das Fleisch spicken. Mit Salz bestreuen und in stark erhitztem Fett von allen Seiten anbraten. In einer Kasserolle mit dem Bratfett, $^1/_8$ Liter Wasser und den geschälten und in Scheiben geschnittenen Zwiebeln zugedeckt auf kleiner Flamme schmoren lassen. Den Bratensaft mit Wasser auffüllen. Den garen Braten herausnehmen, die Soße durch ein Sieb streichen, salzen, Tomatenmark, zerriebene Knoblauchzehe und Weißwein hinzufügen. Den Braten noch für ein paar Minuten in die Kasserolle geben und schmoren. Das Fleisch quer zur Faser in dünne Portionsscheiben schneiden, auf einer Platte anrichten und mit der Soße begießen. Mit Salzkartoffeln, gelegten Nudeln oder Makkaroni, gekochtem Gemüse und Frischkost servieren. Anstelle der Wurzelwerkmarinade kann das Fleisch vor dem Braten mit Essig beträufelt einige Stunden kühl gestellt und dann geklopft werden.

Klopsbraten mit Eiern in Saurer-Sahne-Soße

Pieczeń rzymska

400 g Rindfleisch mit Knochen (Schulter, Seitenstück), 200 g Schweinefleisch (Rücken), 1 trockenes Brötchen, 3 Eier, 50 g Zwiebeln, 60 g Fett, Salz, Pfeffer, $^1/_8$ l saure Sahne, 30 g Mehl, $^1/_2$ Lorbeerblatt, 2 Eßl. Karamel, 1 Eßl. gewiegte Petersilie.

Das gewaschene und von den Knochen befreite Fleisch in Stücke schneiden. Die Semmel einweichen, 2 Eier hartkochen und in kaltem Wasser abkühlen. Geschälte und geschnittene Zwiebeln in Fett anbräunen. Das Fleisch, die geschälten Zwiebeln und die ausgedrückte Semmel durch den Wolf drehen, salzen, pfeffern, ein Ei zufügen und alles gut miteinander vermengen. Die Masse auf dem Küchenbrett zu einem etwa 22 bis 25 cm langen und 15 cm breiten Rechteck formen. Die hartgekochten Eier schälen, vierteln und auf ein Ende der Hackfleischmasse geben. Das Hackfleisch zu einer dicken Roulade zusammenrollen, von der Seite aus, an der die Eiviertel liegen, beginnen, so daß die Eiviertel sich in der Mitte der Rolle befinden. In einer Bratpfanne das Fett erhitzen, die Roulade mit Mehl bestäuben, mit Fett begießen, in die Pfanne geben und in der gut vorgeheizten Backröhre 40 bis 50 Minuten braten. Dabei öfter mit dem Bratensaft begießen. Den ausgedünsteten Saft mit Wasser auffüllen. Die saure Sahne mit Mehl verquirlen, salzen, Lorbeerblatt zugeben und gegen Ende der Bratzeit in die Pfanne gießen. Das Fleisch noch eine Weile in der Rahmsoße schmoren lassen. Die Soße nach Bedarf mit Wasser verdünnen und mit Karamel färben. Die gare Hackfleischrolle in dicke Scheiben schneiden, auf einer Platte anrichten, mit Soße begießen und mit gewiegter Petersilie bestreuen.

Rinderschnitten im eigenen Saft

Zrazy wołowe w sosie własnym

500 bis 600 g Rindfleisch,
Salz, 20 g Mehl,
50 bis 60 g Bratfett,
50 g Zwiebeln, einige Pfeffer-,
Piment- und Wacholderkörner,
1 Lorbeerblatt.

Das Fleisch abspülen, von Sehnen und Häuten befreien, quer zur Faser in 4 Portionen schneiden. Jedes Fleischstück mit angefeuchtetem Klopfer klopfen und gleichmäßige Schnitten (etwa 1 cm dick) formen. Die Schnitten salzen und kurz vor dem Braten mit etwas Mehl bestreuen. Das Fleisch im erhitzten Fett von beiden Seiten stark anbraten, danach in eine Kasserolle legen. Die goldgelb angeschwitzten Zwiebeln, etwas Wasser und zerdrückte Pfeffer-, Piment und Wacholderkörner hinzufügen und zugedeckt auf kleiner Flamme langsam schmoren lassen. Den verdunsteten Bratensaft mit Wasser auffüllen und mit dem restlichen Mehl binden. Die Rinderschnitten auf einer Platte anrichten und mit angebräunter, körnig gekochter Buchweizengrütze, Salzkartoffeln oder Makkaroni und Frischkost servieren.

Rinderschnitten auf polnisch

Zrazy polskie

750 bis 1000 g Rinderfilet
oder Lende, Salz, Pfeffer,
2 Eßl. Mehl, 50 g Bratfett,
4 Zwiebeln, 2 Eßl. Butter,
5 g getrocknete Pilze,
1 Eßl. geriebenes Brot.

Pfeffer

Das Rindfleisch waschen und quer zur Faser in dicke Scheiben schneiden. Jede Scheibe klopfen, pfeffern, salzen, üppig mit Mehl bestäuben und in Fett von beiden Seiten anbraten. Wenn die Fleischscheiben goldbraun sind, Pilze, geschnittene Zwiebel und Butter zugeben, wenig Wasser und Fleischbrühe dazugießen und das Fleisch zugedeckt schmoren lassen. Gegen Ende der Schmorzeit das geriebene Brot oder einige geschälte, in Würfel geschnittene Kartoffeln zugeben und fertiggaren. Mit gedünsteten roten Rüben und sauren Gurken servieren.

Rindsrouladen mit Gurken und Speck
Zrazy wołowe zawijane z ogórkiem i słoniną

500 bis 600 g Rindfleisch,
100 g saure Gurken,
Salz, Senf, Pfeffer,
20 bis 30 g Mehl, 30 g Fett,
$^{1}/_{8}$ l saure Sahne.

Rindsrouladen wie im vorigen Rezept beschrieben zubereiten. Den Speck und die geschälte Gurke in 7 cm lange und 1 cm dicke Streifen schneiden. Die Fleischstücke klopfen, salzen und mit Senf bestreichen, darauf je 2 bis 3 Gurken- und Speckstreifen legen, fest einrollen und wie Rindsrouladen mit Senf zubereiten.

Rinderschnitten mit Tomatensoße
Zrazy wołowe w sosie pomidorowym

500 bis 600 g Rindfleisch,
20 g Mehl,
50 bis 60 g Bratfett,
250 g Wurzelwerk,
50 g Tomatenmark,
2 Teel. gewiegter Dill.

Das gewaschene, von Sehnen und Häuten befreite Fleisch quer zur Faser in 4 schräge Scheiben schneiden. Die Scheiben mit einem angefeuchteten Klopfer zu 1 cm dicken Schnitten klopfen, salzen und mit etwas Mehl bestreuen. Jede Schnitte in erhitztem Fett von beiden Seiten anbräunen. Das Fleisch zusammen mit dem Bratfett in eine Kasserolle geben, wenig Wasser dazugießen. Das gewaschene und in Streifen geschnittene Wurzelwerk ebenfalls dazugeben und alles zugedeckt langsam auf kleiner Flamme schmoren lassen. Den verdunsteten Saft mit

Wasser auffüllen. Die Soße mit dem restlichen Mehl binden, Tomatenmark zugeben, mit Salz abschmecken. Die Soße durch ein Sieb streichen, zum Fleisch geben und nochmals aufkochen. Die Rinderschnitten auf einer Platte anrichten, mit der Soße begießen und mit gewiegtem Dill bestreuen. Mit gelegten Nudeln, Makkaroni und gekochtem Gemüse servieren.

Rinderschnitten mit Sahne (auf Nelson-Art)

Zrazy nelsońskie

500 bis 600 g Lende,
20 bis 30 g getrocknete Pilze,
750 g Kartoffeln, Salz,
30 g Mehl, 40 g Fett,
100 g Zwiebeln, Pfeffer,
$^1/_8$ Liter Sahne.

Pilze waschen und kochen. Den Pilzsud bis auf $^1/_8$ Liter verkochen lassen. Die Lende waschen, von Sehnen und Häuten befreien und quer zur Faser in 8 bis 12 Scheiben schneiden. Die Scheiben leicht klopfen, Kartoffeln waschen, schälen und in Scheiben schneiden, mit kochendem Wasser überbrühen, salzen, halbweich kochen und abseihen. Die gesalzenen und mit Mehl bestäubten Fleischscheiben in wenig heißem Fett auf starker Flamme von beiden Seiten schnell anbräunen, so daß sie innen rosig bleiben. Das Fleisch aus der Pfanne nehmen und im restlichen Fett Zwiebelringe anschwitzen. Die Fleischstücke in eine breite Kasserolle geben und dazwischen Kartoffeln, in Streifen geschnittene Pilze und angebräunte Zwiebel verteilen, alles leicht salzen und pfeffern. Die Sahne mit wenig Mehl verrühren, Pilzsud zugießen und alles über das Fleisch gießen. Die Kasserolle gut zudecken und 15 bis 20 Minuten in der heißen Backröhre garen. Mit sauren Gurken servieren.

Rindsrouladen mit Senf

Zrazy wołowe zawijane z musztardą

500 bis 600 g Rindfleisch,
60 g Speck, 100 g Zwiebeln,
Salz, 30 g Senf, Pfeffer,
40 g Semmelbrösel,
20 bis 30 g Mehl, 30 g Fett,
$^1/_8$ l saure Sahne.

Das gewaschene, von Häuten und Sehnen befreite Fleisch quer zur Faser in 4 schräge breite Scheiben schneiden. Jede Scheibe mit einem angefeuchteten Klopfer dünn klopfen. Den Speck in kleine Würfel schneiden, Zwiebel schälen, fein schneiden. Das Fleisch salzen, jede Scheibe dünn mit Senf bestreichen, mit Zwiebel, Speckstücken, Pfeffer und Semmelbröseln bestreuen. Fest zusammenrollen, die Ränder sorgfältig nach innen legen. Rouladen mit Holzstäbchen zusammenstekken oder mit Zwirn zusammenbinden, mit Salz und etwas Mehl bestreuen und in stark erhitztem Fett von allen Seiten anbraten. Die Rouladen mit dem Bratfett in eine flache Kasserolle legen, $^1/_8$ Liter Wasser zugießen und alles langsam zugedeckt schmoren lassen. Den verdunsteten Saft mit Wasser auffüllen. Die garen Fleischrouladen herausnehmen, den Bratensaft mit dem restlichen Mehl binden, pfeffern, nach Bedarf auch salzen, zuletzt saure Sahne zufügen. Wenn die Soße zu dick ist, mit Fleisch-, Gemüsebrühe oder Wasser verdünnen. Die Holzstäbchen aus dem Fleisch herausziehen, die Rouladen auf einer Platte anrichten und mit der Soße begießen. Mit angebräunter, körnig gekochter Buchweizengrütze, Gerstengrütze, Kartoffeln oder Makkaroni servieren. Frischkost oder gekochtes Gemüse dazu reichen.

Rinderschnitten mit Sauerkraut

Zrazy wołowe z kapustą kwaszoną

500 g Rindfleisch
(Hüfte, Oberschale),
20 g Mehl, Salz, Pfeffer,
100 g Zwiebeln, 60 g Bratfett,
Für das Kraut:
300 g Sauerkraut,
3 bis 4 Wacholderbeeren,
Zucker, Salz, 60 g Speck,
1 saurer Apfel, 30 g Zwiebeln,
10 g Schweinefett, 10 g Mehl,
100 g entsteinte Backpflaumen,
$^1/_4$ l Brühe.

Das gewaschene, von Sehnen und Häuten befreite Fleisch quer zur Faser in 4 schräge Portionsscheiben schneiden, mit Mehl, Salz und Pfeffer bestreuen. Die geschälten, in Scheiben geschnittenen Zwiebeln zusammen mit dem Rindfleisch in erhitztem Fett auf großer Flamme anbraten. Das Kraut mit wenig Wasser überbrühen, einige Wacholderbeeren, Zucker, Salz und Speck zugeben. Etwa 40 Minuten zugedeckt kochen. Kurz vor Ende der Garzeit den geschälten und geraspelten Apfel zufügen. Die kleingeschnittene Zwiebel im Schweinefett goldgelb anschwitzen, Mehl zufügen und ebenfalls etwas bräunen. Mehlschwitze mit kaltem Wasser anrühren, zum Kraut geben und aufkochen lassen. Die Fleischscheiben nebeneinander in die Kasserolle geben. Jede Scheibe mit einer Schicht Kraut bedecken. Darauf gekochte Speckscheiben und Pflaumen verteilen. Alles mit $^1/_4$ Liter Brühe begießen, zudecken und in der Backröhre etwa 45 Minuten garen. Mit Salzkartoffeln oder Kartoffelklößen (Kopytka) servieren.

Rindsrouladen auf Warschauer Art

Zrazy wołowe zawijane po warszawsku

500 bis 600 g Rindfleisch ohne Knochen (Hüfte oder Oberschale), Salz, 50 g Zwiebeln, 50 g Semmelbrösel, 20 g Butter, Pfeffer, 30 g Mehl, 40 g Bratfett.

Das gewaschene, von Sehnen befreite Fleisch quer zur Faser in 4 schräge Scheiben schneiden. Die Scheiben mit einem angefeuchteten Klopfer klopfen und salzen. Geschälte und fein geschnittene Zwiebel, Semmelbrösel, Butter, Salz und Pfeffer vermengen. Mit dieser Masse die Fleischscheiben von einer Seite bestreichen und zu Rouladen zusammenrollen, mit Mehl bestäuben und mit Rouladennadeln zusammenstecken. Die Rouladen in heißem Fett auf starker Flamme von allen Seiten anbräunen. Mit Wasser begießen und zugedeckt langsam etwa 1 bis 1 $^1/_2$ Stunden schmoren. Die Rouladen mit angebräunter, körnig gekochter Buchweizengrütze oder Gerstengrütze servieren. Saure Gurken oder andere Frischkost dazu reichen.

Rindsrouladen mit Schweinefleisch gefüllt

Zrazy wołowe zawijane z wieprzowiną

500 g Rindfleisch, Salz, 150 g fettes Schweinefleisch, 150 g Roggenbrot, 3 Zwiebeln, 1 Ei, Pfeffer, 30 g Mehl, 150 g Bratfett, $^1/_8$ l saure Sahne, ein großes dunkles Roggenbrot.

Das Fleisch in Scheiben schneiden, jede Scheibe klopfen und salzen. Das restliche Rindfleisch, das Schweinefleisch und die 150 g Roggenbrot dreimal durch den Wolf drehen, fein geschnittene und angebräunte Zwiebel, 1 Ei, Pfeffer und Salz zugeben und alles gut vermengen. Mit dieser Fleischmasse die Rindfleischscheiben dick bestreichen, zusammenrollen, zusammenbinden, in Mehl wälzen und in heißem Fett von allen Seiten anbraten. Danach in eine Kasserolle geben, mit Fleischbrühe begießen und auf schwacher Flamme zugedeckt schmoren lassen. Gegen Ende der Schmorzeit saure Sahne zugeben und kurze Zeit weiterschmoren lassen. Mit angebräunter, körnig gekochter Buchweizengrütze und Frischkost servieren. Für die Gästebewirtung empfiehlt es sich, die Rouladen in Brot zu servieren. Von einem großen Roggenbrot ein Ende abschneiden und das Innere herausnehmen. Die Rinderrouladen in das Brot füllen. Das Brot mit dem abgeschnittenen Ende verschließen und in der Backröhre überbacken. Das überbackene Brot auf einem Tablett anrichten und servieren.

Rindsrouladen mit Champignons

Zrazy wołowe zawijane z pieczarkami

500 bis 600 g Rindfleisch, Salz,
100 g Champignons,
2 Zwiebeln, 40 g Butter, Pfeffer,
20 g Mehl, 40 g Schweinefett,
$^{1}/_{8}$ l Knochen- oder Gemüsebrühe.

Für die Soße:
60 g Champignons, 1 Zwiebel,
20 g Fett, 10 g Mehl,
10 g Butter, 20 g Tomatenmark,
Salz, Paprika, Zucker.

Das Fleisch in schräge Scheiben schneiden, jede Scheibe dünn klopfen und salzen. Für die Fülle die gewaschenen und in dünne Scheiben geschnittenen Champignons und die geschnittene Zwiebel in der Butter anschwitzen, mit Salz und Pfeffer würzen. Die Fleischscheiben mit der Fülle bestreichen und zusammenrollen, mit Holzspießchen zusammenstecken, mit etwas Mehl bestreuen und in stark erhitztem Fett anbraten. Die Rouladen in einer Kasserolle schmoren, Knochenbrühe zugießen. Für die Soße Champignons und Zwiebel zerkleinern, in Fett anschwitzen und zusammen düsten. Die Soße mit einer Mehlschwitze binden, das Tomatenmark und die mit Zwiebel gedünsteten Champignons zugeben. Die Rouladen in der Soße noch eine Weile schmoren.

Gedünstete Rindsbuletten in Sahne

Bitki wołowe w śmietanie

500 g Rindfleisch,
1 trockenes Brötchen,
$^{1}/_{8}$ l Milch, 50 g Zwiebel,
20 g Butter, 1 Ei, Salz,
Pfeffer, 40 g Mehl,
20 g Schweinefett,
$^{1}/_{4}$ l saure Sahne, 20 g Kapern,
60 g Reibekäse.

Das in Stücke geschnittene Fleisch und das in Milch eingeweichte und ausgedrückte Brötchen durch den Wolf drehen. Die geschälte und geriebene Zwiebel in Butter goldgelb anschwitzen, mit Ei, Salz und Pfeffer der Fleischmasse zugeben und gut vermengen. Aus der Masse runde Buletten formen, in Mehl wälzen und im Schweinefett anbraten. In eine Kasserolle legen, saure Sahne mit 20 g Mehl verquirlen und über die Buletten gießen, die Kapern ebenfalls zugeben und garen. Vor dem Servieren die Fleischklops in feuerfeste Portionsschälchen geben, mit Soße begießen, mit Reibekäse bestreuen und in der Backröhre überbakken. Dazu Salzkartoffeln und grünen Salat oder Tomatensalat servieren. Diese Buletten kann man auch in Tomatensoße dünsten (anstelle saurer Sahne).

Rindsbuletten in Cornichonsoße

Bitki wołowe w sosie korniszonowym

200 g Rindfleisch,
200 g Schweinefleisch,
100 g Salzheringe,
80 g trockene Semmel,
50 g Zwiebeln, 1 Ei, 20 g Senf,
Salz, Pfeffer,
$^{1}/_{3}$ l Cornichonsoße.

Das gewaschene Fleisch, die gewässerten, gesäuberten, von Gräten befreiten und filetierten Heringe und die in Wasser oder Milch eingeweichte Semmel sowie die geschälte Zwiebel durch den Wolf drehen. Ei und Senf hinzufügen, alles gut verkneten, salzen und pfeffern. Aus dieser Masse 10 bis 12 kleine runde Buletten formen, ins kochende Wasser geben, langsam 10 bis 15 Minuten kochen lassen. Das Kochwasser auf $^{1}/_{2}$ Liter einkochen lassen und daraus eine Cornichonsoße mit Mehlschwitze zubereiten.

Buletten aus Rind- und Schweinefleisch

Kotlety mielone wołowo-wieprzowe

$^1/_8$ l Milch oder Wasser,
1 trockenes Brötchen,
300 g Rindfleisch,
200 g Schweinefleisch,
Salz, Pfeffer, 50 g Zwiebeln,
1 Ei, 40 g Semmelbrösel,
60 g Bratfett, 20 g Butter.

Das in Milch eingeweichte, ausgedrückte Brötchen und das Fleisch zweimal durch den Wolf drehen, salzen, pfeffern, feingeschnittene, angebräunte Zwiebel und 1 Ei zugeben und alles miteinander vermengen. Etwa 1 cm dicke ovale Buletten formen, in Semmelbröseln panieren, mit der Messerspitze die Oberfläche gitterförmig eindrücken. Die Buletten in erhitztem Fett auf beiden Seiten braten. Gegen Ende der Bratzeit unter jede Bulette wenig Butter geben und noch eine Weile auf kleiner Flamme braten. Mit Salzkartoffeln und gedünstetem Weißkraut oder Sauerkrautsalat servieren.

Beefsteaks auf polnisch

Befsztyk po polsku

600 g Rindfleisch (Hüfte) oder
800 g Rippenstück mit Knochen,
20 g Mehl, 60 g Fett,
80 bis 100 g Zwiebeln,
Salz, 4 Eier.

Das gewaschene und von den Häuten befreite Fleisch quer zur Faser in 4 Scheiben schneiden und mit einem angefeuchteten Klopfer klopfen, leicht mit dem Messer wiegen und am Rand einschneiden. 1 bis 1 $^1/_2$ cm dicke runde Scheiben formen und dann mit Mehl bestreuen. Im Fett Zwiebelringe goldgelb anschwitzen, die angeröstete Zwiebel aus der Pfanne nehmen, das restliche Fett stark erhitzen und die Beefsteaks im siedenden Fett 3 bis 4 Minuten auf jeder Seite knusprig braten. Innen müssen die Beefsteaks rosig bleiben. Salzen. Zum Schluß die angeschwitzte Zwiebel zwischen die Beefsteaks geben und alles einige Minuten in der Bratröhre erhitzen. Inzwischen 4 Spiegeleier braten, auf je 1 Beefsteak ein Spiegelei setzen. Mit Zwiebel garnieren und mit Kartoffeln und Gemüse servieren.

Beefsteaks vom Rost

Befsztyk z rusztu

800 g Rindslende,
20 g Schweinefett, Salz,
Schnittlauch.

Die Lende quer zur Faser in 3 cm dicke Scheiben schneiden, leicht klopfen und in Beefsteaks formen. Unmittelbar vor dem Braten mit zerlassenem Schweinefett bestreichen und salzen. Den Bratrost in der Bratröhre stark erhitzen und ebenfalls einfetten. Die Steaks auf den Rost legen und in der heißen Röhre braten. Während des Bratens das Fleisch mehrmals mit Fett bestreichen. Nach 10 Minuten, wenn die Steaks beginnen braun zu werden, 10 bis 15 Minuten auf der anderen Seite braten. Die Steaks sollten beim Anstechen rosigen Saft lassen. Die Beefsteaks auf einer Platte anordnen und mit frischer Butter und gewiegtem Schnittlauch oder Meerrettich garnieren. Mit beliebig zubereiteten Kartoffeln, gekochtem Gemüse (Blumenkohl, Spargelbohnen, Rosenkohl) und Frischkost servieren.

Rinsdslende in Tomatensoße

Filety wołowe smażone z sosem pomidorowym

600 g Rindslende, 100 g Weißbrot,
80 g Butter, 30 g Mehl,
40 g Schweinefett, Salz,
$^1/_2$ l klare Tomatensoße,
1 Teel. gewiegte Petersilie.

Die Rindslende waschen, von Sehnen befreien, leicht klopfen, quer zur Faser in 8 Scheiben schneiden und 1 Stunde zugedeckt stehen lassen. Das Weißbrot von der Rinde befreien, in 8 etwa 1 cm dicke Scheiben schneiden. Jede Scheibe von beiden Seiten mit Butter bestreichen und in der Pfanne oder in der Backröhre anbräunen. Die Fleischscheiben mit Mehl bestäuben und in stark erhitztem Fett 3 bis 4 Minuten auf jeder Seite braten, danach salzen. Sie sollten innen rosa und außen knusprig sein. Die heißen Sandwichs auf einer vorgewärmten Platte anrichten, die Filets darauf verteilen. Alles mit der Tomatensoße begießen und mit gewiegter Petersilie bestreuen. Die restliche Soße dazu reichen.

Beefsteaks mit Champignons

Befsztyk z pieczarkami

750 g Rindslende,
150 g Champignons, 20 g Butter,
Salz, Pfeffer, 40 g Schweinefett,
120 g Weißbrot, 50 g Butter.

Die geputzten, in Scheiben geschnittenen Champignons in Butter und wenig Wasser dünsten. Gegen Ende der Garzeit salzen, pfeffern und leicht anbräunen lassen. Die Lende quer zur Faser in Scheiben schneiden, klopfen, mit Salz und Pfeffer würzen, schnell in Schweinefett anbraten. Das Weißbrot in 1 $^1/_2$ cm dicke Scheiben schneiden und in Butter anbräunen. Auf jeder Brotscheibe eine gebratene Fleischscheibe anrichten und mit Champignons garnieren. Mit Frischkost servieren.

Rinderzunge in brauner Soße

Ozór wołowy w szarym sosie

1 Rinderzunge, Salz,
250 g Wurzelwerk,
1 Lorbeerblatt,
3 bis 4 Pfefferkörner,
3 bis 4 Pimentkörner.

Für die Soße:
1 Teel. Zucker, 30 g Butter
oder Margarine, 30 g Mehl,
Zitronensaft, 1 Glas Rotwein,
20 g Mandeln, 25 Rosinen.

Die Zunge unter fließendem Wasser gut bürsten und waschen, von den Speicheldrüsen befreien und mit 2 Liter Salzwasser überbrühen und etwa 4 Stunden garen. Vor Ende der Garzeit die Zunge herausnehmen, mit kaltem Wasser abschrecken, ein wenig abkühlen lassen, häuten und erneut in die Brühe geben. Das geputzte und gewaschene Wurzelwerk, Gewürze und Salz hinzufügen und weiterkochen. Für die Soße 1 Teelöffel Zucker in der Pfanne stark anbräunen, 3 bis 4 Löffel Wasser zugeben, aufkochen lassen. Karamel in ein Töpfchen gießen. In der zerlassenen Butter das Mehl anschwitzen, mit $^1/_4$ Liter kalter Brühe verrühren, aufkochen und beliebig mit Brühe verdünnen. 2 bis 3 Löffel Karamel darunterrühren, mit Zitronensaft oder Essig abschmecken. Die abgebrühten, geschälten und gehobelten Mandeln und die geraspelten Rosinen zufügen, salzen. Vor dem Servieren den Rotwein zugeben. Die braune Soße süßsauer abschmecken. Die gekochte Rinderzunge in dünne Scheiben schneiden, auf einer Platte anrichten und mit der Soße übergießen. Dazu Salzkartoffeln und geriebenen, mit Essig verrührten Meerrettich servieren. Anstelle der braunen Soße kann zur Rinderzunge auch Senf- oder Cornichonsoße gereicht werden.

Rindfleisch in Meerrettichsoße

Sztuka mięsa w sosie chrzanowym

800 g Rindfleisch mit Knochen (Hüfte), 1/2 Lorbeerblatt, je 2 bis 3 Pfeffer- und Pimentkörner, Salz,

250 g Wurzelwerk, 50 g Zwiebeln, Meerrettichsoße, 1 Eßl. gewiegte Petersilie.

Die vom Fleisch gelösten und gewaschenen Knochen in kaltem Wasser zum Kochen aufsetzen. Wenn die Knochen kochen, das gewaschene Fleisch dazugeben, würzen, salzen. Alles langsam zugedeckt etwa 1 Stunde garen. Das Wurzelwerk waschen und putzen, Zwiebeln schälen und längs halbieren. Jede Hälfte mit der Innenseite auf die heiße Platte legen und anbräunen. Vor Ende der Garzeit dem Fleisch Wurzelwerk und Zwiebeln zugeben und mit garen. Das Fleisch aus der Brühe nehmen, quer zur Faser in mitteldicke Scheiben schneiden und in eine feuerfeste Form geben. Mit Meerrettichsoße übergießen und 15 bis 20 Minuten in der vorgeheizten Bratröhre überbacken. In derselben Pfanne mit gewiegter Petersilie garniert servieren. Salzkartoffeln und Frischkost dazu reichen.

Gefülltes Ferkel

Prosię pieczone nadziewane

1 Ferkel (2 bis 3 kg), Salz,
2 Eßl. Speiseöl.
Fülle aus Leber:
Leber vom Ferkel,
$^1/_4$ l Milch,
300 g Kalbsleber,
60 bis 80 g Margarine,
3 bis 4 Eier, Salz, Pfeffer,
Muskatnuß,
200 g Semmelbrösel.
Fülle aus Grütze:
300 g Buchweizengrütze,
60 bis 80 g Speck,
Leber und Lunge
vom Ferkel,
Salz, Pfeffer, Majoran.

Das Ferkel säubern, gut waschen, von innen und außen 1 Stunde vor dem Braten salzen. Das Ferkel nach Belieben füllen, zunähen, mit Öl bestreichen und in der gut vorgeheizten Bratröhre etwa 1 $^1/_2$ bis 2 Stunden braten. Während der Bratzeit das Ferkel mit Öl begießen und den ausgedünsteten Bratensaft mit Wasser auffüllen. Wenn das Ferkel goldbraun wird, mit der Gabel eine Stichprobe machen. Wenn die Gabel leicht in das Fleisch eindringt, ist es gar. Das gebratene Ferkel portionieren, d.h. zunächst den Kopf, dann die Schulterpartien und die Füße abschneiden, dann den Rücken und die Rippen zerteilen. Alles auf einer Platte anrichten.
Dazu Kartoffeln und gedünstetes Sauer- oder Weißkraut, eine Frischkost aus Sauer- oder Weißkraut oder saure Gurken servieren.
Für die Fülle aus Leber die in Milch eingeweichte Leber durch den Wolf drehen. Die Margarine schaumig rühren, Eigelb zugeben und weiterrühren. Alles mit der Leber vermengen, mit Salz, Pfeffer und Muskatnuß abschmecken. Mit geschlagenem Eiweiß und Semmelbröseln vermischen.
Für die Fülle aus Grütze die Buchweizengrütze in $^3/_4$ Liter Wasser körnig kochen und zerlassene Speckwürfel dazugeben. Die Leber waschen, überbrühen, in Stücke schneiden und durch den Wolf drehen. Die Lunge garkochen, abseihen, abkühlen lassen und durch den Wolf drehen. Die Lungen- und Lebermasse mit der Grütze vermengen, salzen, pfeffern und mit Majoran abschmecken.

Die folgenden beiden Rezepte sind für den Haushalt ungeeignet. Wir haben sie dennoch in unser Kochbuch aufgenommen, da mitunter in ländlichen Gegenden noch selbst geschlachtet wird.

Gepökelter Schinken, gekocht

Szynka peklowana gotowana

Schweineschinken (etwa 5 kg).
Für die Pökellake:
150 bis 200 g Salz, 10 g Salpeter,
10 g Zucker, 10 g Koriander,
3 bis 4 Nelken, 15 Pfefferkörner,
15 Pimentkörner,
5 Lorbeerblätter,
2 bis 3 Knoblauchzehen.

Zum Pökeln eignet sich ein junger, fleischiger, magerer Schinken. Zunächst den Knochen entfernen. Die Gewürze zerkleinern, mit Salz, Zucker und Salpeter vermengen (im Sommer keinen Zucker verwenden). Die Hälfte dieser Gewürzmischung sorgfältig in die Fleischoberfläche sowie in die durch das Entfernen der Knochen entstandenen Einschnitte reiben. Den Schinken in ein Ton-, Holz- oder Emaillegefäß legen, mit einem Holzbrett zudecken und mit einem Gewicht belasten. 2 Tage bei Zimmertemperatur stehen lassen. 2 1/2 Liter Wasser aufkochen, abkühlen lassen, mit Salz und der restlichen Gewürzmischung verrühren und über den Schinken gießen. Das Gefäß mit dem Schinken 3 Wochen kühl stellen (+4 bis +8 °C). Während des Pökelns den Schinken alle 2 bis 3 Tage wenden. Nach Ende der Pökelzeit den Schinken aus der Pökellake herausnehmen, von den Gewürzen reinigen, abspülen, sorgfältig abtropfen lassen, sehr fest zusammenrollen und mit einer gebrühten Schnur zusammenbinden. Die großen Fleischstücke zu 2 Schinkenrollen binden. In einem großen Kochtopf oder Kessel mit reichlich Wasser überbrühen und zugedeckt etwa 2 bis 3 Stunden langsam garen. Das verdunstete Wasser immer wieder nachfüllen. Wenn die Brühe zu salzig ist, einen Teil davon abgießen und siedendes Wasser zugießen. Den Schinken mit einer langen Küchengabel anstechen. Wenn die Gabel leicht ins Fleisch eindringt, den Schinken vom Feuer nehmen. Schinken sollte nicht zu lange kochen. Wird der Schinken heiß serviert, quer zur Faser in 1 cm dicke Scheiben schneiden. Auf einer Platte anrichten und mit Brühe beträufeln. Allzu fetten Schinken vor dem Schneiden von der dicken Haut und Fettschicht befreien. Die Fettschicht darf nicht dicker sein als 1 1/2 bis 2 cm. Zum heißen Schinken gedünstete grüne Erbsen oder Erbspüree und Meerrettich mit Essig, saurer Sahne oder Senf servieren. Soll der Schinken kalt serviert werden, in der Brühe abkühlen lassen. Soll der Schinken in Teig eingewickelt in der Backröhre gebacken werden, mit einem scharfen dünnen Messer entlang des Knochens bis zum „Kniegelenk" einschneiden und gut mit Gewürzen und Salz einreiben. Auf die gleiche Weise lassen sich auch Schulterblatt, Lende, Oberschale, hohe Rippe und Eisbein mit Knochen pökeln.

Schinken in Teig gebacken

Szynka pieczona w cieście

1 geräucherter Schweineschinken (etwa 5 kg).

Für den Teig: 80 bis 90 g Hefe, 1 1/2 kg grobes Roggenmehl, Salz.

Schinken waschen. Die zerbröckelte Hefe mit lauwarmem Wasser verrühren, mit Mehl vermengen, Salz zugeben und sorgfältig einen dicken Teig kneten. Den Teig in zwei Stücke teilen und ausrollen. Auf die eine Teighälfte den Schinken legen, mit der zweiten Hälfte bedecken, die Ränder zusammendrücken und den Schinken 4 Stunden in der gut vorgeheizten Backröhre backen. Den Schinken herausnehmen, abkühlen lassen, vom Teig befreien und in dicke Scheiben schneiden. Auf einer Platte anrichten und heiß servieren. Der auf diese Weise gebackene Schinken bleibt sehr saftig. Geriebenen, in Essig verrührten Meerrettich dazu reichen. Auf diese Weise kann auch gepökelter Schinken gebacken werden.

Schweinebraten mit Brötchen

Pieczeń wieprzowa z bułeczkami

700 g Schweinefleisch (Schlegel, Keule), Salz, 40 g Bratfett, 200 g Zwiebeln,

3 bis 4 Pfeffer- und Pimentkörner, 1 Lorbeerblatt, 10 g Mehl, 4 Brötchen.

Das gewaschene Fleisch abtropfen lassen und salzen. Das Bratfett in der Pfanne zerlassen, das gesalzene Fleisch hineinlegen, die Hälfte der Zwiebelscheiben, Pfeffer- und Pimentkörner, Lorbeerblatt und wenig Wasser dazugeben. Das Fleisch schmoren, öfter mit dem Bratensaft begießen. Den garen Braten herausnehmen und abkühlen lassen. Vom Bratensaft das Fett abschöpfen und darin die restliche Zwiebel anschwitzen. Die Bratensoße mit kalt angerührtem Mehl binden. Den Braten in Scheiben schneiden, die Brötchen halbieren und gut in der Soße erhitzen. Auf jede Brötchenhälfte eine Fleischscheibe und Zwiebel mit Soße geben. Dazu schmecken gedünstetes Sauer- oder Weißkraut oder Frischkost (Sauerkrautsalat, saure Gurken).

Schweinebraten mit Kümmel

Pieczeń wieprzowa z kminkiem

600 bis 700 g Schweinefleisch mit Haut,
Salz, 10 g Mehl,
40 g Bratfett, 80 g Zwiebeln,
10 g Kümmel.

Das gewaschene Fleisch abtropfen lassen, die Haut mit dem Messer leicht karieren, mit Salz, Kümmel und Mehl bestreuen und in stark erhitztem Fett anbraten, dann in eine entsprechend große Kasserolle legen. Das Bratfett, die geschälten und in Scheiben geschnittenen Zwiebeln und wenig Wasser zugeben. Bei mittlerer Hitze in der Bratröhre braten. Das Fleisch öfter mit dem Bratensaft begießen. Den verdünsteten Saft mit heißem Wasser nachfüllen. Das gare Fleisch herausnehmen, in dünne Scheiben schneiden, auf einer Platte anrichten und mit dem Bratensaft begießen. Dazu Kartoffelklößchen (kopytka) oder Salzkartoffeln und gedünstetes Sauer- oder Weißkraut, eine Frischkost aus Sauer- oder Weißkraut oder saure Gurken servieren.

Gebratener Schweinsrücken mit Kartoffeln

Schab pieczony z ziemniakami

700 bis 800 g Schweinsrücken,
Salz, 10 g Mehl, 40 g Bratfett,
80 g Zwiebeln, 10 g Kümmel,
800 g Kartoffeln, Petersilie.

Den Schweinsrücken waschen und die Knochen entfernen. Das Fleisch abtrocknen, mit Salz und Mehl bestreuen und in stark erhitztem Fett von allen Seiten anbraten. In eine Kasserolle oder Bratpfanne geben, das restliche Bratfett und Zwiebelscheiben hinzufügen, mit Kümmel bestreuen, mit 3 bis 4 Eßlöffel Wasser begießen und bei Mittelhitze in der Röhre 1 bis 1 $^{1}/_{2}$ Stunde braten. Öfter mit dem Bratensaft begießen und den verdünsteten Saft immer wieder mit Wasser auffüllen. Gleichmäßig große Kartoffeln dünn schälen und waschen. Nach der Hälfte der Garzeit die gesalzenen Kartoffeln in die Pfanne geben und mitbraten. Oft mit Fett begießen. Das gare Fleisch und die hellbraun gerösteten Kartoffeln herausnehmen. Den Braten in dünne Scheiben schneiden und mit den Kartoffeln auf einer Platte anrichten. Den Bratensaft mit der Zwiebel darübergießen, mit Petersilie garnieren. Mit gedünstetem Sauer-, Weiß- oder Rotkraut oder auch Sauer- oder Rotkrautsalat servieren.

Schweinslende mit gedünsteten Äpfeln

Polędwiczka wieprzowa duszona z jabłkami

500 bis 600 g Schweinslende,
Salz, 20 g Mehl,
30 g Bratfett,
Kümmel oder Majoran,
60 g Zwiebeln,
150 g Äpfel.

Die gewaschene Schweinslende abtropfen lassen, mit Salz und Mehl bestreuen, im stark erhitzten Fett von allen Seiten anbraten, in eine Kasserolle legen, das Bratfett zugießen, das Fleisch mit Kümmel oder Majoran bestreuen, etwas Wasser zugeben und zugedeckt schmoren lassen. Den verdünsteten Bratensaft mit Wasser auffüllen. Gegen Ende der Garzeit Zwiebelscheiben und geviertelte Äpfel ohne Kerngehäuse zugeben und mitdünsten. Das gare Fleisch herausnehmen, den Bratensaft salzen, durch ein Sieb streichen, mit angeschwitztem Mehl binden und aufkochen lassen. Den Braten in schräge Scheiben schneiden, auf einer Platte anrichten und mit Soße begießen. Mit Salzkartoffeln, gedünsteten roten Rüben, Sauerkrautsalat oder sauren Gurken servieren.

Gebratener Schweinsrücken mit getrockneten Pflaumen
Schab pieczony z suszonymi śliwkami

700 bis 800 g Schweinsrücken, Salz, 10 g Mehl, 40 g Fett, 100 bis 150 g getrocknete entsteinte Pflaumen, Petersilie.

Den Schweinsrücken waschen, abtrocknen, vom Knochen trennen, mit Salz und Mehl bestreuen. In stark erhitztem Fett von allen Seiten anbraten. Dann 3 bis 4 Eßlöffel Wasser zugeben. Bei Mittelhitze in der Bratröhre 1 bis 1 $^1/_2$ Stunden braten, öfter mit Bratensaft begießen. Gegen Mitte der Garzeit die gewaschenen getrockneten Pflaumen zufügen, mitschmoren und oft mit Soße begießen. Das gare Fleisch in dünne Scheiben schneiden und auf einer Platte mit den geschmorten Pflaumen und Petersilie anrichten. Den Braten mit Soße begießen. Dazu Salzkartoffeln und in Wein gedünstetes Rotkraut servieren.

Gebratener Schweinsrücken mit Majoran
Schab pieczony z majerankiem

700 g Schweinsrücken, Salz, Majoran, 30 g Fett, 1 Zwiebel.

Den gewaschenen Schweinsrücken mit heißem Wasser überbrühen, kurz aufkochen lassen, herausnehmen, salzen, mit Majoran bestreuen. Das Fleisch in eine Kasserolle legen, mit zerlassenem Fett begießen und bei Mittelhitze in der Bratröhre garen. Während der Garzeit oft mit Bratensaft begießen, mit Wasser auffüllen. Gegen Ende der Garzeit Zwiebelscheiben zufügen und mitschmoren lassen. Wie „Schweinsrükken mit getrockneten Pflaumen" servieren.

Schweineschnitten in Tomatensoße
Zrazy wieprzowe w sosie pomidorowym

700 g Schweinefleisch, Salz, 10 g Paprika, 20 g Mehl, 40 g Bratfett, 150 g frische Paprikafrüchte. 50 g Zwiebel, $^1/_8$ l Sahne, 150 g Tomaten oder 50 g Tomatenmark, 1 Knoblauchzehe.

Das gewaschene Fleisch von überflüssigem Fett befreien, quer zur Faser in 4 Portionen schneiden. Jedes Stück klopfen, mit Salz und Paprika bestreuen, in wenig Mehl wälzen und in wenig stark erhitztem Fett von beiden Seiten goldbraun braten. Danach die Fleischportionen in eine Kasserolle legen. Die geputzten Paprikafrüchte und die geschälten Zwiebeln zerkleinern, im restlichen Bratfett anrösten und ebenfalls in die Kasserolle geben. Alles zusammen mit wenig Wasser garschmoren. Nach dem Garen den Bratensaft mit dem restlichen Mehl binden, einen Schuß saure Sahne sowie die Tomaten oder das Tomatenmark hinzufügen und aufkochen lassen. Vor dem Servieren eine zerriebene Knoblauchzehe zugeben. Als Beilage eignen sich dazu am besten gelegte oder französische Nudeln.

Schweineschnitzel „Belvedere"

Sznycel wieprzowy belwederski

500 g Schweinefleisch (Kamm),
1 bis 2 Knoblauchzehen,
Majoran, Pfeffer, Salz,
20 g Mehl, 1 Ei,
60 g Semmelbrösel,
40 g Bratfett.

Das gewaschene Fleisch abtrocknen, quer zur Faser in Scheiben schneiden, jedes Stück leicht klopfen, mit zerriebener Knoblauchzehe einreiben, mit Majoran, Pfeffer und Salz bestreuen und 20 Minuten liegen lassen. Jedes Schnitzel zuerst in Mehl, dann in geschlagenem Ei und zuletzt in Semmelbröseln wenden. In heißem Fett von beiden Seiten goldbraun braten. Mit Kartoffelpüree, Bratkartoffeln oder Kartoffelkroketten und in Wein gedünstetem Rot- oder Weißkraut servieren.

Panierte Koteletts

Kotlety schąbowe panierowane

500 bis 600 g Schweinsrücken
(mit Knochen), Salz, 30 g Mehl,
1 Ei, 80 g Semmelbrösel,
60 g Bratfett.

Den Schweinsrücken waschen, abtrocknen, in Koteletts schneiden. Jedes Kotelett am Außenrand mehrmals einschneiden, leicht klopfen und mit dem Messer oval formen, so daß es auf der Knochenseite schmaler bleibt. Salzen. Zuerst in Mehl, dann in geschlagenem Ei und zuletzt in Semmelbröseln wenden. Die Panade mit der flachen Hand oder mit dem Messer andrücken. In heißem Fett von beiden Seiten braten, dann auf kleiner Flamme garbraten, bis sich eine goldbraune Kruste bildet. Die Koteletts auf einer Platte anrichten und mit dem Bratfett begießen. Mit Salzkartoffeln oder Kartoffelpüree, gedünstetem Weiß- oder Sauerkraut oder gekochtem Gemüse und Frischkost (Sauerkrautsalat, saure Gurken) servieren.

Schweinekoteletts in Teig
Kotlety schabowe w cieście

750 g bis 1000 g
Schweinekoteletts mit
Knochen, Salz.

Für den Teig: 250 g Mehl,
1 bis 2 Eigelb, 2 Eßl. Öl,
Salz, 1 bis 2 Eiweiß,
10 g Schweinefett zum Braten.

Die Koteletts von den Knochen befreien, stark klopfen und salzen. Das Mehl mit Eigelb und Öl gut verrühren, Salz und Eischnee zugeben. Die Fleischscheiben nacheinander in den Teig tauchen, auf beiden Seiten braten. Wenn die Koteletts braun werden, auf kleiner Flamme fertig garen. Mit gekochtem Gemüse und Frischkost sofort servieren.

Buletten aus Schweinefleisch und Gerstengraupen
Kotlety mielone z wieprzowiny i pęcaku

200 g Gerstengraupen,
300 g Schweinefleich, Salz,
20 g Fett, 50 g Zwiebeln, 1 Ei,
1 Teel. gewiegte Petersilie,
Pfeffer, 50 g Semmelbrösel,
60 bis 70 g Bratfett.

Die Gerstengraupen waschen, in $^3/_4$ Liter kaltem Wasser ansetzen und auf kleiner Flamme unter ständigem Rühren garen. Das gewaschene und gesalzene Fleisch in Fett anbraten, in eine Kasserolle geben, Bratfett zusetzen, geschälte und fein geschnittene Zwiebel zugeben, $^1/_8$ Liter Wasser zugießen und langsam schmoren lassen. Das gare abgekühlte Fleisch von den Knochen lösen und in Stücke schneiden. Das Fleisch und die abgekühlten Gerstengraupen zweimal durch den Wolf drehen. Ei, gewiegte Petersilie, Salz und Pfeffer zugeben und alles gut vermengen. Die Fleischmasse nach Belieben mit einem aufgelösten Suppenwürfel abschmecken. Kleine ovale Buletten formen, in Semmelbröseln wälzen und in erhitztem Fett von beiden Seiten goldbraun braten. Mit Kartoffeln, Frischkostsalaten, Pilz-, Tomaten- oder Dillsoße servieren.

Gepökeltes Eisbein

Golonka peklowana gotowana

1200 bis 1400 g Eisbein,
Marinade zum Pökeln,
200 g Wurzelwerk.

Das vorbereitete Eisbein gründlich waschen und pökeln (siehe Rezept „Gepökelter Schinken"). Das Eisbein aus der Marinade nehmen, von Gewürzen befreien, abspülen, überbrühen und langsam garen. Wenn der Sud zu salzig ist, etwas davon abgießen und kochendes Wasser zugießen. Während der Garzeit das geputzte und gewaschene Wurzelwerk zugeben und alles fertiggaren. Das Fleisch aus dem Sud nehmen, im Ganzen auf einer vorgewärmten Platte anrichten. Sehr heiß mit Erbspüree auftragen. Mit Essig verrührten Meerrettich dazu reichen. Auf die gleiche Weise werden Schulterblatt, Rippen und gepökelter Schweinskopf zubereitet.

Panierte Speckscheiben

Boczek smażony

400 g geräucherter magerer Speck,
20 g Mehl, 1 Ei,
60 g Semmelbrösel, 40 g Fett,
Petersilie.

Den in Scheiben geschnittenen Speck mit Mehl bestäuben und mit Ei und Semmelbröseln panieren. In stark erhitztem Fett auf beiden Seiten braten. Mit Bohnen auf Jägerart anrichten.

Gebratene Speckscheiben

Boczek pieczony

500 bis 600 g magerer Speck,
Salz, Kümmel oder Majoran,
80 g Zwiebeln.

Den Speck waschen und etwa 20 Minuten kochen. In eine flache Kasserolle legen, salzen, mit Kümmel oder Majoran bestreuen und die geschälten, in Ringe geschnittenen Zwiebeln zugeben. Alles etwa 1 Stunde braten und öfter mit Bratensaft biegießen. Den Speck nicht zerlassen. Die Soße mit Wasser auffüllen, während des Bratens den Speck wenden. Nach dem Garen den Speck auf starker Flamme anbräunen, aus der Pfanne nehmen, in nicht allzu dünne Scheiben schneiden und mit Salzkartoffeln oder Erbspüree und gedünstetem Weißkraut servieren.

Gedünstete Schweinsrippen mit Weißkraut

Żeberka wieprzowe duszone z kapustą.

300 bis 400 g Schweinsrippen,
1 Weißkraut (etwa 1500 g),
Salz, Pfeffer, 50 bis 60 g Fett,
80 g Zwiebeln,
50 g Tomatenmark, Paprika,
40 g Mehl, 1 Eßl. gewiegter Dill.

Die Rippen parallel zum Knochen in 8 Stücke schneiden, ohne die Knochen zu entfernen. Das Kraut putzen, den Strunk entfernen und die Blätter vorsichtig abtrennen. Die Blätter in kochendes Wasser geben und 5 bis 10 Minuten aufkochen. Das Kraut mit einem Sieblöffel aus dem Wasser nehmen, abtropfen und abkühlen lassen. Die Blätter von den dicken Strängen befreien. Auf diese Weise 16 Krautblätter vorbereiten. Die Rippen salzen, mit Pfeffer bestreuen und in 30 g stark erhitztem Fett anbräunen. In dem restlichen Fett die geschälten und in Ringe geschnittenen Zwiebeln goldgelb anschwitzen. Jedes Rippenstück mit Tomatenmark bestreichen, mit Zwiebeln belegen und fest in 2 Krautblätter einwickeln. Die Krautwickel in einer flachen Kasserolle in $^1/_4$ Liter Krautsud zugedeckt gardünsten. Die Soße mit wenig Wasser auffüllen. Nach dem Garen die Soße mit einer Mehlschwitze binden, mit Salz, Pfeffer und Paprika abschmecken. Die Krautwickel in einer Schüssel anrichten, mit Soße begießen und mit gewiegtem Dill bestreuen. Mit Kartoffeln servieren.

Schweinsrippen mit Zwiebel gedünstet

Żeberka wieprzowe duszone z cebulą

600 g Schweinsrippen, Salz,
20 g Mehl, 30 g Fett,
10 g Kümmel, 80 g Zwiebeln.

Die Schweinsrippen abspülen, abtropfen lassen, mit Salz und Mehl bestreuen, in stark erhitztem Fett von beiden Seiten anbraten. Dann in einer Kasserolle mit Kümmel bestreut in 1/8 Liter Wasser zugedeckt garschmoren. Wenn die Rippchen halbgar sind, geschälte, in Ringe geschnittene und im restlichen Bratfett angeschwitzte Zwiebeln zugeben und alles zusammen weiterdunsten. Die verdunstete Soße mit Wasser auffüllen. Die garen Rippchen auf einer vorgewärmten Platte anrichten, mit der Zwiebelsoße begießen, mit Kartoffeln und gedünstetem Sauer- oder Weißkraut servieren.

Polnische Wurst

Kiełbasa polska (wyrób)

2 1/2 kg mittelfettes
Schweinefleisch, 70 g Salz,
25 g Salpeter, 5 g Zucker,
5 g Pfeffer, 1 Knoblauchzehe,
Dünndarm.

Das magere Fleisch (etwa 1 kg) herausschneiden und klein würfeln, den Rest durch den Wolf drehen. Dann alles miteinander vermischen, salzen, würzen, gut durchkneten und über Nacht kaltstellen. Am nächsten Tag das Fleisch erneut gut durchkneten und in den gewaschenen Dünndarm füllen. Die fertigen Wurstringe einen Tag trocknen lassen und dann in kaltem Rauch langsam räuchern. Falls die Wurst zum schnellen Verbrauch bestimmt ist, sollte sie nur leicht oder gar nicht geräuchert werden (man nennt sie dann „Weißwurst"). In diesem Fall 10 g Salpeter und 2 Knoblauchzehen verwenden.

Gebratene rohe Weißwurst

Kiełbasa biała pieczona

500 g Weißwurst oder ungebrühte Bratwurst, 40 g Fett, 80 g Zwiebeln, Salz.

Die abgespülten Würste mehrmals einstechen und in einer Kasserolle oder Bratpfanne mit $^1/_4$ l Wasser und Fett in der gut vorgeheizten Backröhre unter öfterem Zugießen von Wasser etwa 30 Minuten braten. Während des Bratens die Würste mehrmals umwenden. Die geschälten und in Ringe geschnittenen Zwiebeln zugeben und zusammen mit der Wurst anbräunen. Nach Belieben die Wurst während des Bratens salzen. Die garen Würste herausnehmen, portionieren, mit angebräunter Zwiebel anrichten. Mit Salzkartoffeln und gedünstetem Weißkraut oder Sauerkrautsalat servieren.

Weißwurst in Bier geschmoren

Kiełbasa biała duszona w piwie

500 g Weißwurst oder ungebrühte Bratwurst, 1 Flasche helles Bier, 20 g Butter, 1 Suppenwürfel, 2 Zwiebeln, 2 Eßl. Mehl, $^1/_2$ Zitrone, Essig nach Belieben.

Die Wurst in eine Kasserolle geben und mit Bier begießen, Butter, Suppenwürfel und zerkleinerte Zwiebel zufügen und alles schmoren lassen. Gegen Ende der Garzeit wenig angerührtes Mehl und Zitronenscheiben dazugeben. Die Soße nach Belieben mit Essig abschmecken. Die geschmorte Wurst zu Salzkartoffeln oder Brot servieren.

Gedünstete Schweinsnieren

Cynaderki wieprzowe duszone

600 g Schweinsnieren, 1 Suppenwürfel, 50 g Zwiebeln, 60 g Fett, 30 g Mehl, Salz, Pfeffer.

Die Nieren langs teilen, gründlich waschen, von den Röhren befreien und nochmals waschen. Etwa 30 Minuten in Wasser einweichen. Mit kochendem Wasser übergießen, ankochen, abseihen. Noch einmal übergießen, ankochen, abseihen. Die abgekühlten Nieren in schräge, nicht allzu dünne Scheibchen schneiden, in eine Kasserolle geben, mit $^1/_4$ Liter Wasser übergießen, 1 Suppenwürfel, Zwiebelringe und Fett zufügen und auf kleiner Flamme dünsten. Die garen Nieren mit einer braunen Mehlschwitze binden, mit Salz und Pfeffer würzen. Nach Belieben $^1/_8$ Liter saure Sahne und Paprikapulver zugeben. Als Beilage dazu eignen sich Kartoffelpüree oder körnig gekochte Grütze und Frischkost.

Schweinsleber auf Poznań-Art

Wątróbka wieprzowa po poznańsku

400 g Schweinsleber,
100 g Kalbs-
oder Rindsknochen,
60 g Wurzelwerk,
30 g Zwiebeln,
Salz, 30 g Champignons,
20 g Butter,
Pfeffer, Muskatnuß,
1 Teel. Tomatenmark
oder 1 frische Tomate,
20 g Mehl,
20 g geräucherter Speck,
Petersilie und Schnittlauch.

Die Leber gut waschen, häuten, von den Röhren befreien und in Scheiben schneiden. Die sorgfältig gewaschenen Knochen in $^3/_4$ Liter kaltem Wasser ansetzen und etwa 1 $^1/_2$ Stunden kochen. Das gesäuberte Wurzelwerk, 20 g Zwiebel und Salz zugeben und noch 30 bis 40 Minuten weitergaren. Den Sud abseihen, die restliche Zwiebel in Ringe schneiden und in Butter hellgelb anschwitzen, fein gehackte Champignons zugeben, mit Pfeffer und geriebener Muskatnuß abschmecken, anbraten. Den Sud dazugießen, Tomatenmark oder Tomate zugeben und etwa 10 Minuten dünsten. Die Soße mit wenig Mehl binden. Fein gewürfelten Speck, fein gewiegten Schnittlauch und Petersilie zugeben. Die Leberscheiben im restlichen Mehl walzen, salzen, pfeffern und in Fett braten. Die fertigen Leberscheiben in die Soße geben. Dazu schmecken in Butter geschwenkte und mit Dill bestreute Salzkartoffeln oder Gerstengrütze, grüner Kopfsalat oder Gurkensalat mit Sahne oder Sauerkrautsalat.

HAMMELFLEISCH

Hammelbraten auf Wildart

Pieczeń barania na dziko

Für die Marinade:
$^1/_8$ l Essig,
$^1/_8$ l Bier, 20 g Zwiebeln, Salz,
einige Pimentkörner,
1 Lorbeerblatt, Nelken,
Muskatnuß, Wacholderbeeren,

700 g Hammelfleisch
(Rücken oder Keule), 40 g Speck,
Salz, Pfeffer, 20 g Mehl,
40 g Fett, $^1/_8$ l saure Sahne.

Für die Marinade $^1/_4$ Liter Wasser mit Essig, Bier, Zwiebelringen, Gewürzen aufkochen und abkühlen lassen. Das gewaschene, von Sehnen und Häutchen befreite Fleisch klopfen, mit Speckstreifen spicken und mit Salz und Pfeffer bestreuen. Das gespickte Hammelfleisch in einen Stein- oder Emailletopf legen, mit der Marinade übergießen und 4 Tage stehen lassen. Das Fleisch jeden Tag wenden. Das marinierte Fleisch herausnehmen, mit lauem Wasser waschen, salzen, mit wenig Mehl bestäuben, in erhitztem Fett anbräunen und 2 Stunden in der stark vorgeheizten Bratröhre garen. Während der Bratzeit das Fleisch häufig mit Bratensaft unf Marinade begießen. Gegen Ende der Garzeit die mit dem restlichen Mehl verrührte saure Sahne zugeben und alles abschmecken. Das gare Fleisch herausnehmen, in dünne Scheiben schneiden, in die Soße geben und erwärmen. Als Beilage gelegte Nudeln oder Salzkartoffeln und Preisel- oder Moosbeeren reichen. Dazu passen auch gedünstete rote Rüben.

Gebratener Hammelrücken in Sahne

Comber barani w śmietanie

Für die Marinade:
50 g Zwiebeln,
20 g Salz, 3 Lorbeerblätter,
einige Pfeffer-
und Pimentkörner,
$^1/_4$ l Essig.

1 kg Hammelrücken,
1 bis 2 Knoblauchzehen, Salz,
30 g Mehl, 50 g Fett,
$^1/_8$ bis $^1/_4$ l saure Sahne.

Für die Marinade die geschälte und in Ringe geschnittene Zwiebel mit Salz und den Gewürzen aufkochen, abkühlen lassen und Essig zugeben. Den Hammelrücken waschen, von Fett, Häutchen und Sehnen befreien, in ein tiefes Gefäß legen und mit soviel Marinade übergießen, daß er zur Hälfte bedeckt ist. Das Gefäß zugedeckt 2 bis 4 Tage kaltstellen. Das Fleisch jeden Tag wenden. Den Hammelrücken aus der Marinade nehmen, die Flüssigkeit herausdrücken, mit zerdrücktem Knoblauch und Salz einreiben, mit wenig Mehl bestäuben, schnell in stark erhitztem Fett anbräunen. Mit dem Bratfett begossen in der Bratröhre garen, dabei öfter mit Fett und der Marinade begießen. Gegen Ende der Bratzeit die mit dem restlichen Mehl verrührte Sahne übergießen und aufkochen lassen. Das Fleisch herausnehmen, längs schneiden. Auf einer Platte anrichten, mit dem Bratsaft begießen und mit Kartoffelklößchen (Kopytka), gelegten Nudeln oder Salzkartoffeln servieren. Gedünstete rote Rüben dazu reichen. Nach Belieben den Hammelrükken vor dem Braten spicken.

Hammelfleisch mit sauren Gurken

Baranina z ogórkami kwaszonymi

1 kg Hammelrücken,
3 Knoblauchzehen, Salz,
200 g Wurzelwerk (ohne Wirsing),
1 Zwiebel, 20 g Mehl,
$^{1}/_{4}$ l saure Sahne,
200 g saure oder Salzgurken,
Zucker, gewiegter Dill.

Den Hammelrücken waschen, abtropfen lassen, mit zerdrücktem Knoblauch und Salz einreiben. Das Wurzelwerk säubern, waschen, zerkleinern, mit der Zwiebel und dem Fleisch in den Topf geben, knapp mit $^{1}/_{2}$ Liter heißem Wasser übergießen und gardünsten. Das gare Fleisch herausnehmen, etwas abkühlen lassen und in dünne Scheiben schneiden. Das Mehl mit saurer Sahne verrühren und die Fleischbrühe damit binden. Die geschälten in Streifen geschnittenen Gurken zugeben, mit Zucker und Salz abschmecken. Die Fleischscheiben hinzufügen, weiterdünsten. Nach dem Garen die Fleischstücke auf einer Platte anrichten, mit Soße begießen und mit gewiegtem Dill bestreuen. Dazu körnig gekochten Reis oder Salzkartoffeln servieren.

Hammelfleisch mit Kümmel

Baranina z kminkiem

1 kg Hammelrücken,
3 Knoblauchzehen, Salz,
200 g Wurzelwerk
(ohne Wirsing),
1 Zwiebel, $^1/_4$ l saure Sahne,
20 g Mehl, Kümmel.

Den Hammelrücken waschen, abtropfen lassen, mit den Knoblauchzehen und Salz einreiben. Das Fleisch mit dem gehobelten Wurzelwerk und der kleingeschnittenen Zwiebel in einen Topf geben, mit $^1/_2$ Liter heißem Wasser knapp bedeckt übergießen und zugedeckt auf schwachem Feuer garen. Das gare Fleisch in Scheiben schneiden. Das Mehl mit saurer Sahne verrühren und in die Fleischbrühe geben, Kümmel zufügen, das Fleisch in der Soße noch eine Weile weiterdünsten. Als Beilage dazu eignen sich Salzkartoffeln mit gedünstetem Weißkraut.

Hammelfleisch mit Wirsing und Kartoffeln

Baranina z kapustą i ziemniakami

300 bis 400 g Hammelfleisch ohne Knochen, Salz, 500 g Wirsing,
500 g Kartoffeln,
150 g Zwiebeln, 40 bis 50 g Fett,
$^1/_2$ Teel. Kümmel,
$^1/_2$ Teel. Basilium, Pfeffer.

Das Hammelfleisch waschen, abtropfen lassen, in Portionen schneiden, in einer Kasserolle mit $^1/_2$ l kochendem Salzwasser begießen und garen, bis es fast weich ist. Das Fleisch dann herausnehmen. Den Wirsing von welken Außenblättern befreien und in kochendes Wasser geben, kurz kochen, herausnehmen und in größere Stücke schneiden. Die Kartoffeln waschen, schälen und grob würfeln. Die in Scheiben geschnittenen Zwiebeln im Fett goldgelb anschwitzen. Fleisch, Wirsing, Kartoffeln und Zwiebeln schichtenweise in die Kasserolle geben. Jede Schicht mit Kümmel, Basilium, Pfeffer und Salz bestreuen. Mit Fleischsud begießen, zudecken und langsam etwa 30 Minuten dünsten.

GEFLÜGEL UND WILDBRET

Beide Fleischsorten in einem Atemzug zu nennen, mutet heute bereits etwas anachronistisch an, denn das Geflügel besitzt nicht nur eine Vergangenheit, sondern es hat ebenfalls eine Zukunft, was man vom Wild leider mit Bestimmtheit nicht mehr sagen kann. Trotz aller Bemühungen ist der Wildbestand doch merklich zurückgegangen, wenn man ihn mit dem vergangener Zeiten vergleicht. Die Verknüpfung beider Fleischsorten stammt sicherlich aus alter Zeit, da diese Fleischgerichte als etwas Besonderes galten. Das wollen wir nicht außer acht lassen.

Die Beschaffung von Geflügel stößt heute auf keinerlei Schwierigkeiten. Der Handel bietet genügend Geflügelarten zu allen Jahreszeiten an. Da die Geflügelzucht in Polen – wie anderswo – auf industrielle Art betrieben wird, ist das Geflügel auch relativ preiswert geworden. Geflügel wird also nicht nur an Feiertagen gegessen. Wir empfehlen eine ganze Reihe von polnischen Rezepten, wie z. B. Hähnchen, gedünstet in Sahne; Gänsebraten mit Äpfeln, Stachelbeeren oder gebrannter Buchweizengrütze; Ente, gedünstet in Rotkraut oder mit Pilzsoße; Pute mit süßer Rosinenfülle; Gänseleber, gedünstet mit Zwiebeln und Äpfeln.

Mit dem Wildbret sieht die Sache schon etwas anders aus. Selbstredend wird Wild nicht zu jeder Jahreszeit angeboten, und höchst selten sind dann alle Wildsorten auf einmal im Angebot. Wir wollen keineswegs auf Wildrezepte verzichten, wissen aber, daß heutzutage weitaus seltener als einst Wildschweine, Hirsche und Rehe, Birk- und Auerhähne zum Stolz der polnischen Küche gehören.

Backhähnchen mit Champignons gefüllt

Kurczęta z nadzieniem pieczarkowym

2 kleine Hähnchen, Salz,
30 g Bratfett, 30 g Butter,
Kopfsalatblätter.
Für die Fülle:
Hähnchenklein,
Salz, 150 bis
200 g Weizengrütze oder Reis,
1/2 Eiweiß, 3 Eier,
100 g Champignons, 1 Zwiebel,
20 g Fett, Pfeffer,
30 g Butter,
2 Eßl. gewiegte Petersilie
oder Dill.

Die Hähnchen gut waschen, 1 Stunde vor dem Braten salzen und wie im Rezept „Hähnchen auf polnisch" vorbereiten.
Das Hähnchenklein in wenig Salzwasser kochen. Die Weizengrütze mit Eiweiß verrühren, körnig kochen (doppelt soviel Wasser wie Grütze verwenden), 2 Eier hart kochen, abkühlen lassen, schälen und kleinschneiden. Die Champignons putzen und waschen. Die Zwiebel schälen, in kleine Würfel schneiden und in 20 g Fett goldbraun anschwitzen, die in dünne Streifen geschnittenen Champignons zugeben, salzen, pfeffern, 2 Eßlöffel Wasser zugießen und alles kurz dünsten. Die Butter mit dem restlichen Ei schaumig rühren. Die gekochte und abgekühlte Grütze, die fein geschnittenen Eier, die mit Zwiebel gedünsteten Champignons und das fein geschnittene Hähnchenklein mit gewiegter Petersilie oder gewiegtem Dill vermischen. Mit Salz und Pfeffer abschmecken, alles gut verrühren. Die vorbereiteten Hähnchen mit der Fülle füllen, zunähen und in der gut vorgeheizten Bratröhre etwa 1 Stunde garen. Öfter mit Fett begießen und mit Wasser beträufeln. Gegen Ende der Garzeit die Butter zugeben. Die angebräunten Hähnchen herausnehmen, längs halbieren, auf einer Platte anrichten, mit dem Bratensaft begießen und mit Kopfsalatblättern garnieren. Mit der restlichen Soße, Kartoffeln und Gurken- oder Kopfsalat mit Sahne servieren. Die Hähnchen können nach Belieben auch in Aluminiumfolie oder dickem Pergamentpapier gebacken werden.

Backhähnchen mit süßer Fülle
Kurczęta ze słodkim nadzieniem

2 kleine Hähnchen, Salz,
30 g Bratfett und
30 g Butter zum Braten.
Für die Fülle:
1 Mundbrötchen, 1/8 l Milch,
30 g Butter, 1 Eigelb, 1 Ei,
50 g Rosinen oder auch
50 g feingeschnittene
süße Mandeln,
1 Eßl. Zucker, Salz,
2 Eßl. gewiegte Petersilie
oder Dill.

Die vorbereiteten Hähnchen waschen und 1 Stunde vor dem Braten mit Salz einreiben. Für die Fülle das Mundbrötchen in Milch einweichen und leicht ausdrücken. Die Butter mit Eigelb und einem ganzen Ei gut verrühren, die gewaschenen Rosinen, Zucker, Salz, gewiegte Petersilie oder Dill und das eingeweichte Mundbrötchen zugeben. Alles gut miteinander vermengen. Die Hähnchen mit dieser Masse füllen und zunähen. Bratfett zerlassen, die Hähnchen dazugeben, mit Fett und wenig Wasser begießen und in der heißen Backröhre 1 Stunde garen. Dabei mehrmals mit Bratensaft begießen. Gegen Ende der Garzeit Butter zufügen. Die gebräunten Hähnchen herausnehmen und tranchieren. Auf einer Platte anrichten, mit Bratensaft übergießen und mit Kartoffeln, Gurkensalat oder Kopfsalat mit etwas gesüßter Sahne servieren.

Gedünstete Hähnchen mit Champignons
Kurczęta duszone z pieczarkami

2 kleine Hähnchen, 30 g Mehl,
40 g Bratfett, 60 g Zwiebeln,
150 g Champignons,
Salz, Pfeffer, 1/8 l saure Sahne,
1 Eßl. gewiegter Dill
und Petersilie.

Die vorbereiteten Hähnchen salzen, vierteln und mit Mehl bestäuben. Die Hähnchen und Zwiebelringe in Fett anbräunen, 1/4 l Wasser zugeben und langsam etwa 40 bis 50 Minuten zugedeckt schmoren lassen. Die Champignons waschen, putzen, fein schneiden, zu den Hähnchen geben und alles weitere 10 Minuten garen. Den Bratensatz mit Wasser auffüllen, salzen, mit Mehl bestäuben, mit Pfeffer abschmecken und nochmals aufkochen lassen. Zum Schluß saure Sahne darunterrühren. Die Hähnchen mit der Champignonsoße übergießen und mit gewiegter Petersilie bestreut anrichten. Körnig gekochte Weizengrütze oder Kartoffeln und Frischkost dazu reichen. Anstelle von Champignons lassen sich auch 300 g Steinpilze verwenden.

Gedünstete Hähnchen mit Stachelbeeren

Kurczęta duszone z agrestem

2 Hähnchen, Salz, Wurzelwerk,
1 Eßl. Butter, 1/4 l Kraftbrühe,
1 Teeglas Stachelbeeren,
1 Eßl. Zucker, 30 g Butter,
30 g Mehl für die Mehlschwitze.

Die Hähnchen 1 Stunde vor dem Braten salzen, mit geputztem und zerkleinertem Wurzelwerk, Butter und Brühe in eine Kasserolle geben und auf kleiner Flamme langsam dünsten. Wenn die Hähnchen fast gar sind, Stachelbeeren zufügen und aufkochen lassen. Die Stachelbeeren dürfen nicht zerkochen; Zucker zugeben. Die Soße mit Mehlschwitze binden und nochmals aufkochen lassen. Mit körnig gekochtem Reis servieren.

Hähnchen auf polnisch

Kurczęta po polsku

2 kleine Hähnchen, Salz,
30 g Bratfett, 30 g Butter,
Petersilie.
Für die Fülle:
80 g getrocknetes Weißbrot
oder Semmel, etwa 1/8 l Milch,
Hähnchenleber, 40 g Butter,
1 Ei, Salz, Pfeffer,
1 bis 2 Eßl. gewiegter Dill
und Petersilie,
1 bis 2 Eßl. Semmelbrösel.

Die Hähnchen gut waschen, 1 Stunde vor dem Braten salzen, den Hals abschneiden und die Keulenenden sowie die Magenstücke in die Bauchhöhle hineinstecken, die Flügel auf den Rücken biegen. Für die Fülle die trockene Semmel oder Weißbrot in Milch einweichen, ausdrücken und zusammen mit der gewaschenen Leber durch den Wolf drehen. Butter mit Eigelb schaumig rühren, die Masse zugeben, mit Salz, Pfeffer und gewiegten Kräutern vermengen. Das Eiweiß schaumig schlagen, mit der Fülle verrühren. Wenn zu locker, 1 bis 2 Eßlöffel Semmelbrösel zugeben. Die Haut des Geflügels vorsichtig mit dem Löffel vom Fleisch abheben und von der Brust bis zu Flügeln und Rücken die Fülle dünn dazwischenlegen, die restliche Fülle in die Bauchhöhle geben und die Hähnchen zunähen. Die Hähnchen in stark erhitztem Fett und in der Bratröhre etwa 1 Stunde garen. Während der Bratzeit die Hähnchen oft mit Fett und Wasser begießen, gegen Ende der Bratzeit Butter zugeben. Die goldbraun gebratenen Hähnchen längs halbieren. Auf einer Platte anrichten, mit Bratensaft begießen und mit Petersilie oder Salatblättern garniert zu Kartoffeln servieren. Gurkensalat oder Kopfsalat mit Sahne dazu reichen.

Hähnchen in Sahne

Kurczęta w śmietanie

2 Hähnchen, Salz, 30 g Mehl,
40 g Butter, Fleischbrühe,
$^{1}/_{4}$ l saure Sahne, Petersilie.

Die Hähnchen waschen, abtropfen lassen, halbieren, mit Salz und wenig Mehl bestreuen, in Butter anbräunen, in einer Kasserolle mit Fleischbrühe begießen und dünsten. Gegen Ende der Garzeit die mit dem restlichen Mehl verrührte Sahne zugeben und eine Weile weiterdünsten. Vor dem Servieren reichlich mit gewiegter Petersilie bestreuen.

Hähnchen auf Kraków-Art

Kurczęta po krakowsku

2 Hähnchen, Salz, 40 g Bratfett
Für die Fülle: 200 g Weizengrütze (oder Reis),
1 Eiweiß, 50 g Butter, 2 Eier,
Petersilie, Salz.

Die Hähnchen putzen, waschen, von innen und außen mit Salz einreiben. 1 Stunde stehen lassen. Die Weizengrütze mit Eiweiß verrühren, in der Hälfte der Butter anschwitzen, $^{1}/_{2}$ Liter Wasser zugeben und garen.

Nach dem Garen abkühlen lassen. Die Eier, die restliche Butter und die gewiegte Petersilie zugeben, alles gut miteinander vermischen und mit Salz abschmecken. Die gesalzenen Hähnchen mit der Grütze füllen, zunähen oder mit Holzspießchen zustecken. Die Flügel und Keulenenden am Rumpf festbinden. Das Geflügel in die Pfanne geben, mit Fett begießen und in stark vorgeheizter Backröhre etwa 1 Stunde garen. Die gebackenen Hähnchen halbieren, mit dem Bratensaft begießen und mit Kartoffelpüree und Gurkensalat mit Sahne (Mizeria) oder Kopfsalat servieren.

Gebratene Pute mit Fülle

Indyczka nadziewana pieczona

1 Pute, Salz, 40 g Bratfett,
20 g Butter.
Für Fülle I:
100 g trockenes Weißbrot
oder Brötchen, 1/4 l Milch,
Leber von der Pute,
40 g Butter, 2 bis 3 Eier,
gewiegte Petersilie und Dill,
Salz, Pfeffer, Muskatnuß,
1 bis 2 Eßl. Semmelbrösel.

Für Fülle II:
1 Brötchen, 1/8 l Milch,
Leber von der Pute,
40 g Butter oder Margarine,
3 Eier,
60 g Rosinen, 60 g Mandeln,
40 g Semmelbrösel, Salz,
10 g Zucker, Muskatnuß,
2 Nelken.

Die Pute gut waschen, die Haut rund um das Kniegelenk einschneiden und die harten Sehnen herausziehen. Den Brustknochen kräftig plattdrücken, damit die Brust flacher und dadurch breiter wird. Bei älteren Puten die Brust durch ein Geschirrtuch mit einem Klopfer klopfen, doch nicht zu stark, um das Muskelgewebe nicht zu beschädigen. 1 bis 2 Stunden vor dem Braten die Pute von allen Seiten reichlich mit Salz einreiben.

Für die Leberfülle Weißbrot oder Brötchen in Milch einweichen, ausdrücken und zusammen mit der Leber durch den Wolf drehen. Das Fett mit Eigelb verrühren, die Lebermasse zugeben und alles mit gewiegter Petersilie und Dill, Salz und Pfeffer sowie Muskatnuß weiterrühren. Zu Schnee geschlagenes Eiweiß und Semmelbröseln zufügen.

Die Fülle muß locker sein. Die Pute kann auch mit Fülle II gefüllt werden. Dafür das Brötchen in Milch einweichen, ausdrücken und zusammen mit der gewaschenen Putenleber zweimal durch den Wolf drehen. Die Butter mit Eigelb verrühren, die Leber- und Semmelmasse zugeben und gut mischen. Die Rosinen waschen, überbrühen, die Mandeln schälen und in dünne Scheiben schneiden, alles zusammen mit Semmelbröseln und Eischnee vermengen, mit Salz, Muskatnuß und gemahlenen Nelken abschmecken. Mit der Rosinen- oder Leberfülle den Kropf füllen und von oben zunähen. Die übrige Fülle in die Bauchhöhle füllen und ebenfalls zunähen. Vor dem Braten die Putenbeine und -flügel am Körper mit Holzstäbchen oder Rouladennadeln feststecken.
Danach die Pute auf den Rücken in zerlassenes Fett legen, die Brust mit Fett und $^1/_8$ Liter Wasser begießen, in der gut vorgeheizten Bratröhre etwa 2 bis 3 Stunden zugedeckt braten. Öfter mit Bratensaft und Wasser begießen. Die gare, goldbraun gebratene Pute auf ein großes Küchenbrett legen und mit der Geflügelschere die Beine bis zum Kniegelenk abschneiden. Die Keulen abtrennen und je nach Größe in 2 bis 3 Portionen teilen. Die Flügel mit dem Fleischansatz ebenfalls abtrennen. Den gefüllten Kropf in dicke Scheiben schneiden. Das weiße Brustfleisch vom Brustknochen trennen und in schräge, dünne Scheiben schneiden. Den Rücken mit der Geflügelschere vom Brustknochen abtrennen und schräg in mehrere Portionen teilen. Alle Putenstücke zu einer ganzen Pute zusammenlegen und auf einer vorgewärmten Platte anrichten. Die Pute mit dem Bratensaft begießen, die restliche Soße dazu reichen. Die Pute mit Petersilie, Kopfsalatblättern oder Grünkohl garnieren. Das Gericht mit Preisel- oder Moosbeerenkonfitüre oder gemischtem Kompott ergänzen. Die Pute kann auch ohne Fülle zubereitet werden. Die Brust alter Puten sollte man vor dem Braten mit Speckstreifen spicken. Sehr schmackhaft und saftig bleibt das Putenfleisch, wenn die Brust während des Bratens mehrere Male mit süßer Sahne beträufelt wird.

Perlhuhn auf Mazowsze-Art

Perliczka po mazowiecku

1 Perlhuhn, Salz.
Für die Fülle:
50 g Fleischreste,
40 g geräucherter Speck,
50 g Champignons, 40 g Butter,
40 g trockene Semmel
oder Weißbrot, 2 Eßl. Milch,
1 Ei, 1 Eßl. Sahne,
Pfeffer, Salz.

Das vorbereitete Perlhuhn mit Salz einreiben und 1 Stunde stehen lassen. Für die Fülle das Fleisch durch den Wolf drehen, den Speck fein würfeln, die Champignons zerkleinern und in Butter leicht anschwitzen. Die Semmel in kleine Würfel schneiden und anbräunen, mit Milch beträufeln. 1 Ei, Sahne, Pfeffer und Salz zugeben und alles gut vermischen. Das Huhn mit der Masse füllen, zunähen und in zerlassenem Bratfett mit $^1/_8$ Liter Wasser in der gut vorgeheizten Bratröhre etwa 1 Stunde braten. Während der Bratzeit oft mit dem Bratensaft begießen und mit Wasser beträufeln. Das gare Perlhuhn portionieren, auf einer Platte anrichten und mit Grünkohl garnieren. Mit ausgehöhlten Salzkartoffeln und Preiselbeeren oder Kompott auftragen.

Perlhuhn auf altpolnisch

Perliczka po staropolsku

1 Perlhuhn, 30 g Butter.
Für die Soße:
Flügel, Rückgrat und Hals
vom Perlhuhn,
200 g Wurzelwerk ohne Wirsing,
20 g Butter, 20 g Zwiebeln,
20 g getrocknete Hagebutten,
20 g getrocknete Früchte vom
Rotdorn, Nelken, Zucker,
Salz, Pfeffer,
Zitronensaft.

Das vorbereitete Perlhuhn halbieren. Flügel, Hals und Rückgrat abschneiden, zerkleinern und mit dem geputzten gewaschenen und zerkleinerten Wurzelwerk und der Zwiebel in Butter anbräunen, mit Wasser begießen und eine Brühe kochen. Die in siedendem Wasser eingeweichten Hagebutten und Früchte vom Rotdorn dazugeben und mitdünsten. Die in Butter angebräunten Huhnhälften in den Sud geben und garen. Das gare Perlhuhn aus dem Sud nehmen und portionieren. Die Soße durch ein Sieb streichen, gemahlene Nelken zugeben, mit Zucker, Salz, Pfeffer und Zitronensaft abschmecken. Das Hühnerfleisch mit Soße begießen und mit ausgehöhlten Salzkartoffeln und Kopfsalat servieren.

Gebratene Ente auf Wildart

Kaczka pieczona na dziko

1 Ente, 40 g Bratfett.
Für die Beize:
50 g Zwiebeln,
150 g Wurzelwerk (Möhre, Sellerie, Petersilienwurzel),
5 Wacholderbeeren,
5 Pfefferkörner,
5 Pimentkörner,
2 Nelken, 1 Lorbeerblatt,
ein Stückchen Ingwer, Salz,
$^1/_4$ l Essig.
Für den Sud:
Entenklein ohne Leber,
150 g Wurzelwerk,
20 g Mehl, Salz.

Die Ente säubern, waschen. Zwiebeln und das gewaschene Wurzelwerk in Ringe schneiden. Die Gewürze zerdrücken, mit $^1/_2$ Liter Salzwasser aufkochen, abkühlen lassen und Essig zugeben. Die vorbereitete Ente in einem entsprechend großen Gefäß mit dem gehobelten Wurzelwerk bedecken und mit der Beize übergießen. Etwa 1 bis 3 Tage in der Beize liegenlassen, dabei die Ente mehrmals wenden. Das Entenklein mit dem Wurzelwerk garen. Die Ente aus der Beize nehmen, salzen, mit Fett begießen und in der Backröhre etwa 1 bis 1 $^1/_2$ Stunden braten. Die Zwiebel aus der Beize zugeben, die Ente abwechselnd mit dem Bratensaft und der Marinade begießen. Die gebratene Ente tranchieren. Das Fett vom Bratensaft abschöpfen. Das Mehl mit $^1/_4$ Liter kalter Entenkleinbrühe anrühren und in den Bratensaft geben, nach Belieben salzen, die Beize zugeben und alles aufkochen lassen. Die tranchierte Ente in der Soße erwärmen. Mit Makkaroni oder Kartoffeln und gedünstetem Sauerkraut, Weißkohl oder Rotkohl servieren. Dazu passen auch gedünstete rote Rüben. Die Beize läßt sich nach Belieben mit etwa 2 bis 3 Eßlöffel Rotwein verfeinern.

Gebratene Ente mit Stachelbeeren

Kaczka pieczona z agrestem

1 Ente, Salz, Majoran,
80 g Butter,
200 g unreife Stachelbeeren,
Zucker.

Die vorbereitete Ente von innen und außen mit Salz und Majoran einreiben und in die Bratpfanne geben. $^3/_4$ der Butter zerlassen, die Ente damit begießen und in der heißen Bratröhre etwa $1\,^1/_2$ Stunden braten. Während der Garzeit öfters mit dem Bratensaft begießen und mit Wasser beträufeln. Die unreifen Stachelbeeren putzen, waschen, mit Zucker und Majoran bestreuen und in der restlichen Butter anschwitzen. Die gare, gebratene Ente aus der Bratpfanne herausnehmen und portionieren. Den Bratensaft mit Zucker und Salz abschmecken, die Fleischstücke hineingeben, mit den Stachelbeeren bedecken und eine Weile weiterdünsten lassen. Dazu ausgehöhlte Kartoffeln oder Śląsker Kartoffelklöße servieren.

Ente auf Gdańsk-Art

Kaczka gdańska

1 Ente, Salz, Majoran,
40 g Fett, 10 g Mehl,
1 große Apfelsine,
1 Gläschen Orangelikör.

Für den Sud:
200 g Wurzelwerk,
80 g Zwiebeln, 20 g Butter,
Pfeffer, Salz.

Die Ente säubern, waschen, von Flügeln und Hals trennen, mit Salz einreiben, mit Majoran bestreuen und in der Bratröhre in erhitztem Fett anbräunen. Den Hals und die Flügel in Stücke schneiden, mit dem geputzten, gehobelten Wurzelwerk und Zwiebelringen in der Butter anbräunen, $^3/_4$ Liter Wasser zugießen und alles kochen lassen. Die goldbraun gebratene Ente mit der abgeseihten Brühe begießen und zugedeckt in der Bratröhre gardünsten. Gegen Ende der Garzeit mit Mehl bestreuen. Die Apfelsine in Scheiben schneiden, aus den Enden den Saft herausdrücken, mit dem Likör vermischen und beides zusammen in die Soße gießen. Die Ente portionieren, mit den Apfelsinenscheiben anrichten und mit dem Dünstsaft begießen.

Ente auf Poznań-Art

Kaczka poznańska

1 Ente, Salz, 30 g Fett,
100 g blaue Weintrauben.
Für den Sud:
Hals, Flügel und Rückgrat von der Ente, 10 g Butter,
200 g Wurzelwerk ohne Wirsing.

Für das Kraut:
450 g Rotkraut,
Salz, Zitronensaft, 20 g Speck,
1/2 Zwiebel, 10 g Mehl,
1/6 Glas herber Rotwein,
Zucker, Salz, Pfeffer.

Die vorbereitete Ente waschen, salzen, halbieren. Flügel, Hals und Rückgrat abschneiden, zerkleinern und in der Butter mit dem geputzten, gewaschenen und zerkleinerten Wurzelwerk anbraten, mit wenig Wasser begießen und 20 bis 30 Minuten zu einer Brühe kochen. Die Entenhälften in Fett anbraten, mit dem Sud begießen und 1 1/2 Stunden dünsten. Das Kraut hobeln, überbrühen, salzen und mit Zitronensaft beträufeln. Den fein gewürfelten Speck und die geschälte und geschnittene Zwiebel anschwitzen, Mehl zufügen, anbräunen, alles zum Kraut geben und gut verrühren. Den Rotwein zugießen und weiter dünsten, mit Zucker, Salz und Pfeffer abschmecken. Die Ente portionieren, mit Kraut bedecken und in der Kasserolle etwa 40 Minuten dünsten. Gegen Ende der Garzeit die Weintrauben zugeben. Mit Salzkartoffeln oder gebackenen Kartoffeln servieren.

Entenragout mit Pilzsoße

Potrawka z kaczki w sosie grzybowym

1 Ente, Salz,
einige Pimentkörner,
1 Lorbeerblatt, Pfeffer,
250 g Wurzelwerk, 30 g Zwiebel.
Für die Pilzsoße:
30 g getrocknete Pilze,
50 g Zwiebeln,
40 g Butter oder Margarine,
30 g Mehl, Salz, Pfeffer,
1/8 l saure Sahne,
1 Eßl. gewiegte Petersilie.

Die nicht allzu fette vorbereitete Ente mit soviel gesalzenem siedendem Wasser überbrühen, daß die Ente bedeckt ist. Die Ente langsam zugedeckt etwa 1 Stunde garkochen. Gegen Mitte der Garzeit die

Gewürze, das geputzte und gewaschene Wurzelwerk und die geschälte und angebräunte Zwiebel zugeben. Die Pilze waschen, in wenig Wasser kochen, in dünne Streifen schneiden, fein gehobelte Zwiebeln und 20 g Butter zugeben. Alles zusammen dünsten. Die gare Ente aus dem Sud nehmen. Aus dem Mehl und der Butter eine hellbraune Mehlschwitze bereiten, mit der Entenbrühe verquirlen, die gedünsteten Pilze mit dem Sud dazugießen, salzen, pfeffern und aufkochen lassen. Die Ente portionieren, in der Soße erhitzen und saure Sahne dazugeben. Vor dem Auftragen mit gewiegter Petersilie bestreuen und mit körnig gekochter Perlgrütze anrichten.

Ente oder Gans mit Rotkraut gedünstet

Kaczka lub gęś w czerwonej kapuście

1 Ente, Salz, 40 g Fett,
1 kg Rotkraut, 60 g Zwiebeln,
5 g Kümmel, 40 g Speck,
20 g Mehl, 1/8 l Rotwein,
Zucker, Essig
oder Zitronensaft.

Die vorbereitete Ente mit Salz einreiben und formen (die Beine und Flügel an den Körper binden). Das Fett in der Pfanne zerlassen, die Ente hineingeben und in der vorgeheizten Bratröhre etwa 40 Minuten garen, häufig mit Fett begießen und mit Wasser beträufeln. Das Rotkraut waschen, von welken Außenblättern befreien, fein hobeln, geschälte, in Ringe geschnittene Zwiebel zugeben, mit Kümmel bestreuen und alles in einer breiten Kasserolle mit wenig siedendem Wasser überbrühen und 10 Minuten kochen lassen. Die fast gare gebräunte Ente herausnehmen und portionieren. Die Fleischstücke auf das Kraut geben und alles zusammen etwa 30 Minuten dünsten. Den gewürfelten Speck zerlassen, mit dem leicht angeschwitzten Mehl verrühren, alles mit Sud oder Brühe verquirlen und dem Kraut zufügen. Alles aufkochen lassen. Das Gericht mit Rotwein, Salz, Zucker, Essig oder Zitronensaft abschmecken und auftragen. Entenstücke auf dem Kraut anrichten. Mit Salzkartoffeln servieren. Für dieses Gericht reicht auch eine halbe Gans oder Ente.

Ente oder Gans mit Äpfeln

Kaczka lub gęś z jabłkami

1 Ente, Salz, Majoran, Rosmarin, $^1/_2$ bis 1 kg Äpfel, Gänse- oder Entenfett zum Braten, Kopfsalatblätter oder Grünkohl.

Die gewaschene Ente eine Stunde vor dem Braten mit Salz, Majoran und Rosmarin einreiben, mit den gewaschenen halbierten, von den Kerngehäusen befreiten Äpfeln füllen und zunähen. In der Pfanne Fett zerlassen, die Ente hineingeben, mit dem Fett begießen, mit Wasser beträufeln und in der vorgeheizten Bratröhre etwa 1 bis 1 $^1/_2$ Stunde braten. Während der Bratzeit die Ente öfter mit dem Bratensaft und Wasser begießen. Die goldbraun gebratene gare Ente aus der Pfanne nehmen, portionieren, auf einer Platte mit den gebratenen Äpfeln anrichten und mit Bratensaft begießen. Die restliche Soße dazu reichen. Die Ente mit Kopfsalatblättern oder Grünkohl garnieren. Dazu Röstbrot und Rohkost, dickes Weißkraut, Rotkraut oder rote Rüben servieren.

Gans oder Ente mit Grütze gefüllt

Gęś albo kaczka nadziewana kaszą

1 Gans, Salz, Majoran,
Gänsefett zum Braten.
Für den Sud aus Gänseklein:
20 g getrocknete Pilze,
Gänseklein,
20 g Wurzelwerk.

Für die Fülle:
300 bis 400 g angebräunte Buchweizengrütze oder Reis, 80 g Zwiebeln, 40 g Gänsefett, 2 Eier, Petersilie und Dill, Salz, Pfeffer.

Die ausgenommene Gans gut waschen, 1 bis 2 Stunden vor dem Braten mit Salz und Majoran einreiben. Die gewaschenen Pilze und das Gänseklein mit kochendem Salzwasser übergießen und zugedeckt 30 bis 40 Minuten garen. Nach der Hälfte der Garzeit das geputzte Wurzelwerk zugeben. Alles garkochen und abseihen. Die Grütze mit dem Sud vom Gänseklein übergießen und körnig garen. Das Gänseklein zusammen mit den Pilzen zerkleinern. Gewürfelte Zwiebel im Gänsefett anbräunen. Die gare Grütze abkühlen lassen. Die angebräunte Zwiebel mit 2 Eigelb gut verrühren, die Grütze zufügen, mit Gänseklein, Pilzen, gewiegten Kräutern, Salz, Pfeffer und dem steifgeschlagenen Eiweiß vermengen. Die Gans füllen, sorgfältig zunähen, die Flügelspitzen auf dem Rücken kreuzen, die Halshaut herunterschieben, die Keulen zusammenbinden. Die Gans oder Ente in einer entsprechend großen Pfanne mit zerlassenem Gänsefett übergießen und in der gut vorgeheizten Backröhre dann langsam 1 1/2 bis 2 Stunden braten. Während der Bratzeit mehrmals mit Fett und Wasser beträufeln. Die knusprig gebratene Gans aus der Röhre nehmen. Mit einer Geflügelschere die Keulen und Flügel abschneiden und den Rumpf quer in 2 bis 2 1/2 cm dicke Scheiben schneiden. Alles mit dem Bratfett übergießen. Die restliche Soße dazu reichen. Als Beilage dazu gekochtes Sauerkraut, Weiß- oder Rotkohl servieren.

Gans auf polnisch

Gęś po polsku

1 kleine magere Gans, Salz, 250 g Wurzelwerk, 1 Zwiebel, ***50 g Butter, 20 g Mehl, Majoran, Muskatnuß, 1 bis 2 Eigelb.***

Die Gans in kaltem Wasser 2 bis 3 Stunden einweichen, aus dem Wasser nehmen, halbieren, mit kochendem Wasser überbrühen, salzen und etwa 2 Stunden kochen. Gegen Mitte der Garzeit Wurzelwerk und Zwiebel zugeben. Von der Butter und dem Mehl eine weiße Mehlschwitze bereiten, den Gänsesud damit binden. Die Soße mit Salz, geriebener Muskatnuß und Majoran abschmecken. Die Gans portionieren, in die Soße geben und aufkochen lassen. Nach Belieben mit Eigelb verquirlen. Die Gänseportionen in einer Schüssel anrichten und mit Soße begießen. Dazu körnig gekochte Perlgraupen und Frischkostsalat servieren. Die Gans kann auch mit Béchamel- oder Pilzsoße serviert werden.

Gans mit Bohnen

Gęś z fasolą

1 Gans, Salz, 1 Knoblauchzehe, 50 g Gänsefett, 40 g getrocknete Pflaumen, 10 g Rosinen, Pfeffer, Zucker.

Weiße Bohnen zur Gans:
150 g Bohnen,
80 g geräucherter Speck,
60 g Wurst, 20 g Zwiebeln,
Basilikum.

Die vorbereitete Gans 1 Stunde vor dem Braten mit Knoblauch und Salz einreiben. Die Gans in die Bratpfanne geben und mit dem zerlassenen Gänsefett begießen, mit Wasser beträufeln und in der heißen Bratröhre etwa 2 Stunden braten. Die Pflaumen überbrühen, entsteinen und in kleine Würfel schneiden. Die gare Gans von den Knochen lösen und portionieren. In den vom überflüssigen Fett befreiten Bratensaft die zerkleinerten Pflaumen und die Rosinen geben. Alles mit Pfeffer, Zucker und Salz abschmecken, die Fleischstücke hineingeben und dünsten lassen. Die Bohnen waschen, einweichen und kochen lassen. Den Speck und die Wurst würfeln und zusammen mit Zwiebelringen anschwitzen, mit Basilikum abschmecken und unter die Bohnen mischen. Mit Gänseportionen und dem Bratensaft servieren. Als Beilage gedünstetes Rotkraut reichen.

Gefüllter Gänsehals

Szyja gęsia nadziewana

1 Gänsehals, 100 g Kalbfleisch,
50 g Speck, Gänseleber,
1 Brötchen, etwa 1/8 l Milch,
1 bis 2 Eier,
50 g Champignons,
nach Belieben
Salz, Pfeffer,
Muskatnuß, Ingwer.

Von dem geputzten und gewaschenen Gänsehals vorsichtig die Haut abziehen, darunter befindliches Fett herauslösen und den Hals an einer Seite zunähen. Das Kalbfleisch, den Speck, die Gänseleber und das in Milch eingeweichte und ausgedrückte Brötchen durch den Wolf drehen. Die Masse mit Eigelb verrühren und gewaschene, gehäutete und zerkleinerte Champignons zugeben. Mit Salz, Pfeffer, Muskatnuß und Ingwer würzen. Zum Schluß Eischnee unterziehen. Mit dieser Fülle den Gänsehals nicht zu prall ausstopfen und das andere Ende ebenfalls verschließen. Den gefüllten Gänsehals in siedendes Salzwasser geben und etwa 50 Minuten zugedeckt kochen lassen. Vor dem Kochen den Gänsehals an mehreren Stellen anstechen. Den Gänsehals entweder heiß oder kalt servieren. Soll er kalt verwendet werden, den Hals zwischen zwei Schneidebrettchen legen, zusammenpressen und erkalten lassen. Danach in Scheiben schneiden.

Gebratene Gänseleber mit Äpfeln

Wątróbka gęsia smażona z jabłkami

400 g Gänseleber, 10 g Mehl, 80 g Gänsefett, 120 g Zwiebeln, 500 g Äpfel, Zucker, Majoran, 40 g Margarine, Salz, Pfeffer.

Die Gänseleber sorgfältig säubern, von Häutchen befreien, waschen, abtropfen lassen und mit Mehl bestreuen. Die Gänseleber in stark erhitztem Gänsefett kurz anbraten. Die geschälten, in Ringe geschnittenen Zwiebeln leicht anbräunen. Die geschälten und kleingeschnittenen Äpfel mit Zucker und Majoran in Margarine dünsten und danach zu der gut durchgebratenen Gänseleber geben, salzen und pfeffern. Mit Salzkartoffeln oder Kartoffelpüree servieren.

Schaschlyk „Varsaviensis"

Szaszłyk „Varsaviensis"

300 g Entenleber, getrocknete Salbeiblätter, Salz, Pfeffer, 150 g geräucherter Magerspeck, 80 g Margarine.

Die Leber waschen, abtrocknen, mit zerkleinerten Salbeiblättern, Salz und Pfeffer bestreuen. Abwechselnd Leberstücke und Speckscheiben auf Holzstäbchen oder Rouladennadeln spießen. Die Schaschlyks in der Margarine braten. Mit dem restlichen Bratfett begossen und mit Weizengrütze und Preiselbeerkonfitüre servieren.

WILDBRET

Gebratene Rebhühner, Wachteln oder Wildenten

Kuropatwy, przepiórki lub dzikie kaczki pieczone

4 Rebhühner,
Wachteln oder Wildenten,
Salz, 100 bis 150 g Speck,
60 g Fett, frische Petersilie.

Das Wildgeflügel waschen und mit Salz einreiben. Den Speck in dünne, breite Streifen schneiden, um das Geflügel wickeln und mit Zwirn festbinden. In einer Pfanne das Fett erhitzen, das Geflügel hineingeben und in der Bratröhre etwa 50 bis 60 Minuten braten. Während der Bratzeit häufig mit dem Bratsaft begießen. Den ausgedünsteten Saft mit Wasser auffüllen. Das gare Geflügel vom Zwirn befreien und halbieren, auf einer Platte mit Petersilie garniert anrichten. Das Fleisch mit Bratensaft begießen und mit pommes frites, Kopfsalat oder Rotkrautsalat servieren. Nach Belieben Preiselbeerkonfitüre oder Kompott dazu reichen.

Gedünstete Rebhühner in Rotkraut

Kuropatwy duszone w czerwonej kapuście

2 Rebhühner, Salz, einige gemahlene Wacholderbeeren, 60 bis 80 g Fett, 1 kg Rotkraut,
50 g Zwiebeln, 20 g Mehl, Essig, Zucker, Salz, 1 Glas Rotwein.

Die Rebhühner kurz waschen, mit einem Geschirrtuch gut abtrocknen und 2 bis 3 Stunden vor dem Dünsten innen und außen mit Salz und gemahlenem Wacholder einreiben. Einen Teil des Fettes in der Pfanne erhitzen und darin die Rebhühner anbräunen. Danach jedes Rebhuhn in 2 bis 4 Portionen teilen, mit Wasser begießen und langsam zugedeckt etwa 40 Minuten dünsten. Gegen Mitte der Garzeit das fein geschnittene Rotkraut, dünne Zwiebelringe und $^1/_8$ Liter Wasser zugeben, die Rebhühner auf das Rotkraut legen und weiter dünsten. Aus dem restlichen Fett und Mehl eine Mehlschwitze bereiten und damit das

Rotkraut binden. Mit Essig, Zucker und Salz abschmecken. Kurz vor dem Auftragen Rotwein zugeben. In der Kasserolle, in der die Rebhühner gegart wurden, servieren. Als Beilage Salzkartoffeln reichen.

Gedünstetes Wildschwein auf Jägerart

Dzik duszony po myśliwsku

Für den Braten:
700 bis 800 g Wildschwein (Schulter oder Schinken), Salz, 20 g Mehl, 60 g Fett, 100 g Zwiebeln, 1/3 Teel. Paprika, 50 g Tomatenmark, 1 Lorbeerblatt, einige Pfeffer- und Pimentkörner, Wacholderbeeren, 1/8 l Rotwein.
Für die Gemüsebeize:
50 g Möhren, 50 g Sellerie, 50 g Petersilienwurzel, 50 g Zwiebel, 1 Eßl. Speiseöl, 10 g Zucker, 1 Eßl. Essig, einige Pfeffer- und Pimentkörner, Wacholderbeeren, 1 Lorbeerblatt.

Das gewaschene und geputzte Wurzelwerk in dünne Scheiben schneiden, Öl, Zucker, Essig und die zerdrückten Gewürze zugeben und mit der Hand alles so lange kneten, bis die Gemüsewurzeln Saft lassen. Das vorbereitete Wildschwein damit einreiben, mit dem Gemüse bedecken und in eine entsprechend große Schüssel geben. Etwa 1 bis 2 Tage zugedeckt ins Kalte stellen, das Fleisch salzen und mit Mehl bestäuben. In siedendem Schweineschmalz oder Margarine von allen Seiten anbraten und in eine Kasserolle legen. Geschälte Zwiebelringe im restlichen Fett anschwitzen und dem Fleisch zufügen, Wasser dazugießen und alles zugedeckt etwa 2 1/2 Stunden schmoren. Den verdunsteten Bratensaft mit Wasser auffüllen. Gegen Ende der Schmorzeit Paprika, Tomatenmark, Lorbeerblatt, zerdrückte Pfeffer- und Pimentkörner sowie Wacholderbeeren zufügen, mit dem restlichen Mehl bestäuben, Rotwein zugießen und noch etwa 15 Minuten garen. Den Braten aus dem Saft herausnehmen, quer zur Faser in dünne Scheiben schneiden und anrichten. Den Bratensaft nach Belieben mit Mehl binden, aufkochen lassen, abseihen und über das Fleisch gießen. Dazu Salzkartoffeln und Frischkost servieren.

Gedünstetes Wildschwein mit Sahne

Dzik duszony ze śmietaną

700 bis 800 g Wildschwein ohne Knochen (Keule, Schulterblatt), 1 Eßl. Essig, Gemüsemarinade, Salz, 30 g Mehl, 50 g Fett, 1 Lorbeerblatt, einige Pfeffer- und Pimentkörner, Wacholderbeeren, $^1/_8$ l saure Sahne.

Das gewaschene, von den Sehnen befreite Fleisch mit Essig beträufeln und in die Gemüsemarinade legen (Rezept siehe „Hase auf Jägerart"). Danach das Fleisch aus der Marinade nehmen, salzen und mit wenig Mehl bestreuen. In einer großen Pfanne das Fleisch in zerlassenem Fett von allen Seiten stark anbraten und danach mit dem Bratfett in die Kasserolle geben. Das Gemüse aus der Marinade und $^1/_8$ Liter Wasser zugeben und zugedeckt langsam etwa $2^1/_2$ Stunden garen. Gegen Mitte der Garzeit die Gewürze hinzufügen. Wenn das Fleisch gar ist, die Soße mit dem restlichen Mehl bestäuben, aufkochen lassen und mit saurer Sahne verrühren. Das Fleisch quer zur Faser in dünne Scheiben schneiden und auf einer Platte anrichten, mit Soße begießen. Salzkartoffeln oder Makkaroni und gekochtes Gemüse dazu reichen.

Hase auf polnisch in saurer Sahne

Zając po polsku w śmietanie

Hasenrücken und -keulen, 80 g Speck, Salz, 50 g Fett, 20 bis 30 g Mehl, $^1/_8$ bis $^1/_4$ l saure Sahne, Karamel.

Für die Marinade:
100 g Zwiebeln, 1 Lorbeerblatt, einige Pfeffer- und Pimentkörner und Wacholderbeeren, $^1/_4$ l Essig.

$^1/_2$ Liter Wasser mit Zwiebelringen und den Gewürzen aufkochen, abkühlen lassen, mit Essig verrühren. Das Fleisch in ein Ton- oder Emaillegefäß legen und mit der Marinade begießen. 2 bis 4 Tage kaltstellen, das Fleisch jeden Tag wenden. Das aus der Marinade genommene Fleisch abspülen, von den Häutchen befreien, mit Speckstreifen spicken und salzen. Das Fett in der Bratpfanne erhitzen, das Fleisch hineingeben, mit Fett begießen, Wasser zugeben und in der

Bratröhre etwa 2 Stunden braten. Öfter mit dem Bratensaft begießen. Die ausgedünstete Soße mit Wasser auffüllen. Das Fleisch aus der Pfanne herausnehmen und portionieren, auf einer Platte anrichten und eine Weile in die nicht allzu heiße Bratröhre stellen. Den Bratensaft mit Mehl binden, aufkochen lassen, mit saurer Sahne verrühren und mit Karamel anbräunen. Nach Belieben mit Salz abschmecken. Das Fleisch mit Soße begießen. Mit Salzkartoffeln, Kartoffelpüree oder Makkaroni, mit Rote-Rüben-Gemüse, Preiselbeerkonfitüre, Meerrettich oder Rotkrautsalat servieren.

Gedünsteter Hase mit Pflaumen

Zając duszony ze śliwkami

Hasenrücken und -keulen,
Salz, 20 g Weizenmehl,
30 g Schweinefett,
200 g Wurzelwerk,
60 g Zwiebeln,
60 g getrocknete Pflaumen,
Pfeffer, 1 Glas herber Rotwein.

Das Fleisch waschen, abtrocknen, salzen, mit Mehl bestäuben und in erhitztem Fett zusammen mit dem gewaschenen und zerkleinerten Wurzelwerk und den Zwiebeln anbräunen. Wasser zugießen, die abgespülten eingeweichten Pflaumen und Pfeffer hinzufügen. Alles zugedeckt dünsten. Gegen Ende der Garzeit den Wein zugeben. Das gare Fleisch aus dem Bratensaft nehmen, leicht abkühlen lassen und portionieren. Die Soße durch das Sieb streichen, abschmecken, die Portionsstücke hineinlegen und alles erhitzen. Mit Salzkartoffeln oder Kartoffelpüree, mit Rote-Rüben-Gemüse oder Preiselbeeren servieren.

Hase auf Jägerart

Zając po myśliwsku

700 g Hasenrücken,
40 g Speck,
Paprika, 40 g Schweinefett,
Wacholderbeeren,
40 g Semmelbrösel,
1 Glas herber Rotwein,
Salz, Pfeffer.
Für den Knochensud:
500 g Knochen vom Wildbret,
200 g Wurzelwerk, Salz,

1 Lorbeerblatt, Pimentkörner.
Für die Gemüsemarinade:
150 g Wurzelwerk,
1 Eßl. Speiseöl,
einige Pimentkörner,
1 Lorbeerblatt, Zucker,
50 g Zwiebeln, Salz.

Aus den Knochen und den restlichen Zutaten in $1^1/_2$ Liter Wasser einen Knochensud kochen, abkühlen, kalt stellen. Die Gemüsemarinade vorbereiten. Das Wurzelwerk zerkleinern, mit Öl, Gewürzen, Zucker, zerkleinerten Zwiebeln und Salz vermengen. Die Marinade über das Fleisch verteilen und alles 1 bis 2 Tage kalt stellen (+ 7°C). Den Speck in dicke Stäbchen schneiden und mit Paprikapulver bestäuben. Das Fleisch aus dem Gemüse nehmen, spicken und in etwas erhitztem Fett anbraten. Die Wacholderbeeren hinzufügen, das restliche zerlassene Fett und wenig Wasser dazugeben. Die Pfanne schließen und alles garen. Die Semmelbrösel mit dem Knochensud aufkochen, durch ein Sieb streichen, den Wein zugeben und alles über das halbgare Fleisch gießen, Salz und Pfeffer hinzufügen und alles zugedeckt weitergaren. Das gare Fleisch herausnehmen, portionieren, in die Soße geben und erhitzen. Mit Salzkartoffeln oder Kartoffelpüree, mit Rotkraut oder Rote-Rüben-Gemüse servieren.

Rehrücken oder Rehbraten mit saurer Sahne

Sarni comber ze śmietaną

700 bis 800 g Fleisch
(Schulterblatt, Keule oder
Rehrücken mit Knochen),
Marinade,
60 g Speck, Salz, 30 g Mehl,
40 g Fett,
$^1/_8$ l saure Sahne.

Das gewaschene Fleisch in eine entsprechend große Tonschüssel legen, mit kalter Marinade (siehe Rezept „Hase auf polnisch in saurer Sahne") begießen und zugedeckt 3 bis 5 Tage kaltstellen. Jeden Tag wenden. Das gebeizte Fleisch herausnehmen, abtropfen lassen, häuten, mit Speckstreifen spicken, salzen und mit wenig Mehl bestäuben. Das Fleisch in erhitztem Fett auf starker Flamme von allen Seiten anbräunen. Einige Eßlöffel Wasser zugießen. Zwiebel und Gewürze aus der Beize zugeben und zugedeckt langsam etwa $2^1/_2$ Stunden gardünsten. Den garen Braten herausnehmen, quer zur Faser in dünne Scheiben schneiden und auf einer Platte anrichten. Die restliche Soße mit dem restlichen Mehl binden, aufkochen lassen, mit saurer Sahne verrühren und salzen. Die Soße nach Belieben mit Karamel anbräunen. Die Soße durch ein Sieb streichen. Das Fleisch auf einer Platte anrichten, mit Soße begießen und mit Salzkartoffeln, Rote-Rüben-Gemüse oder Rotkrautsalat servieren.

Hirschfilets

Kotlety z jelenia

700 bis 800 g Hirschlende,
1 Eßl. Essig, Salz, Pfeffer,
20 g Mehl, 60 g Fett.
Für die Beize:
50 g Möhren, 50 g Sellerie,
50 g Petersilienwurzel,
50 g Zwiebeln, 1 Eßl. Speiseöl,
10 g Zucker, einige Piment- und Pfefferkörner
und Wacholderbeeren,
1 Lorbeerblatt.

Die Hirschlende abspülen, häuten, mit Essig beträufeln. Das Wurzelwerk waschen, putzen, abspülen und in dünne Scheiben schneiden, Öl zugeben, Zucker und zerdrückte Gewürze hinzufügen und alles so lange mit der Hand kneten, bis das Gemüse Saft läßt. Das Fleisch damit einreiben und in eine entsprechend große Schüssel legen, mit dem zerkleinerten Gemüse bedecken, 1 bis 2 Tage zugedeckt ins Kalte stellen. Danach die Zutaten und das Wurzelwerk von der Hirschlende entfernen, das Fleisch quer zur Faser in Scheiben schneiden. Jede Scheibe leicht klopfen und ovale, etwa $1^1/_2$ cm dicke Filets formen, mit Salz, Pfeffer und Mehl bestreuen. Die Filets in zerlassenem Fett auf schwacher Flamme goldbraun anbraten, sie müssen innen rosa bleiben. Gegen Ende der Bratzeit 1 bis 2 Eßlöffel Wasser zugeben und die Soße aufkochen lassen. Die Filets auf einer Platte anrichten und mit Soße begießen. Mit Salzkartoffeln oder pommes frites und Rosenkohl, Spargelbohnen, Blumenkohl oder Preiselbeeren und Meerrettich servieren.

FISCHE UND KREBSE

In einer slawischen Siedlung, die polnische Archäologen während Ausgrabungsarbeiten entdeckt hatten, fand man Gräten von einem Riesenwels. Auf Grund dieser Gräten konnte man berechnen, daß der Wels etwa 50 Kilogramm gewogen haben muß. Also es war wirklich ein großes Tier. Später begegnete man solchen Riesen immer seltener, doch Fische verschiedenster Art und Größe fanden auf dem polnischen Tisch immer ihren Platz. Das im Jahre 1682 herausgegebene polnische Kochbuch, „Compendium ferculorum" von Stanisław Czerniecki, enthält schon 100 Rezepte für Fischgerichte.

Einige Fischrezepte kann man bereits als klassisch bezeichnen, dazu gehören gekochter Fisch mit zerlassener Butter und zerkleinertem hartgekochtem Ei überstreut; Fisch in polnischer Soße mit Rosinen und Mandeln oder in Meerrettichsoße, auch in Dillsoße; Fisch in Rotkohl gedünstet oder in Sahne. Sehr populär sind in Polen – ähnlich wie in anderen Ländern – gebratener und gebackener Fisch. Als Beilage dazu werden vorwiegend Salzkartoffeln oder pommes frites und Frischkostsalate gereicht.

Großer Beliebtheit erfreuen sich in Polen kalte Fischspeisen, elegante Gelees und Gelatinen. Davon und vom edlen Hering ist im Kapitel „Vorspeisen" die Rede. Wir haben auch zwei Rezepte für Krebse aufgenommen, falls jemand das Glück haben sollte, solche zu fangen.

Gebratener Fisch

Ryba pieczona

800 bis 1000 g Fisch (Karpfen, Dorsch, Hecht, Zander) oder 600 g Filet, Salz, 60 g Fett, 100 g Meerrettich, 2 hartgekochte Eier, Petersilie.

Die ausgenommenen, geschuppten, vom Kopf befreiten Fische sorgfältig waschen, salzen und in eine ausgefettete Pfanne geben, mit zerlassenem Fett begießen und in der vorgeheizten Bratröhre langsam 30 bis 40 Minuten braten. Mit 2 bis 3 Eßlöffel Wasser beträufeln. Wenn das Wasser verdampft, wieder auffüllen. Öfter mit Bratensaft begießen, damit der Fisch saftig bleibt. Den Meerrettich putzen, waschen und fein reiben. Den garen Fisch auf einer Platte mit feingehackten Eiern und geriebenem Meerrettich anrichten, mit Petersilie garnieren. Mit Salzkartoffeln und Gemüsefrischkost servieren. Der Fisch kann nach Belieben auch gegrillt werden.

Gebratener Fisch in Wein und saurer Sahne

Ryba pieczona z winem i śmietaną

Zubereiten wie im vorigen Rezept. Während der Bratzeit den Fisch mit $^1/_8$ Liter Wein und Wasser und dann mit dem entstandenen Bratensaft beträufeln. Den garen Fisch mit $^1/_8$ Liter saurer Sahne begießen und weitere 5 Minuten in der Bratröhre garen. In derselben Pfanne servieren, in der der Fisch gebraten wurde. Dazu Salzkartoffeln und Gemüsefrischkost servieren.

Gebackener Fisch in Meerrettichsoße

Ryba zapiekana w sosie chrzanowym

800 g Dorschfilets oder 1 kg anderer Fisch, Salz, Essig, 40 g Fett, Petersilie.

Für die Meerrettichsoße: 80 bis 100 g Meerrettich (1 dicke Wurzel),

40 g Butter oder Margarine,
30 g Mehl, $^1/_4$ l Sud,
$^1/_8$ l saure Sahne,
Salz, Zucker, Essig.

Die Dorschfilets salzen, mit Essig beträufeln und in eine gefettete feuerfeste Bratpfanne geben. Den Fisch mit zerlassenem Fett begießen und 15 Minuten in der stark vorgeheizten Bratröhre garen, dabei öfter mit dem Bratensaft begießen. Die verdampfte Soße mit Wasser auffüllen. Eine Meerrettichsoße zubereiten, über den Fisch gießen und alles 10 bis 15 Minuten in der Bratröhre überbacken. In der Bratpfanne mit Petersilie garniert auftragen. Kartoffeln dazu reichen.

Fisch auf Toruń-Art

Ryba po toruńsku

800 g Dorsch-
oder Karpfenfilets,
50 g Möhren, 50 g Zwiebeln,
50 g Butter,
$^1/_8$ l dunkles Bier, Pfeffer,
Zucker, Salz,
40 g Pfefferkuchen, Nelken,
Zitronensaft.

Die Filets waschen und portionieren. Die Möhren putzen, abspülen und in Scheiben schneiden. Die Zwiebeln schälen und in Ringe schneiden. Möhren und Zwiebeln in Butter anbräunen, das Bier zugießen, den Pfeffer zugeben und alles kurz dünsten. Die Filets darauflegen und etwa 10 Minuten weiterdünsten. Die garen Filets aus der Pfanne nehmen, zu den Möhren und Zwiebeln 4 Eßlöffel Wasser und geriebenen Pfefferkuchen geben, durchkochen lassen und durch ein Sieb streichen. Mit Salz, Zucker, Pfeffer, gemahlenen Nelken und Zitronensaft abschmecken. Die Fischportionen in die Soße geben und kurz dünsten. Mit Salzkartoffeln oder gelegten Nudeln, körnig gekochtem Reis und Kopfsalat oder Obstfrischkost servieren.

Zander vom Rost

Sandacz z rusztu

800 bis 1000 g Zander, Salz,
30 bis 40 g Butter,
20 g Speiseöl,
1 Teel. gewiegte Petersilie.

Die Zander säubern, ausnehmen, waschen und mit der Haut filetieren. Die Filets portionieren, salzen und 1 Stunde stehen lassen. Die Fischstücke abtrocknen, mit 20 g zerlassener Butter bestreichen, auf den geölten Rost legen und etwa 10 Minuten je nach Dicke der Scheiben auf beiden Seiten grillen. Die gebräunten Fischstücke mit einer Gabel oder einem Holzstäbchen anstecken. Wenn ein milchiger Saft herauskommt, vom Rost nehmen und auf einer Platte mit Butter und gewiegter Petersilie anrichten. Dazu Salzkartoffeln oder pommes frites und Kopfsalat oder Frischkost servieren.

Zander à la Radziwiłł

Sandacz à la Radziwiłł

1 kg Zander, Salz,
$^1/_4$ l Weißwein, 50 g Butter,
200 g trockene Semmel
oder Weißbrot.
Für die Soße:
100 g Wurzelwerk, Salz,
50 g Champignons, 30 g Trüffeln,
50 g Rückenmark vom Kalb
oder 50 g Kalbshirn,
$^1/_8$ l Weißwein, 20 g Butter,
10 g Mehl, $^1/_4$ Teel. Speisewürze,
4 Eigelb,
einige Krebshälse, Fischbuletten.
Für die Fischbuletten:
100 g gekochter Fisch, Salz,
Pfeffer, Muskat, 20 g Butter,
2 Eier, 20 g Semmelbrösel,
gewiegte Petersilie, 20 g Mehl.

Die Zander ausnehmen, putzen, waschen, filetieren, entgräten, ohne die Haut zu entfernen, salzen. Die Filets in viereckige Stücke schneiden, in eine Kasserolle legen, mit einem Glas Weißwein und 30 g zerlassener Butter begießen, mit angefettetem Pergamentpapier bedecken und stehenlassen. Für die Soße das Wurzelwerk putzen, waschen, zerkleinern, mit wenig Wasser übergießen, damit nicht mehr als $^1/_2$ Liter Sud entsteht. Kopf, Gräten und andere eßbare Zanderabfälle zugeben, salzen und auf kleiner Flamme garen. Die Semmel oder das Weißbrot in gleich große Scheiben wie die Fischscheiben schneiden, in 20 g heißer Butter von beiden Seiten anbräunen und warmhalten. Für die Fischbuletten gekochtes Fischfleisch aus dem Sud oder von anderem gekochten Fisch entgräten, fein wiegen, salzen, pfeffern, Muskatnuß zugeben und mit 20 g Butter und 2 Eigelb zu einer lockeren Masse kneten. Zum

Schluß steif geschlagenes Eiweiß, Semmelbrösel und gewiegte Petersilie zugeben und alles leicht verrühren. Aus dieser Masse kleine Buletten formen, in Mehl wälzen und kurz in siedendem Wasser garen, vorsichtig mit einem Sieblöffel herausnehmen und sofort servieren. Die Bulettchen erst kurz vor dem Essen zubereiten. Die Kasserolle mit den Zanderstückchen auf kleiner Flamme stehen lassen und 10 Minuten nachdünsten. Darauf achten, daß der Fisch nicht zerfällt. Den Fisch- und Wurzelwerksud abseihen, die in Streifen geschnittenen Champignons und Trüffeln und das zerkleinerte Rückenmark oder Kalbshirn zugeben, 1/2 Glas Weißwein zugießen und alles noch eine Weile dünsten. Von der Butter und dem Mehl eine helle Schwitze bereiten und die Soße damit binden, mit Speisewürze abschmecken und mit 4 Eigelb abziehen. Die Krebshälse und die Fischbuletten in die Soße geben. Die Zanderscheiben auf die vorbereiteten Toasts legen, auf einer Platte anrichten, mit der Soße begießen und sofort auftragen.

Polnischer Karpfen (in polnischer Soße)

Karp po polsku (w szarym sosie)

1 kg lebender Karpfen (Schleie, Brasse),
1/2 Eßl. Essig.
Für die Soße:
30 bis 40 g Butter, 30 g Mehl,
1/8 l Rotwein, Fischblut,
40 bis 50 g Pfefferkuchen,
Salz, Karamel, Zitronensaft oder Zitronensäure, Zucker.
25 g Rosinen, 25 g Mandeln.
Für den Sud:
200 g Wurzelwerk,
30 g Zwiebeln,
1 bis 2 Lorbeerblätter,
je 5 Piment- und Pfefferkörner, Salz.

Den Fisch schlachten, das Blut in ein Gefäß abgießen, 1/2 Löffel Essig zugeben. Den Fisch schuppen, ausnehmen, waschen. Aus dem Wurzelwerk und den Gewürzen in 2 Liter Wasser Sud kochen. Den Fisch auf einem Sieb in den heißen Sud hängen und langsam etwa 40 Minuten garen. Das Sieb mit dem garen Fisch herausnehmen. Den Fisch auf eine Platte geben, mit Sud beträufeln, damit er nicht austrocknet und warmhalten. Den Sud bis zu 3/4 Liter verkochen lassen. Aus zerlassener Butter und Mehl eine braune Mehlschwitze bereiten, mit dem Wein anrühren, in den Sud geben, das Fischblut zugeben und alles aufkochen lassen. Den Pfefferkuchen reiben und mit 1/4 Liter Sud durchkochen, durch ein Sieb streichen und mit der Soße verrühren. Salz und Karamel zugeben und anschließend dann alles mit Zitronensaft oder mit einem Schuß Essig und Zucker abschmecken und aufkochen lassen. Die gewaschenen Rosinen und die geschälten, überbrühten, in dünne Stifte geschnittenen Mandeln hinzufügen. Den Fisch in der Bratröhre erwärmen und mit der heißen Soße übergießen. Mit Salzkartoffeln oder Weizengrütze servieren. Auf ähnliche Weise werden Schleie und Brasse zubereitet. Um das Ausnehmen und Säubern zu erleichtern, die Schleie nach dem Schlachten mit kochendem Wasser überbrühen. Fisch in polnischer Soße kann auch aus Fischschnitten zubereitet werden. Fischblut und Pfefferkuchen können nach Belieben weggelassen werden.

Gekochter Karpfen auf polnische Art

Karp po polsku z wody

1 kg Karpfen
(Hecht, Zander, Brasse),
40 g Butter, 2 hartgekochte Eier,
1 Eßl. gewiegte Petersilie,
1 Zitrone.

Für den Sud:
200 g Wurzelwerk,
30 g Zwiebeln,
1 bis 2 Lorbeerblätter,
4 bis 5 Pimentkörner, Salz.

Den vorbereiteten Fisch waschen. Aus 2 Liter Wasser, dem geputzten Wurzelwerk und den Gewürzen einen Sud kochen, abseihen und salzen. Den Fisch hineingeben und langsam etwa 40 Minuten garen. Den Fisch vorsichtig aus dem Sud nehmen, auf eine Platte gleiten lassen und mit einer Soße aus zerlassener Butter und darin angebräunten feingehackten Eiern übergießen. Den Fisch mit ausgehöhlten, mit Butter bestrichenen und mit gewiegter Petersilie bestreuten Kartoffeln, geriebenem Meerrettich und Zitronenvierteln anrichten. Nach Belieben kann man auch mit Salzkartoffeln und Cornichon-, Meerrettich-, Tomaten- oder Pilzsoße servieren. Zander mit Kartoffeln, zerlassener Butter, fein geschnittenem Ei, geriebenem Meerrettich oder Champignonsoße auftragen.

Gibt man ins Kochwasser einige Eßlöffel Essig, bekommt der Karpfen eine bläuliche Farbe, deshalb wird er auch „Karpfen blau" genannt. Hecht und Zander werden auf die gleiche Weise gekocht. Beim Zander vor dem Putzen die Rückenflosse entfernen, den Hecht nicht mit dem Reibeisen schuppen, sondern rasieren.

Karpfen in Bier gedünstet

Karp duszony w piwie

800 bis 1000 g Karpfen,
Salz, Pfeffer, 4 bis 5 Nelken,
2 Eßl. Essig, 40 g Butter,
80 g Zwiebeln,
1/8 l helles Bier,
40 bis 50 g Rosinen,
1/2 Eßl. geriebene
Zitronenschale.

Den Karpfen putzen und waschen, in 2 bis 3 cm breite Stücke schneiden, salzen, pfeffern, mit geriebenen Nelken bestreuen und mit Essig beträufeln. Die Butter erhitzen, Zwiebelwürfel zugeben und anschwitzen, das Bier zugießen, erhitzen, den Fisch in die Soße legen und zugedeckt etwa 30 Minuten langsam dünsten. Den garen Fisch herausnehmen. Die gewaschenen Rosinen und geriebene Zitronenschale in die Soße geben. Alles aufkochen lassen. Den Fisch auf einer Platte anrichten und mit der Soße begießen.

Hecht mit Safran

Szczupak z szafranem

1 großer Hecht, Salz,
1 Glas Weißwein,
1 Glas geringprozentigen
Weinessig, 100 g Rosinen,
100 g Wurzelwerk, 1 Zitrone,
250 g Butter oder 1/4 l Öl,
100 g Zucker, 50 g Mehl,
Pulversafran zum Anfärben.

Den vorbereiteten Hecht in große Stücke schneiden, mit Salz einreiben und 1 Stunde liegen lassen. In eine Kasserolle Wein und Essig gießen, Rosinen, fein geschnittenes Wurzelwerk sowie geschälte Zitronenscheiben hinzufügen. Die Fischstücke dazulegen und garen. In einer kleinen Kasserolle Butter, Zucker, Mehl und Safran andünsten, Fischsud dazugeben und alles aufkochen lassen, bevor die Soße dick wird. Die Soße über die Fischstücke gießen. Mit Salzkartoffeln servieren.

Dorsch- oder Hechtroulade

Rolada z dorsza lub szczupaka

700 g Dorsch oder
800 g anderer Fisch ohne Kopf.
Für den Sud:
200 g Wurzelwerk,
30 g Zwiebel, Fischreste,
1 bis 2 Lorbeerblätter,
4 bis 5 Pimentkörner, Salz.

Für die Fischmasse:
1 Brötchen, 1/8 l Milch,
60 g Zwiebeln, 20 g Fett,
Fischfleisch, 1 Ei, Salz,
Pfeffer, 20 g Grieß, 20 g Butter.
Für die Gemüsesoße:
150 g Wurzelwerk, 40 g Butter,
30 g Mehl, Salz, Pfeffer.

Den vorbereiteten und gehäuteten Dorsch filetieren. Das geputzte und gewaschene Wurzelwerk, die Fischhaut und das Rückgrat, sowie die Gewürze mit Salzwasser übergießen und einen Sud kochen, dann abseihen. Für die Fischmasse das Brötchen in Milch einweichen, ausdrücken. Die geschälte und zerkleinerte Zwiebel in 20 g Fett dünsten. Das Fischfleisch mit dem Brötchen und der Zwiebel zweimal durch den Wolf drehen. Ei, Salz, Pfeffer, Grieß und 3 bis 4 Eßlöffel Milch oder Wasser zugeben. Alles gut zu einer lockeren Masse verrühren. Ein entsprechend großes Leinentuch oder dickes Pergamentpapier anfeuchten, mit Butter bestreichen und darauf die zu einer Rolle geformte Fischmasse legen. Das Tuch fest zusammenrollen und zusammenbinden. Den abgeseihten Sud in eine tiefe Pfanne gießen und den Fisch auf einem Einsatz darin etwa 1 Stunde langsam garen. Für die Gemüsesoße das geputzte und gewaschene Wurzelwerk in Streifen schneiden, mit wenig siedendem Wasser übergießen und garen. Aus Butter und Mehl eine goldbraune Mehlschwitze bereiten, mit kaltem Fischsud verrühren und aufkochen lassen. Das gare Gemüse aus dem Sud und das in Streifen geschnittene Wurzelwerk ebenfalls in die Soße geben. Salzen, pfeffern und nach Belieben einige Löffel saure Sahne hinzufügen. Die gare Roulade vom Tuch befreien, in schräge, 1 cm dicke Scheiben schneiden, auf einer Platte anrichten und mit der Gemüsesoße begießen. Die Roulade nach Belieben ohne Gemüsesoße kalt oder heiß mit Salzkartoffeln und Meerrettichsoße servieren. Tomaten-, Dill-, Pilz- oder Senfsoße sowie scharfer Rote-Rüben-Salat und Salzgurken passen ebenfalls gut zu diesem Gericht.

Hecht oder Dorsch in Teig gebraten

Szczupak lub dorsz smażony w cieście

700 g Hecht
oder anderer Fisch,
Salz, 60 g Bratfett,
Petersilie.

Für den Teig:
2 Eier, 100 g Mehl,
$^1/_8$ l saure Sahne, Salz,
eine Prise Backpulver.

Den Fisch waschen, abtropfen lassen, filetieren, häuten, entgräten und in 2 cm dicke Scheiben schneiden. Für den Teig die ganzen Eier zu einer lockeren Masse schlagen, nach und nach Mehl und Sahne zugeben. Zum Schluß Salz und Backpulver zufügen. Alles gut verrühren. Den Fisch salzen und mit der Gabel kurz in den Teig tauchen. In stark erhitztem Fett von beiden Seiten hellbraun braten, danach 10 bis 15 Minuten in der Bratröhre weitergaren. Die Fischportionen auf einer langen Platte mit Petersilie garniert anrichten. Dazu Cornichon-, Tomaten- oder Meerrettichsoße servieren.

Brasse auf Warmia-Art

Leszcz po warmińsku

800 g Brasse,
Salz, Pfeffer,
10 g Mehl, 60 g Butter,
80 g Zwiebeln,
Zitronensaft, Zucker.

Für den Sud:
eßbare Fischabfälle,
200 g Wurzelwerk ohne Wirsing,
60 g Zwiebeln, 1 Lorbeerblatt,
Piment- und Pfefferkörner, Salz.

Den Fisch putzen, waschen, filetieren, mit dem Leinentuch abtrocknen. Für den Sud die eßbaren Fischabfälle, das geputzte und gewaschene Wurzelwerk mit den Gewürzen in $^1/_2$ Liter kaltem Wasser zum Kochen aufsetzen und auf kleiner Flamme garen, bis das Wurzelwerk weich ist. Den Fisch portionieren, salzen, pfeffern, mit Mehl bestäuben und in Butter anbräunen. Zwiebelringe in Fett erhitzen, mit 4 Eßlöffel abgeseihten Sud übergießen und dünsten. Den Fisch in den Sud geben, mit Zitronensaft, Salz und Zucker abschmecken, etwa 10 Minuten weiterdünsten. Mit Kartoffeln und gedünstetem Sauerkraut mit Pilzen servieren.

Gebratene Brasse auf Fischerart

Leszcz smażony po rybacku

1 kg Brasse, Salz, Pfeffer,
10 g Mehl, 40 g Schweineschmalz,
20 g Butter.

Den Fisch putzen, waschen, abtropfen lassen, filetieren. Die Haut auf dem Rücken in 5 cm Abständen nicht allzu tief einschneiden, um die vielen kleinen Gräten durchzuschneiden. Dadurch sind nach starkem Braten die dünneren Gräten nicht zu spüren. Die Filets portionieren, salzen, pfeffern, mit Mehl bestreuen und in Fett anbräunen. Gegen Ende der Bratzeit Butter zugeben. Mit Zitronenscheiben und Petersilie garnieren. Mit Salzkartoffeln und Gemüsefrischkost servieren.

Gekochte Forelle

Pstrąg gotowany (z wody)

200 g Wurzelwerk, 1 Zwiebel,
1 bis 2 Lorbeerblätter,
4 bis 5 Pimentkörner, Salz,
1 kg Forellen,
30 bis 40 g Butter,
2 hartgekochte Eier, 1 Zitrone,
1 Eßl. gewiegte Petersilie.

Das geputzte und gewaschene Wurzelwerk, die Zwiebel, Lorbeerblätter und Pimentkörner in 2 Liter Salzwasser kochen. Wenn das Gemüse weich ist, abseihen und den Sud in die Fischpfanne gießen. Die geputzten Forellen auf dem Dämpfeinsatz anordnen, den Einsatz in den kochenden Gemüsesud stellen und auf kleiner Flamme etwa 15 Minuten langsam kochen lassen. Die garen Forellen auf einer Platte anrichten, mit einer Soße aus zerlassener Butter und darin angebräunten feingehackten Eiern übergießen und mit Petersilie und Zitronenscheiben garnieren.

Gedünstete Karauschen in Sahne

Karasie duszone w śmietanie

1 kg Karauschen, Salz,
30 g Mehl, 40 g Fett,
1 bis 2 Suppenwürfel,
1/8 l saure Sahne, gewiegter Dill.

Die Karauschen putzen, waschen, salzen, mit Mehl bestäuben und in stark erhitztem Fett von beiden Seiten anbraten. Den zerdrückten Suppenwürfel dazugeben, mit $^1/_4$ l Wasser übergießen und etwa 20 Minuten langsam dünsten. Gegen Ende der Garzeit die saure Sahne zugeben, salzen und alles erhitzen. In einer Schüssel mit gewiegtem Dill bestreut anrichten. Nach Belieben den Fisch nach dem Braten ungedünstet mit der Sahne und dem aufgelösten Suppenwürfel übergießen, mit geriebenem Hartkäse bestreuen und überbacken.

Schleie in Rotkraut

Lin duszony w kapuście czerwonej

1 mittelgroße Schleie (600 g),
600 g Rotkraut, Salz,
20 g Zwiebeln,
1 Eßl. Essig,
1 Glas herber Rotwein,
30 g Butter.

Die Schleie schuppen (wenn die Schuppen sich nicht sofort entfernen lassen, den Fisch kurz in siedendes Wasser tauchen), ausnehmen, spülen, in Schnitten schneiden. Das Kraut schneiden, salzen, ausdrükken, in eine Kasserolle geben, die geschälte und gehobelte Zwiebel dazugeben. Essig und Wein zugießen. Die Butter zugeben und alles vordünsten. Bevor das Kraut gar wird, die Fischschnitten zufügen, Wasser zugießen und auf kleiner Flamme (Schleie nicht länger als 20 Minuten) gardünsten. Mit Salzkartoffeln servieren.

„Flecke" aus Schleie

Flaczki z lina

150 g Wurzelwerk, 800 g Fisch,
40 g Fett, Salz, 20 g Mehl,
$^1/_8$ l saure Sahne, Muskatnuß,
Majoran, Paprika, Pfeffer,
Basilikum,
1 Eßl. gewiegte Petersilie.

Das gewaschene, geschnittene und fein gehobelte Wurzelwerk in wenig Wasser 10 Minuten halbweich kochen. Die Schleie ausnehmen, putzen, filetieren. Aus Kopf und Gräten einen Sud kochen. Die Filets in 1 $^1/_2$ cm breite Streifen schneiden und in siedendem Fett schnell anbraten. Das Wurzelwerk mit dem Fisch vermengen, 3 bis 4 Eßlöffel Sud dazugießen, salzen und auf kleiner Flamme etwa 20 Minuten weiterkochen. Die Flecke mit in $^1/_8$ Liter kalten Sud angerührtem Mehl binden. Saure Sahne zugeben, mit Muskatnuß, Majoran, Paprika und Pfeffer abschmecken, Basilikum und gewiegte Petersilie hinzufügen.

Bigos aus Fisch
Bigos z ryby

600 g Fisch (Karpfen, Dorsch),
Salz, 100 g frische
oder 10 g getrocknete Pilze,
600 g Weißkraut,
60 g Zwiebeln, Pfeffer,
30 g Mehl, 50 g Fett, 30 g Speck,
100 g Äpfel, 30 g Tomatenmark,
Zucker, Essig.

Den vorbereiteten Fisch filetieren, häuten, in $^1/_2$ cm breite Streifen schneiden und salzen. Aus Rückgrat und Gräten in $^1/_2$ Liter Wasser einen Sud kochen. Die getrockneten Pilze waschen, kochen, abseihen und in Streifen schneiden. Das Weißkraut von welken Außenblättern befreien, waschen und fein hobeln, mit $^1/_4$ Liter Fischsud übergießen, die Pilze mit dem Sud und Zwiebelringen zugeben und alles 20 Minuten kochen lassen. Den Fisch pfeffern, mit Mehl bestäuben, in Fett von beiden Seiten anbraten und auf das Weißkraut geben, alles zusammen noch 15 Minuten dünsten. Aus Mehl und Speck eine Mehlschwitze bereiten und zum Kraut geben. Die geschälten, fein geriebenen Äpfel und das Tomatenmark ebenfalls dazugeben. Alles aufkochen lassen. Mit Salz, Zucker, Pfeffer und Essig abschmecken. Mit Salzkartoffeln servieren.

KREBSE

Krebsragout
Potrawka z raków

25 bis 30 Krebse, Salz,
je 1 Bund Dill und Petersilie,
40 g Fett,
30 g Reis oder Weizengrütze.
Für die Krebsbutter:
60 bis 80 g Butter oder Margarine.

Fülle für die Krebsschalen:
30 g Butter oder Margarine,
2 Eier, 1 Eßl. gewiegter Dill,
Fleisch aus den Krebsscheren,
100 g Semmelbrösel, Salz,
1/8 l Sahne, 30 bis 40 g Mehl.

Die Krebse unter fließendem Wasser abbürsten, in gesalzenes siedendes Wasser geben, Dill und Petersilie dazugeben und in einem hohen Topf zugedeckt etwa 15 Minuten kochen. Die Krebse mit dem Schaumlöffel aus dem Sud nehmen, abkühlen lassen, das Fleisch aus Hinterleib, Hals und Scheren herausnehmen, in ein gesondertes Gefäß legen und mit einigen Eßlöffeln Sud übergießen. Von den Hälsen das schwarze Häutchen entfernen, die Schalen von den Innereien abtrennen und zum Füllen aufheben. Die Blase, die sich rund um den Krebskopf befindet, und die Augen entfernen. Die Scherenschalen und alle anderen roten Teile trocknen und entweder im Mörser zerkleinern oder zermahlen. In 60 g erhitzte Butter geben, mit ein wenig Sud übergießen und so lange kochen, bis sich auf der Oberfläche der Masse rotes Fett zu bilden beginnt, das sogenannte Krebsfett oder die Krebsbutter. Dieses Fett abschöpfen und in ein Gefäß geben. Den Reis körnig kochen. Die Fülle für die Krebsschalen vorbereiten. Dafür 30 g Butter mit Eigelb verrühren, das gewiegte Fleisch von den Krebsscheren und Dill zugeben, mit Semmelbröseln und geschlagenem Eiweiß vermischen und salzen. Mit dieser Fülle die Krebsschalen füllen, mit dem Messer glätten und im Krebssud durchkochen, abseihen, in eine Kasserolle legen und zudekken. Für die Soße 1/4 Liter kalten Scherenschalensud mit Mehl andicken, mit der Sahne und der Krebsbutter vermengen, gewiegten Dill und Petersilie zugeben und salzen. Den Reis ringförmig anrichten, in die Mitte die Soße gießen, die Krebsschalen und Krebshälse daraufgeben.

Krebse naturell

Raki z wody

25 bis 30 Krebse,
je 1 Bund Dill und Petersilie,
1/2 Eßl. Kümmel, Salz.

Die Krebse abbürsten, in gesalzenes siedendes Wasser geben, Dill, Petersilie und Kümmel dazugeben. Zugedeckt etwa 15 Minuten kochen. Auf einer Platte mit Dill garniert anrichten. Mit Weißbrot und Butter servieren.

GEMÜSEGERICHTE UND FRISCHKOST

Im Lexikon „Larousse gastronomique" finden wir unter dem Schlagwort „à la polonaise" folgende Erläuterung: „Zubereitungsart mancher Nährmittel". Diese Art wird in anderen Kochbüchern auch als „polonaise topping" bezeichnet. Gemeint ist, daß manche Speisen mit zerlassener Butter und angebräunten Semmelbröseln begossen werden: Spargel, Blumen- und Rosenkohl, auch Bohnen. Gemüse wird in Polen jedoch nicht nur in dieser Form gegessen. Beliebt ist in unserem Lande gedünstetes, überbackenes, gebratenes und rohes, aber auch saures Gemüse. Undenkbar ist ein polnischer Speisezettel ohne Sauerkraut oder Salzgurken, ohne diesen spezifischen erfrischenden Geschmack. Über die Eigenart jeder nationalen Küche entscheiden jedoch nicht nur die Produkte allein, nicht nur die Zubereitungsart, sondern auch die Zusammenstellung der Speisen und Gerichte. So ist es auch mit der polnischen Küche. Der Kohl und saure Gurken vertragen sich beispielsweise sehr gut mit Schweinefleisch, gekochte Möhren und grüne Erbsen bilden mit Kalbfleisch eine harmonische Einheit, gedünstete rote Rüben sind vom Rinderbraten schlecht zu trennen, auch vom Hammelbraten und Hasenrücken in saurer Sahne, während der Gurkensalat zum gebratenen Hähnchen vortrefflich schmeckt. Nur der grüne Kopfsalat hat keinen festen Platz zugewiesen bekommen und tritt in ganz verschiedenen Zusammenstellungen auf.

Das Gemüse kann auch ein selbständiges Gericht sein, insbesondere dann, wenn es, wie zum Beispiel das Weißkraut, eine schmackhafte

Fülle erhält und sich in Kohlrouladen verwandelt oder zu einer überbakkenen Speise wird. Oft übernimmt das Gemüse die Rolle von Zutaten und Gewürzen, und zwar recht wichtigen. Zwiebel, Knoblauch, Meerrettich – das sind in gewisser Beziehung „Hauptpfeiler" der Küche. Insbesondere der Zwiebel begegnen wir immer wieder bei den Vorspeisen, Suppen, Fleischspeisen, Fischen und Mehlgerichten.
Eine ähnliche Bedeutung wie der Zwiebel kommt in der polnischen Küche den Pilzen zu. Deshalb haben wir sie mit in das Gemüsekapitel aufgenommen, obwohl sie kein Gemüse sind. Und wie geschmackbildend das vielverwendete Grünzeug, Dill, Petersilie, Schnittlauch wirkt, weiß selbst ein Kind. Also essen wir Gemüse zu jeder Jahreszeit und in allen möglichen Formen und Zubereitungsarten.

GEMÜSEGERICHTE

Gedünstete rote Rüben

Buraki zasmażane

600 g rote Rüben, 30 g Fett,
20 g Mehl, Salz, Zucker,
200 g saure Äpfel,
Zitronensaft,
1/8 l saure Sahne nach Belieben.

Die roten Rüben abbürsten, waschen und etwa 1 bis 2 Stunden kochen oder in der Bratröhre backen. Die garen roten Rüben schälen, durch den Wolf drehen oder auf einem groben Gurkenhobel zerkleinern. Aus Fett und Mehl eine helle Mehlschwitze bereiten und die gedünsteten roten Rüben damit andicken, salzen, mit Zucker abschmecken und stark erhitzen. Die Äpfel waschen, schälen, auf einem groben Gurkenhobel zerkleinern und mit den roten Rüben vermischen. Mit Zitronensaft abschmecken, nach Belieben saure Sahne zugeben. Im Frühling nach Belieben anstelle von Äpfeln jungen, geriebenen oder geschnittenen Rhabarber verwenden. Gedünstete rote Rüben können auch ohne Äpfel mit goldgelb angeschwitzter Zwiebel zubereitet werden.

Weiße Rübe

Rzepa

1 große Rübe, 2 Teel. Zucker,
2 Eßl. Butter, Salz,
1/4 l Brühe oder Wasser,
1/2 Eßl. Mehl.

Die geschälte Rübe hobeln, mit kochendem Wasser überbrühen. In einer Kasserolle den Zucker zu hellem Karamel anschwitzen, einen Eßlöffel Butter und etwas Salz zufügen, die Rübenstreifen hinzufügen und anbräunen. Alles mit Brühe oder Wasser übergießen und zugedeckt dünsten. Wenn die Rübe weich ist, aus Butter und Mehl eine Schwitze bereiten und die Rübe damit binden, zu Braten servieren.

Gedünstete Möhren mit Erbsen

Marchew z groszkiem

400 g Möhren, 400 g grüne Erbsen (frisch oder gefroren), Salz, Zucker,
30 g Butter oder Margarine,
10 g Mehl,
1 Eßl. gewiegte Petersilie.

Die Möhren unter fließendem Wasser bürsten, schaben, auf einem groben Gurkenhobel zerkleinern, mit den grünen Erbsen vermengen, mit wenig siedendem Wasser übergießen, Salz, Zucker und 10 g Fett zugeben und zugedeckt etwa 10 bis 15 Minuten dünsten. Vom Feuer nehmen, mit Mehl bestreuen, umrühren und aufkochen lassen. Butter und gewiegte Petersilie zugeben.

Gedünsteter Sellerie

Selery duszone

500 g Sellerieknollen, Salz,
1/4 l Brühe aus Knochen und Wurzelwerk, 30 g Butter,
10 g Mehl, Zitronensaft oder Zitronensäure, Zucker.

Die gewaschenen und geputzten Sellerieknollen in gesalzenem Wasser halb garen. Dann herausnehmen und kleinschneiden, mit der Brühe begießen und zugedeckt gardünsten. Aus Butter und Mehl eine Mehl-

schwitze bereiten und den Sellerie binden. Mit Zitrone, Salz und Zucker abschmecken.

Gefüllte Möhren

Marchew nadziewana

4 große Möhren (600 g), Salz,
30 g Butter.
Für die Fülle:
250 g gekochtes Fleisch,
30 g Zwiebeln, 20 g Butter,
Salz, Pfeffer.

Die Möhren schaben, waschen, längs halbieren, den hellen Kern entfernen und in gesalzenem Wasser garen. Für die Fülle das Fleisch durch den Wolf drehen, die Zwiebel schälen, kleinschneiden, in Butter anschwitzen, mit dem Fleisch vermengen, salzen und pfeffern. Alles kurz anbraten. Die garen Möhren abseihen, abtropfen und abkühlen lassen. In die Vertiefung die Fülle geben. Die gefüllten Möhren mit Butter in der Bratröhre backen.

Gedünsteter Flaschenkürbis mit sauren Gurken

Kabaczki duszone z ogórkami kwaszonymi

600 g Flaschenkürbis,
30 g Butter,
120 g saure Gurken,
Kümmel,
10 g Mehl,
60 g saure Sahne,
Salz, Zucker, Petersilie.

Den Flaschenkürbis waschen, längs in 2 bis 4 Stücke schneiden. Den Kürbis schälen, von den Kernen und den holzigen Enden befreien, mit wenig siedendem Wasser übergießen, Butter zugeben und halbgar dünsten. Die Gurken schälen, auf einem feinen Gurkenhobel zerkleinern oder in dünne Streifen schneiden. Gurken und Kürbis vermengen, Kümmel zugeben, mit Mehl bestäuben und nochmals kurz dünsten. Kurz vor Ende der Garzeit saure Sahne unterrühren. Alles mit Salz und Zucker abschmecken und mit gewiegter Petersilie bestreuen.

Spargel gekocht (à la polonaise)

Szparagi z wody

1200 bis 1400 g Spargel, Salz,
Zucker, 1/8 l Milch,
40 g Butter, 20 g Semmelbrösel.

Den Spargel sorgfältig putzen und sofort in kaltes Waŝser legen. Die Spargelstangen in kleine Bündel binden und in kochendes Wasser geben, aufkochen lassen und abseihen. Mit leicht gesalzenem und gezuckertem Wasser und 1/8 l Milch erneut übergießen und 30 bis 40 Minuten kochen. Den garen Spargel abtropfen lassen, auf einer flachen Platte anrichten und mit Butter und angerösteten Semmelbröseln übergießen.

Spargelbohnen gekocht (à la polonaise)

Fasolka szparagowa z wody

800 g gelbe oder grüne Bohnen,
Salz, Zucker, 30 g Butter,
20 g Semmelbrösel.

Die gewaschenen, von Fäden befreiten Bohnen in kochendes Wasser geben, wenig Salz und Zucker zufügen und 20 bis 30 Minuten kochen lassen. Die garen Bohnen abtropfen lassen. Zerlassene Butter mit angerösteten Semmelbröseln darüberstreuen.

Spinat

Szpinak

800 g Spinat, Salz,
30 g Butter, 30 g Mehl,
1/8 l saure Sahne,
1 Knoblauchzehe.

Den gewaschenen und geputzten Spinat in leicht gesalzenes siedendes Wasser geben und 5 bis 10 Minuten kochen lassen. Den garen Spinat auf ein Sieb geben, mit kaltem Wasser übergießen, abtropfen lassen und fein wiegen. Aus Butter und Mehl eine helle Schwitze bereiten, mit saurer Sahne verrühren und unter Rühren aufkochen lassen. Den Spinat und die zerdrückte Knoblauchzehe zufügen. Noch kurze Zeit dünsten. Dazu Kalbsbraten oder Spiegeleier und Salzkartoffeln servieren.

Porree gekocht (à la polonaise)
Pory z wody

800 g Porree, Salz, Zucker,
30 g Butter, 20 g Semmelbrösel.

Den Porree gut waschen, die Wurzeln und die grünen Blätter abschneiden. Nur die hellen Teile verwenden. Wasser zum Kochen aufsetzen, salzen und leicht zuckern. Den Porree zugedeckt etwa 15 Minuten kochen lassen. Den garen Porree abtropfen lassen. Zerlassene Butter mit angerösteten Semmelbröseln darübergeben.

Gedünstete Gurken
Ogórki duszone

1 kg frische Gurken,
50 g Butter,
30 g Mehl,
Salz, Zitronensaft,
1 Eßl. gewiegter Dill.

Die geschälten und gewürfelten Gurken mit 1/2 Glas siedendem Wasser übergießen und auf kleiner Flamme garen. Aus Butter und Mehl eine weiße Mehlschwitze bereiten, mit Gurkensud verrühren, zu den Gurken geben und aufkochen lassen. Mit Salz und Zitronensaft abschmecken, mit gewiegtem Dill bestreuen. Mit Salzkartoffeln servieren.

Blumenkohl gekocht (à la polonaise)
Kalafior z wody

1200 bis 1400 g Blumenkohl,
Salz, Zucker, 20 g Semmelbrösel,
40 g Butter oder Margarine.

Den geputzten und gewaschenen Blumenkohl mit gesalzenem, leicht gezuckertem siedendem Wasser übergießen und zudecken, bis das Wasser wieder kocht. Ohne Deckel etwa 20 Minuten kochen lassen. Den garen Blumenkohl abtropfen lassen, in einer Schüssel anrichten. Semmelbrösel in Butter anbräunen und über den Blumenkohl geben. Brokkoli auf die gleiche Art zubereiten.

Blumenkohl auf Kapuziner-Art
Kalafiory po kapucyńsku

800 g kleine Blumenkohlköpfe, Salz, Zucker.
Für den Teig:
2 Eier, 100 g Mehl, $^{1}/_{8}$ l Milch oder Sahne, Salz, 60 g Semmelbrösel, 80 g Fett, Zucker, Petersilie.

Den geputzten und gewaschenen Blumenkohl mit siedendem gesalzenem und leicht gezuckertem Wasser übergießen und zudecken, bis das Wasser wieder kocht. Ohne Deckel etwa 10 Minuten kochen lassen, den Blumenkohl aus dem Wasser nehmen und abtropfen lassen.
Für den Teig die Eier mit dem Mixgerät verquirlen. Nach und nach Mehl und Milch zufügen, zum Schluß salzen. Die garen Blumenkohlköpfe in Stücke teilen, kurz in den Teig tauchen, in Semmelbröseln wälzen und in stark erhitztem Fett goldbraun braten. Auf einer vorgewärmten Platte, mit Petersilie garniert, servieren. So zubereitete kleine Blumenkohlköpfe können als Ergänzung zu Fleischgerichten mit hellen Soßen serviert werden.

Gedünstetes Weißkraut mit Tomaten
Kapusta z pomidorami zasmażana

800 g Weißkraut, Salz, Zucker, 40 g Fett, 100 g Tomaten, 100 g saure Äpfel, 5 g Kümmel, 50 g Zwiebeln, 30 g Mehl, Zitronensaft.

Den Krautkopf von welken Blättern befreien, waschen, abtropfen lassen, fein hobeln und mit wenig siedendem Wasser übergießen. Salz, Zucker und 10 g Fett zugeben. Den Topf schließen. Wenn Wasser aufkocht, kurz abdecken und dann wieder zugedeckt gardünsten. Kurz vor dem Garen geschälte, gewaschene und zerkleinerte Tomaten, Äpfel und Kümmel zugeben. Alles weichgaren. Die Zwiebeln schälen, fein würfeln und in Fett hell anbräunen, Mehl zugeben und mit bräunen, alles mit kaltem Wasser verrühren und aufkochen lassen. Das Kraut mit der Mehlschwitze andicken und mit Zitronensaft abschmecken. Zu Fleisch und Kartoffeln oder zu Kartoffelklößen servieren.

Weißkraut „brennt an das Kinn”

Kapusta „parzybroda”

800 g Weißkraut, Salz, Zucker,
5 g Kümmel, 10 g Fett,
600 g Kartoffeln, 50 g Speck,
30 g Mehl, Pfeffer,
Zitronensaft oder Essig.

Das Kraut von welken Blättern befreien, waschen, grob hobeln. Mit 1/4 Liter siedendem Wasser übergießen. Salz, Zucker, Kümmel und Fett zugeben und zudecken. Wenn es aufkocht, kurz abdecken und dann wieder zudecken. Zugedeckt etwa 25 Minuten dünsten. Kurz vor dem Garwerden geschälte, gewaschene und gewürfelte Kartoffeln zugeben und mit dünsten. Für die Mehlschwitze den Speck in Würfel schneiden, zerlassen, Mehl dazugeben und hell anbräunen. Die Mehlschwitze mit kaltem Wasser anrühren und das Kraut andicken. Mit Pfeffer und nach Bedarf mit wenig Zitronensaft oder Essig abschmecken.

Gedünstetes Weißkraut mit Kümmel

Kapusta z kminkiem zasmażana

800 g Weißkraut, Salz,
Zucker, 40 g Fett,
5 g Kümmel,
200 g Äpfel, 50 g Zwiebel,
30 g Mehl, Zitronensaft.

Zubereiten wie im Rezept „Gedünstetes Weißkraut mit Tomaten”. Das gedünstete Kraut nach Belieben mit 1/8 Liter saurer Sahne abschmecken, umrühren und stark erhitzen.

Gedünstetes Weißkraut mit Äpfeln

Kapusta z jabłkami zasmażana

700 g Weißkraut, Salz, Dillsamen, 3 saure Äpfel, 30 g Zwiebeln, 40 g Fett, 30 g Mehl, Zucker.

Fein gehobeltes Kraut in wenig Wasser mit Zugabe von Salz und etwas getrocknetem Dillsamen dünsten. Dem garen Kraut geschälte, fein geriebene Äpfel zugeben und alles noch eine Weile weiterdünsten. Die Zwiebel schälen und schneiden, in Fett anbräunen, Mehl dazugeben und mit anbräunen. Die Mehlschwitze mit kaltem Wasser anrühren, zum Kraut geben und kurz aufkochen. Mit Zucker abschmecken. Nach Belieben auch saure Gurken zugeben.

Fastkohl

Kapusta postna

800 g Weißkraut, 1/4 l Rote-Rüben-Extrakt, Salz, 30 g Butter, 1/8 l saure Sahne, 20 g getrocknete Pilze, 20 g Mehl, Zucker, Pfeffer.

Das von welken Blättern befreite, gewaschene, gehobelte, überbrühte und ausgedrückte Kraut in einen Kochtopf geben, mit Rote-Rüben-Extrakt übergießen, salzen und gardünsten. Nach dem Garen Butter und Sahne, zerbröckelte getrocknete Pilze, Mehl und Zucker zugeben. Alles gut vermischen und zugedeckt auf kleiner Flamme etwa 1 Stunde dünsten. Vor dem Auftragen das Kraut mit gemahlenem schwarzem Pfeffer abschmecken.

Weißkrautrouladen auf Nowy Sącz-Art

Gołąbki nowosądeckie

1 Kopf lockeren Wirsing oder Weißkraut (etwa 1 1/2 kg), Salz, 1/8 l Sauerkrautsaft.
Für die Fülle:
90 g Weizengrütze, 1 Ei, 40 g Schweineschmalz, 10 bis 15 g getrocknete Pilze, 40 g Zwiebel, Salz, Pfeffer.

Für die Pilzsoße:
10 bis 15 g getrocknete Pilze,
50 g Zwiebel, 40 g Butter,
20 g Mehl, 1/4 l Pilzsud,
1/8 l Brühe aus Knochen und Wurzelwerk, Salz, Pfeffer,
1/8 l saure Sahne.

Einen großen Krautkopf von den äußeren welken Blättern und dem Strunk befreien und waschen. Die Blätter sorgfältig abtrennen und nacheinander in kochendes Salzwasser geben, kurz kochen, mit dem Schaumlöffel herausnehmen, abtropfen und abkühlen lassen. Die Blattrippen wegschneiden, ohne das Blatt zu beschädigen. Für die Fülle die Grütze mit dem Ei verrühren, mit etwas Fett körnig kochen. Mit gekochten und fein geschnittenen Pilzen sowie in Fett angedünsteter Zwiebel vermengen, mit Salz und Pfeffer abschmecken. Die so zubereitete Fülle auf die abgekühlten Krautblätter verteilen. Die Blätter zusammenrollen, mit Holzstäbchen feststecken, in eine Kasserolle geben, mit dem Pilzsud und etwas Sauerkrautsaft begießen und auf kleiner Flamme oder in der gut vorgeheizten Backröhre dünsten, dabei immer wieder mit der Flüssigkeit beschöpfen. Für die Pilzsoße die eingeweichten Pilze kochen und fein hobeln, die zerkleinerte Zwiebel in Fett anbräunen. Im restlichen Fett eine Mehlschwitze bereiten und damit den Pilzsud andicken. Den Pilzen den Sud aus Knochen und Wurzelwerk beifügen. Salz, Pfeffer und Sahne zugeben. Die Krautrouladen mit Pilzsoße servieren.

Weißkrautrouladen mit Reis und Fleisch

Gołąbki z ryżem i mięsem

1 Kopf Wirsing oder Weißkraut (etwa 1 1/2 kg), Salz.
Für die Fülle:
250 g Reis oder Gerstengrütze,
50 g Zwiebel, 30 g Fett,
200 g Schweinefleisch,
Salz, Pfeffer.
Für die Soße:
1/8 l saure Sahne,
10 g Mehl, 1 Brühwürfel.

Die Krautblätter wie im vorigen Rezept beschrieben zubereiten. Den gut gewaschenen Reis halbgar kochen, mit der geschälten, fein gewürfelten und in Fett angebräunten Zwiebel, dem durch den Wolf gedrehten Fleisch, Salz und Pfeffer sorgfältig vermischen. Diese Fülle mit dem

Löffel in die Mitte eines jeden Krautblattes geben, zwei Enden des Blattes einschlagen und das Blatt fest zusammenrollen. Auf den Boden einer großen Kasserolle kleinere gekochte Krautblätter legen und darauf die Krautrouladen nebeneinander legen, höchstens drei Schichten übereinander. Mit $^1/_4$ Liter kochendem Salzwasser überbrühen, von oben mit Blättern bedecken. Bei Mittelhitze in der Bratröhre überbacken. Wenn die oberen Krautblätter allzu sehr braun werden, die Kasserolle mit dem Deckel schließen. Die garen Krautrouladen herausnehmen, die oberen Blätter entfernen, mit Mehl verrührte Sahne über die Krautrouladen gießen, mit Salz und dem zerlassenem Brühwürfel abschmecken, weitere 10 Minuten überbacken. Auf einer Platte anrichten und mit Sahnesoße übergießen. Die Krautrouladen kann man auch ohne Sahne, nur mit zerlassenem Speck übergossen servieren. Sehr schmackhaft sind die Krautrouladen ebenfalls mit Tomatensoße. Anstelle von Reis kann man auch Perl- oder Gerstengraupen dazu reichen. Anstelle von rohem Fleisch kann Knackwurst, gebratenes oder gedünstetes Fleisch oder geräucherter Fisch verwendet werden. Besonders schmackhaft sind die Krautrouladen durch Zugabe von frischen oder getrockneten Pilzen. Sie können dann auch ohne Fleisch zubereitet werden (siehe vorhergehendes Rezept).

Gedünstetes Sauerkraut

Kapusta kwaszona zasmażana

600 g Sauerkraut, Zucker,
Salz, 10 g Fett,
5 g Kümmel,
1 Lorbeerblatt,
Piment- und Pfefferkörner,
40 g Speck,
50 g Zwiebeln,
30 g Mehl.

Das fein zerkleinerte Sauerkraut mit wenig siedendem Wasser überbrühen, Zucker, Salz, Fett und Gewürze zugeben und zudecken. Wenn das Kraut aufkocht, kurz aufdecken, dann wiederum zudecken und 40 bis 50 Minuten weitergaren. Den Speck fein würfeln, zerlassen. Die Speckgrieben beiseiteschieben und im restlichem Fett die geschälte und fein gewürfelte Zwiebel hell anbräunen, Mehl zugeben, vermengen und ebenfalls bräunen. Die fertige Mehlschwitze in wenig kaltem Wasser

anrühren, in das Sauerkraut geben und kurz aufkochen lassen. Das Kraut nach Bedarf salzen und mit Zucker abschmecken. Zu Fleisch und Kartoffeln oder tschechischen Knödeln servieren.
Sehr saures Kraut sollte nicht gewaschen, sondern vor dem Garen etwas ausgedrückt werden. Die ausgedrückte Säure eignet sich vortrefflich zum Abschmecken anderer Gerichte. Gedünstetes Sauerkraut kann nach Belieben mit getrockneten Pilzen verfeinert werden. Die garen Pilze in dünne Streifen schneiden und unter das Kraut mischen.

Sauerkraut mit Pilzen

Kapusta kwaszona z grzybami

500 g Sauerkraut,
1 Lorbeerblatt, Salz, Pfeffer,
20 g getrocknete Pilze,
30 g Butter, 50 g Zwiebeln,
20 g Mehl.

Das Kraut leicht ausdrücken und in wenig Wasser mit Lorbeerblatt, Salz und Pfeffer garen. Die eingeweichten Pilze garen, in dünne Streifen schneiden und in das Kraut geben. Aus Butter, fein gewürfelter Zwiebel und Mehl eine helle Mehlschwitze bereiten, mit Wasser kalt anrühren, dem Kraut zugeben und aufkochen lassen.

Sauerkraut mit Salzgurken

Kapusta kwaszona z ogórkami kwaszonymi

500 g Sauerkraut,
250 g Salzgurken,
30 g Butter,
30 g Zwiebeln,
Salz, Pfeffer,
1/4 l Fleischbrühe,
3 Eßl. saure Sahne,
20 g Mehl, Zucker.

Das Kraut leicht ausdrücken und mit dem Messer zerkleinern. Die geschälten Gurken in Scheiben schneiden. In der Pfanne Butter zerlassen, Kraut, Gurken und fein gewürfelte Zwiebel dazugeben, salzen und pfeffern, mit Fleischbrühe übergießen und auf kleiner Flamme gardünsten. Das gare Sauerkraut mit dem mit Sahne verrührten Mehl andicken, mit Zucker abschmecken und noch kurze Zeit dünsten.

Sauerkraut mit Erbsen

Kapusta kwaszona z grochem

750 g Sauerkraut, 200 g Erbsen, 20 g Fett, Kümmel, 50 g Zwiebeln, 40 g Speck, 30 g Mehl, Salz.

Die verlesenen und gewaschenen Erbsen mit 1/2 Liter abgekochtem und abgekühltem Wasser übergießen und über Nacht weichen lassen. Am nächsten Tag in demselben Wasser garen. Während des Garens nach Bedarf wenig kochendes Wasser zugießen. Das Sauerkraut ausdrücken, mit dem Messer zerkleinern. Fett, Kümmel, die Hälfte der fein geschnittenen Zwiebel sowie etwas kochendes Wasser zugeben und zugedeckt weiterkochen. Den Speck in kleine Würfel schneiden und zusammen mit der zerkleinerten Zwiebel anbraten. Die Grieben und die angebräunte Zwiebel mit dem Löffel aus der Pfanne nehmen, dem Kraut zugeben und im restlichen Fett das Mehl anbräunen. Das gebräunte Mehl mit kaltem Wasser anrühren und ins Kraut geben. Die Erbsen durch ein Sieb streichen oder durch den Wolf drehen, salzen und dem Kraut zufügen, gut vermischen, alles aufkochen lassen. Kraut mit Erbsen zu Eisbein, zu gekochtem Schweinefleisch oder als zweiten Gang servieren.

Gedünsteter Rotkohl

Kapusta czerwona zasmażana

800 g Rotkohl, Salz, Zucker,
40 g Fett, 30 g Mehl, Zitrone
oder 1/8 l herber Rotwein.

Den gewaschenen und fein gehobelten Rotkohl mit wenig siedendem Wasser übergießen, Salz, Zucker und 10 g Fett zugeben und alles zugedeckt etwa 30 Minuten kochen lassen. Eine helle Mehlschwitze bereiten, mit kaltem Wasser anrühren und den Rotkohl damit binden. Mit Zitrone oder Rotwein abschmecken und auf kleiner Flamme unter ständigem Rühren weiterdünsten, bis der Saft verkocht ist. Rotkohl paßt zu Gänsebraten, Ente, Rebhuhn, Rinderbraten oder Schweinebraten. Anstelle von Rotwein können dem Rotkohl angebräunte Zwiebeln oder einige Nelken zugefügt werden.

Rosenkohl gekocht (à la polonaise)

Brukselka z wody

800 g Rosenkohl, Salz,
20 g Butter, 20 g Semmelbrösel.

Den Rosenkohl putzen, waschen und mit kochendem Salzwasser übergießen. Nicht zugedeckt 10 bis 20 Minuten kochen. Den garen Rosenkohl abtropfen lassen und mit zerlassener Butter und angerösteten Semmelbröseln anrichten. Rosenkohl paßt zu allen Fleischgerichten.

Pellkartoffeln

Ziemniaki w łupinach

1 kg Kartoffeln,
40 g Butter, Salz.

Die möglichst gleich großen Kartoffeln gut abbürsten, waschen, mit kochendem Wasser übergießen und 25 bis 30 Minuten auf starker Flamme zugedeckt kochen. Die garen Kartoffeln abgießen und in eine Schüssel geben. Mit frischer Butter und Salz auftragen. Aus geschälten und abgekühlten Pellkartoffeln werden auch Kartoffelsalate, Kartoffelkoteletts und -buletten sowie Kartoffelteig zubereitet.

Neue Kartoffeln

Ziemniaki młode

800 bis 1000 g neue Kartoffeln,
Salz, Dill,
20 g Butter.

Die neuen Kartoffeln sehr gut waschen und schaben, mit kochendem, gesalzenem Wasser übergießen, etwas Dill zugeben und zugedeckt auf starker Flamme garen. Die garen Kartoffeln abgießen, reichlich mit gewiegtem frischem Dill bestreuen, Butterflöckchen aufsetzen.

Salzkartoffeln

Ziemniaki z wody

1 kg Kartoffeln, Salz,
40 g Speck, 50 g Zwiebeln.

Die Kartoffeln gut abbürsten, waschen, dünn schälen, wieder abspülen, mit so viel kochendem Wasser, daß sie $^3/_4$ bedeckt sind, begießen. Zugedeckt auf starker Flamme garen. Den Speck fein würfeln und zerlassen. Die Grieben herausnehmen. Im restlichen Fett Zwiebelringe anbräunen. Die Kartoffeln abgießen, in einer Schüssel anrichten und mit der angebräunten Zwiebel und Speckgrieben übergießen. Salzkartoffeln können auch mit frischer Butter und gewiegtem Dill oder Petersilie serviert werden.

Kartoffel-Sapekanka mit Pilzen

Zapiekanka ziemniaczana z grzybami

1 kg Kartoffeln,
50 g getrocknete
oder 500 g frische Pilze,
80 g Zwiebeln, 40 g Fett,
20 g Semmelbrösel,
Salz, Pfeffer,
$^1/_8$ l saurer Sahne,
$^1/_8$ l Pilzsud.

Die Kartoffeln abbürsten, waschen, kochen, abseihen, noch warm schälen, abkühlen lassen und in Scheiben schneiden. Die Pilze gut waschen, kochen, abtropfen lassen und zerkleinern. Die Zwiebeln fein würfeln und in etwas Fett hellbraun anrösten. Eine flache Kasserolle oder eine feuerfeste Auflaufform mit Fett bestreichen und mit Semmelbröseln bestreuen. Eine Kartoffelschicht auflegen, salzen, darauf die angerösteten Zwiebeln und die zerkleinerten Pilze geben, mit Pfeffer bestäuben und wieder eine Kartoffelschicht darauffüllen usw. Abwechselnd noch 2 bis 3 Schichten in die Form geben, obenauf Kartoffelscheiben. Die Oberfläche mit saurer Sahne und Pilzsud übergießen, in der gut vorgeheizten Bratröhre überbacken. Wenn der Rand der Sapekanka braun wird, ist das Gericht gar. Mit einem Messer den Rand vom Gefäß lösen und die Sapekanka in eine Schüssel stürzen.

Kartoffel-Sapekanka mit Eiern

Zapiekanka ziemniaczana z jajami

1000 bis 1200 g Kartoffeln,
30 g getrocknete
oder 250 g frische Pilze,
80 g Zwiebeln, 40 g Fett,
4 bis 5 Eier, 20 g Semmelbrösel,
Salz, Pfeffer, $^1/_8$ bis $^1/_4$ l Sahne.

Die Kartoffeln gut abbürsten, waschen, mit der Schale kochen, abseihen, schälen, in Scheiben schneiden. Die getrockneten Pilze waschen und garen. Das Wasser fast einkochen lassen. Die garen Pilze abtropfen lassen und zerkleinern. Die geschälten und fein gewürfelten Zwiebeln in Fett hellgelb anschwitzen. Die hartgekochten Eier in Scheiben schneiden. Eine ausgefettete Kasserolle oder Auflaufform mit Semmelbröseln ausstreuen. Eine Kartoffelschicht auflegen, salzen, mit Zwiebeln und Pilzen überstreuen und darauf eine Schicht Eischeiben geben. Salzen, mit Pfeffer bestäuben und wieder eine Kartoffelschicht darüberlegen. In dieser Weise die Zutaten 2 bis 3 mal abwechselnd in die Form geben. Obenauf Kartoffelscheiben in die Form geben und mit gesalzener, mit $^1/_8$ Liter Pilzsud verrührter Sahne übergießen. In der stark vorgeheizten Backröhre überbacken. Wenn die Sapekanka braun wird, aus der Backröhre herausnehmen. Mit einem Messer den Rand von der Auflaufform lösen und die Sapekanka in eine Schüssel stürzen oder in der Form, in der sie überbacken wurde, servieren. Eine Frischkost dazu reichen.

Bohnen gekocht (à la polonaise)

Fasola młoda z wody

600 g junge, weiße Bohnen,
Salz, Zucker, 30 g Butter,
20 g Semmelbrösel.

Die gewaschenen Bohnen mit $^1/_4$ Liter siedendem Salzwasser begießen, wenig Zucker zufügen, garkochen. Abseihen, in eine Schüssel geben. Die Semmelbrösel in zerlassener Butter anbräunen und über die Bohnen gießen. Die Bohnen zu Rote-Rüben-Barschtsch, zu Krautsuppe oder zu gedünstetem Sauerkraut reichen.

Gekochte Bohnen
Fasola z wody

500 g weiße Bohnen, Salz,
30 g Speck, 30 g Zwiebeln.

Die Bohnen verlesen, waschen, in abgekochtem, abgekühltem Wasser über Nacht einweichen. Am nächsten Tag die Bohnen im Einweichwasser zum Kochen aufsetzen, salzen und garen. Wenn das Wasser verkocht ist, nach und nach siedendes Wasser nachfüllen. Die garen Bohnen vor dem Servieren abseihen. Den Speck würfeln, zerlassen, die Grieben herausnehmen, im Fett fein geschnittene Zwiebel anbräunen, mit den Grieben vermengen und alles über die Bohnen gießen. Nach Belieben frische Butter dazu reichen.

Bohnen in brauner Soße
Fasola w szarym sosie

400 g weiße Bohnen, Salz, Zucker,
40 g Zwiebeln, 30 g Fett,
30 g Mehl, Zitronensaft
oder Essig, Karamel.

Die verlesenen und gewaschenen Bohnen in gekochtem und abgekühltem Wasser einweichen. Am nächsten Tag in demselben Wasser garkochen. Kurz vor dem Garwerden salzen und etwas zuckern. Für die Soße geschälte und fein gewürfelte Zwiebel in heißem Fett anbräunen und mit dem Mehl anschwitzen. Die Mehlschwitze in kaltem Wasser anrühren und die Bohnen damit andicken. Alles gut aufkochen lassen, mit Zitronensaft oder Essig, Salz und Karamel abschmecken. Die Bohnen mit Salzkartoffeln, Eiern und Bratwurst servieren.

Bohnen auf Kastellan-Art
Fasola po kasztelańsku

200 g große weiße Bohnen,
200 g Reste von Wildfleisch
(Hase, Reh, Wildschwein),
80 g Zwiebeln, 80 g Butter,
8 Eßl. Fleischbrühe,
2 Eßl. Rotwein,
Salz, Pfeffer, Zucker,
Zitronensaft, Petersilie.

Die Bohnen waschen, einweichen, gar kochen. Die Wildfleischreste fein würfeln und zusammen mit geschälter und fein zerkleinerter Zwiebel in Butter anrösten. Die Fleischbrühe dazu geben. Alles mit den Bohnen vermengen, Rotwein zugießen, mit Salz, Zucker und Pfeffer abschmekken, nochmals kurz dünsten. Vor dem Auftragen mit Zitronensaft beträufeln und mit gewiegter Petersilie bestreuen. Mit Setzei servieren.

Bohnen auf Jägerart

Fasola po myśliwsku

200 g große weiße Bohnen.
Für die Soße: 15 g Mehl,
20 g Schweineschmalz,
$^1/_8$ l Fleischbrühe,
40 g Schinken, 60 g Jagdwurst,
30 g Zwiebeln,
10 g getrocknete Pilze,
2 Eßl. Tomatenmark,
2 Teel. Senf, Wacholderbeeren,
Pfefferkörner, Paprikapulver,
Salz, Zitronensaft,
1 Eßl. Rotwein.

Die Bohnen waschen, einweichen und gar kochen. Für die Soße eine hellbraune Mehlschwitze bereiten, mit der Fleischbrühe verrühren und aufkochen lassen. Den Schinken und die Wurst in dünne Streifen schneiden und mit fein geschnittener Zwiebel anbraten. Die Pilze gar kochen und in Streifen schneiden. Alle Zutaten miteinander vermischen. Tomatenmark und Senf zugeben und nochmals kurz dünsten lassen. Mit den fein gemahlenen Gewürzen abschmecken. Zum Schluß Zitronensaft und Rotwein zugießen, die Soße mit den Bohnen vermengen und zusammen einige Minuten dünsten.

Grüne Erbsen

Groszek zielony

500 g grüne junge Erbsen,
2 Eßl. Butter, Salz,
Zucker, 1 Eßl. Mehl,
gewiegter Dill.

Die vorbereiteten Erbsen mit $^1/_4$ Liter Wasser übergießen, Butter und wenig Salz und Zucker zufügen und zugedeckt dünsten. Die garen Erbsen mit Mehl bestäuben, weitere 10 Minuten dünsten. Kurz vor dem Servieren gewiegten Dill zufügen.

Bohnen auf altpolnisch

Fasola po staropolsku

200 g große weiße Bohnen.
Für die Soße:
80 g geräucherter Speck,
30 g Zwiebeln,
50 g getrocknete Pflaumen,
20 g Mehl, 30 g Butter,
1/8 l Fleischbrühe,
20 g Rosinen,
2 Teel. Bienenhonig,
2 Teel. Karamel,
Salz, Pfeffer.

Die Bohnen waschen, einweichen, gar kochen. Für die Soße den Speck in Streifen schneiden und zusammen mit der fein geschnittenen Zwiebel anrösten. Die Pflaumen überbrühen, entkernen und in Streifen schneiden. Aus Mehl und Butter eine hellbraune Mehlschwitze bereiten, mit der Brühe verrühren, aufkochen lassen, Speck, Pflaumen, Rosinen, Honig und Karamel zugeben. Mit Salz und Pfeffer abschmecken. Die Soße zu den garen Bohnen geben und zusammen etwa 10 Minuten nachdünsten.

Gekochte Erbsen

Groch z wody

500 g gelbe Erbsen, Salz,
60 g Speck, 40 g Zwiebeln.

Die Erbsen verlesen, waschen und über Nacht in kaltem abgekochtem Wasser einweichen. Am nächsten Tag die Erbsen im Einweichwasser zum Kochen aufsetzen, Salz zugeben. Wenn die Erbsen gar sind, das Wasser verkochen lassen. Den Speck würfeln, zerlassen, die Grieben herausnehmen, im Fett die fein gehobelte Zwiebel anbräunen und mit den Grieben vermischen und alles über die abgeseihten Erbsen geben.

Erbspüree

Purée z grochu

400 g Erbsen, Salz,
50 g Zwiebeln, 40 bis 50 g Speck.

Verlesene und gewaschene Erbsen in abgekochtem kaltem Wasser einweichen. Am nächsten Tag in demselben Wasser gar kochen. Die garen Erbsen salzen, abseihen, durch ein Sieb streichen oder durch den Wolf drehen. Die Erbsmasse erwärmen, in einer Schüssel mit fein gewürfeltem, zerlassenem Speck und gebräunten Zwiebelringen anrichten.

Linsen mit Pilzen

Soczewica z grzybami

400 g Linsen,
20 g getrocknete Pilze,
Salz, 50 g Zwiebeln,
40 g Fett,
20 g Mehl,
Fleischbrühe,
Zitronensaft oder Essig.

Die Linsen im Sieb gut waschen, mit abgekochtem kaltem Wasser übergießen und mehrere Stunden zusammen mit den Pilzen weichen lassen. Alles im Einweichwasser zum Kochen ansetzen. Kurz vor Ende der Garzeit salzen. Die Zwiebel schälen, fein zerkleinern und in Fett hellbraun anrösten, Mehl zugeben und mitbräunen. Die Mehlschwitze mit Fleischbrühe verrühren, zu den Linsen geben und alles noch einmal aufkochen lassen. Mit Zitronensaft oder Essig abschmecken und nach Bedarf salzen.

Gedünstete Birnen

Gruszki duszone (na jarzynę)

700 g große saftige Birnen,
Majoran,
50 g Butter,
20 g Zucker, Zitronensaft,
Salz, Pfeffer.

Die Birnen waschen, schälen, halbieren, aushöhlen und über Dampf halbweich garen. Die Birnenhälften in eine Kasserolle geben, mit Majoran bestäuben, Butter und Zucker zugeben und bis zum Anbräunen dünsten. Gegen Ende der Garzeit mit Zitronensaft beträufeln und nach Belieben salzen und pfeffern.

Überbackene Steinpilze

Borowiki zapiekane

800 g Steinpilze oder andere Pilze,
50 g Zwiebeln, 50 g Butter,
Salz, Pfeffer,
1/8 l saure Sahne,
40 bis 60 g harter Tilsiter Käse,
20 g Semmelbrösel.

Die Pilze putzen, waschen, größere kleinschneiden, kleinere ganz lassen und mit der fein geschnittenen Zwiebel, 30 g Butter und 2 bis 3 Eßlöffel Wasser dünsten. Den Saft verkochen lassen, die Pilze mit Salz und Pfeffer würzen, in eine feuerfeste Pfanne geben, mit saurer Sahne übergießen, mit geriebenem Tilsiter Käse und angerösteten Semmelbröseln bestreuen, mit 20 g Butter beträufeln und in der heißen Backröhre überbacken. Heiß servieren.

Gedünstete Steinpilze, Butterpilze oder Pfifferlinge

Borowiki, maślaki, kurki duszone

800 g Pilze, 20 g Fett,
50 g Zwiebel, 1 Teel. Mehl,
Salz, Pfeffer,
1/8 l saure Sahne,
je 1 Eßl. gewiegter Dill
und Petersilie.

Die Pilze putzen, gut waschen, im Sieb abtropfen lassen, kleinschneiden (Butterpilze, mit Ausnahme ganz junger, häuten). Fett zerlassen, die geschälte und gewürfelte Zwiebel zugeben, anbraten, die Pilze daruntermischen, 2 bis 3 Eßlöffel Wasser zugeben und alles zugedeckt dünsten. Die garen Pilze mit Mehl bestäuben, aufkochen lassen, mit Salz und Pfeffer abschmecken, Sahne zugeben und mit gewiegtem Dill und Petersilie bestreuen. Mit Salzkartoffeln, Grütze oder Kartoffelklößen servieren.

Gebratene Pfifferlinge

Kurki smażone

300 bis 400 g Pfifferlinge,
200 g geräucherter Speck,
Pfeffer, Salz, 6 Eier.

Die Pfifferlinge gut waschen, im Sieb abtropfen lassen, in dünne Streifen schneiden. Den gewürfelten Speck anbraten, die kleingeschnittenen Pfifferlinge dazugeben und auf starker Flamme 20 bis 25 Minuten unter häufigem Rühren braten. Wenn die Pilze beginnen bräunlich zu werden, Pfeffer und Salz zugeben, dann die Eier dazuschlagen und weiterrühren. Wenn die Eier fest werden, alles vom Feuer nehmen. Mit Salzkartoffeln oder Brot servieren.

Gebratene Champignons

Pieczarki smażone

400 g Champignons,
30 g Schweinefett, 20 g Butter,
Salz, Pfeffer.

Die Champignons putzen, waschen, die Stengel abschneiden, ältere Champignons häuten und weiter nach Rezept „Gebratene Reizker" zubereiten.

Gefüllte Pilze

Grzyby nadziewane

12 große Pilze, 1 Zwiebel,
150 g geräucherter Speck,
Salz, Pfeffer, 1 Ei,
1 bis 2 Eßl. Butter, Petersilie.

Die Pilze von den Stengeln befreien, häuten, gut waschen und im Sieb abtropfen lassen (Steinpilze brauchen nicht gehäutet zu werden). Die Stengel kleinschneiden und mit fein gewürfelter Zwiebel vermengen. Den geräucherten Speck ebenfalls würfeln und anbraten, die Pilzstengel und Zwiebeln dazugeben, salzen, pfeffern und auf schwachem Feuer 15 Minuten braten. Gegen Ende der Bratzeit die Flamme größer drehen, ein rohes Ei zugeben, alles verrühren, die fertige Pilzfülle vom Feuer nehmen, warm halten. Die Pilzhüte leicht salzen, in zerlassener Butter auf großer Flamme 5 Minuten braten. Die Pilzfülle in die Pilzhüte verteilen. Das Gericht mit gewiegter Petersilie bestreut zu Salzkartoffeln oder Brot servieren.

Gebratene Reizker

Rydze smażone

600 g Reizker, 30 g Schweinefett,
20 g Butter, Salz, Pfeffer.

Die frischen jungen, mittelgroßen Reizker gut waschen, von den Stielen befreien, im Sieb abtropfen lassen. Das Fett in einem großen Tiegel erhitzen, die Reizker einzeln in das heiße Fett geben und von beiden Seiten anbräunen. Am Anfang lassen die Reizker Saft, der schnell ausdünstet, dann werden sie schneller braun. Gegen Ende der Bratzeit Butter zugeben. Die garen Reizker salzen und pfeffern, mit dem Bratfett biegießen und sofort heiß servieren. Brotscheiben dazu reichen. Die gebratenen Reizker nach Belieben mit $^1/_8$ Liter saurer Sahne abschmecken, kurz aufkochen und mit angebräunter, körnig gekochter Buchweizengrütze servieren.

Gebratene Trockenpilze

Grzyby suszone smażone

8 mittelgroße getrocknete Pilze,
$^1/_4$ l Milch oder Bier,
Salz, Pfeffer,
30 g Mehl, 1 Ei,
60 g Semmelbrösel,
60 g Fett.

Die Pilze sorgfältig waschen, 2 Stunden in Milch oder Bier weichen lassen, $^1/_4$ Liter Wasser und Salz und Pfeffer zugeben, garkochen, abseihen und im Sieb abtropfen lassen. Die Pilze in Mehl, verquirltem Ei und dann in Semmelbröseln panieren und von beiden Seiten in erhitztem Fett braten. Mit gedünstetem, im Pilzsud gekochtem Sauerkraut oder mit Kartoffelpüree mit Meerrettichsoße servieren.

FRISCHKOST

Grüner Salat mit Essig

Sałata z octem

3 Stauden Kopfsalat,
Essig, Salz, Zucker, 30 g Öl.

Den Kopfsalat von den welken Außenblättern befreien, zerpflücken, waschen und abtropfen lassen. Essig mit Wasser, Salz und Zucker verrühren. Die Salatblätter in einer Salatschüssel anrichten und kurz vor dem Servieren mit der Marinade begießen, mit Öl beträufeln. Anstelle von Essig kann Zitronensaft verwendet werden.

Grüner Salat mit Sahne

Sałąta ze śmietaną

3 große Stauden Kopfsalat,
Essig oder Zitronensaft,
Salz, 30 g Zucker,
gewiegter Dill,
$^1/_8$ bis $^1/_4$ l saure Sahne,
2 hartgekochte Eier.

Den Kopfsalat von den welken Außenblättern befreien, zerpflücken, unter fließendem Wasser waschen und abtropfen lassen. Die Salatblätter in einer Salatschüssel anrichten. Die Sahne, Zitronensaft, Salz und Zucker verrühren und über den Salat gießen. Gewiegten Dill darüberstreuen und sofort den mit Eivierteln garnierten Kopfsalat servieren.

Überbrühter grüner Salat

Sałata parzona

3 Stauden Kopfsalat,
50 g Räucherspeck,
4 Eßl. Essig oder Zitronensaft,
Salz.

Den Kopfsalat wie im vorhergehenden Rezept vorbereiten. Den fein gewürfelten Räucherspeck zerlassen, Essig, Salz und 5 Eßlöffel Wasser zugeben, kurz aufkochen und alles über den Salat gießen.

Gurkensalat mit Sahne

Mizeria ze śmietaną

400 g frische oder gefrorene grüne Gurken, 1/8 l saure Sahne, Zucker, Salz, Essig oder Zitronensaft, 1 Eßl. gewiegter Dill.

Die geschälten Gurken in dünne Scheiben schneiden oder hobeln. Die Sahne mit Salz, Zucker und Essig gut verrühren. Die Gurken in einer Salatschüssel mit der Sahne anrichten. Mit gewiegtem Dill bestreut servieren. So läßt sich auch fertiger gefrorener Gurkensalat zubereiten.

Gurkensalat mit Essig

Mizeria z octem

400 g grüne Gurken, Salz, Zucker, Essig, 1 bis 2 Eßl. gewiegter Dill.

Die geschälten Gurken dünn hobeln, in einer Salatschüssel anrichten, mit Salz und Zucker abschmecken, mit Essig beträufeln und mit gewiegtem Dill bestreuen.

Gurkenfrischkost

Surówka z ogórków świeżych

500 g grüne Gurken, Dill, Salz, Pfeffer.

Die geschälten Gurken in schräge dicke Scheiben schneiden und in einer Salatschüssel mit Salz, Pfeffer und gewiegtem Dill anrichten.

Frischkost aus sauren Gurken

Surówka z ogórków kwaszonych

400 g saure Gurken, 60 g Zwiebeln, 1/2 Eßl. Senf, Öl, Zucker, Dill, Petersilie, Schnittlauch.

Die geschälten Gurken in Würfel schneiden. Die Zwiebel schälen und ebenfalls fein würfeln. Aus Senf, Öl und Zucker eine Marinade bereiten. Alle Zutaten gut vermischen und mit den Gurken vermengen, mit gewiegten Kräutern bestreuen.

Meerrettich mit hartgekochten Eiern

Chrzan z jajami

2 hartgekochte Eier,
80 bis 100 g Meerrettich,
1/4 l saure Sahne,
Senf, Zucker, Salz.

Die Eier schälen und fein schneiden. Den geschälten und gewaschenen Meerrettich fein reiben, mit den Eiern und der sauren Sahne vermengen, mit Senf, Zucker und Salz abschmecken. Anstelle von hartgekochten Eiern lassen sich nach Belieben 2 rohe Eigelb verwenden. Den Meerrettich zu kaltem Aufschnitt servieren.

Meerrettich mit Essig

Chrzan z octem

100 g Meerrettich,
Salz, Zucker, Essig.

Den gewaschenen und geschälten Meerrettich fein reiben, mit Salz, Zucker und Essig abschmecken. Meerrettich mit Essig wird zu kalten Fleisch- und Wurstplatten, zu Fisch in Gelee, zu gekochtem Rindfleisch, gekochter Zunge, Wurst, Wiener Würstchen usw. serviert. Dem geriebenen Meerrettich kann auch ein fein geriebener Apfel zugegeben werden. Sehr scharfen Meerrettich nach dem Reiben überbrühen.

Frischkost aus Meerrettich und Äpfeln

Surówka z chrzanu i jabłek

200 g Meerrettich,
1 großer Apfel,
2 bis 3 Eßl. saure Sahne,
Salz, Zucker, Petersilie.

Den Meerrettich schälen, waschen und fein reiben. Den geschälten, geraspelten Apfel mit dem Meerrettich vermengen, Sahne, Salz und Zucker zugeben, alles verrühren und mit Petersilie garnieren. Anstelle von Apfel – oder zusätzlich – geriebene Möhre zufügen.

Rote-Rüben-Salat mit Meerrettich

Ćwikła

1200 g rote Rüben,
80 bis 100 g Meerrettich,
10 g Kümmel,
Salz, Essig, Zucker.

Die roten Rüben gründlich waschen, abbürsten, mit kochendem Wasser überbrühen, kochen oder in der Backröhre garen. Abseihen, schälen, hobeln. Den Meerrettich waschen, putzen, schälen und fein reiben, dann mit Essig beträufeln. Die roten Rüben mit dem Meerrettich vermengen und Kümmel zugeben. Mit Salz, Essig und Zucker abschmecken. $^1/_8$ l gekochtes Wasser zugießen. Die roten Rüben in einen Tontopf oder in ein Einkochglas geben, stampfen und mit der Marinade übergießen, so daß sie bedeckt sind. Das Glas oder den Topf mit Pergamentpapier zubinden, kühl aufbewahren. Zu gekochtem Rindfleisch, Buletten, Fisch usw. servieren.

Preiselbeeren mit Äpfeln und Meerrettich

Borówki z jabłkami i chrzanem

200 g mit Äpfeln überbackene Preiselbeeren,
60 g Meerrettich,
Zitronensaft,
50 g kandierte Apfelsinenschalen,
1 Zitrone,
1 bis 2 Glas Obstrotwein,
Salz, Zucker, Senf.

Die Preiselbeeren durch ein Sieb streichen. Den Meerrettich gut waschen, schälen, abspülen, fein reiben, mit Zitronensaft beträufeln, kleingeschnittene Apfelsinenschalen, abgeriebene Zitronenschale und Zitronensaft zugeben, Rotwein zugießen und die Preiselbeeren hinzufügen. Alles gut vermischen und mit Salz, Zucker und Senf abschmecken. Auf diese Weise pikant zubereitete Preiselbeeren werden zu Braten und Wildbret serviert.

Radieschenfrischkost
Surówka z rzodkiewki

400 g Radieschen (oder 200 g Radieschen und 200 g grüne Gurken), 5 junge Zwiebeln, Salz, 1/8 l saure Sahne.

Die geputzten und gewaschenen Radieschen und die Zwiebel in dünne Scheiben schneiden. Schöne, unversehrte Blätter junger Radieschen in dünne Streifen schneiden. Alles miteinander vermischen, salzen, mit saurer Sahne übergießen. Radieschensalat kann auch unter Zugabe von kleingeschnittenen frischen Gurken zubereitet werden.

Schwarzer Rettich mit Äpfeln
Czarna rzodkiew z jabłkami

200 g schwarzer Rettich, Salz, 2 Äpfel, 200 g Quark, 1/8 bis 1/4 l saure Sahne, Schnittlauch oder Zwiebeln.

Den Rettich gut abbürsten, schälen, auf einem groben Reibeisen hobeln, salzen und mit einem kleineren Teller zudecken. Wenn der Rettich Saft läßt, abgießen. Die geschälten Äpfel fein reiben, mit dem Rettich vermengen, Quark, Sahne und fein geschnittenen Schnittlauch oder junge Zwiebeln hinzufügen.

Schwarzer Rettich mit Zwiebeln
Czarna rzodkiew z cebulą

300 g schwarzer Rettich, Salz, 100 g Zwiebeln, 1/8 bis 1/4 l Sahne, 100 g Tomaten, 100 g Quark.

Den Rettich gut abbürsten, schälen, schnitzeln, salzen, geschälte und kleingeschnittene Zwiebel zugeben. Alles zusammen mit der Sahne vermischen. Die Rettichfrischkost in einer Salatschüssel anrichten, mit Tomatenvierteln garnieren und mit festem Quark bestreuen. Anstelle von Zwiebel kann geriebener Apfel zugegeben werden.

Tomatensalat mit Zwiebeln
Sałatka pomidorowa z cebulą,

400 g Tomaten, 50 g Zwiebeln,
Salz, Zucker,
Essig oder Zitronensaft,
1 Eßl. gewiegter Schnittlauch.

Die gewaschenen und abgetrockneten Tomaten sowie die geschälte Zwiebel in Scheiben schneiden und auf einer Platte anrichten. Mit Salz und Zucker würzen, mit Essig beträufeln und mit gewiegtem Schnittlauch bestreuen.

Tomaten-Salzgurken-Salat
Surówka z pomidorów i ogórków kwaszonych

250 g Tomaten,
150 g Salzgurken,
50 g Zwiebeln, Salz,
$^1/_8$ l Sahne, Petersilie.

Die gewaschenen Tomaten, Salzgurken und die geschälte Zwiebel in Scheiben schneiden. Auf einer Platte in Reihen abwechselnd Tomaten, Zwiebel und Gurken anrichten, salzen, mit Sahne übergießen und mit Petersilie garnieren.

Sauerkrautsalat I
Surówka z kapusty kwaszonej I

200 g Sauerkraut,
100 g Möhren,
100 g Äpfel, Zucker,
3 bis 4 Eßl. Öl.

Die Möhren waschen, putzen, spülen und reiben. Die Äpfel ebenfalls waschen und reiben. Das Sauerkraut kleinschneiden. Alles gut vermischen. Zucker und Öl zugeben und mit dünnen Möhrenstreifen oder -scheiben garnieren. Der Salat kann nach Belieben mit Rote-Rüben-Saft gefärbt werden.

Sauerkrautsalat II
Surówka z kapusty kwaszonej II

300 g Sauerkraut,
60 g Zwiebeln, Kümmel, Zucker,
1 bis 2 Eßl. Öl, 1 Apfel.

Das Kraut ausdrücken und kleinschneiden. Zwiebel schälen, fein schneiden und mit dem Kraut vermengen. Kümmel, Zucker, Öl, kleingeriebenen Apfel oder Möhren zugeben und alles gut vermischen. Falls dem Sauerkrautsalat Möhren zugefügt werden, den Salat ohne Zucker bereiten.

Wirsingsalat
Surówka z kapusty włoskiej

300 g Wirsing,
150 g grüne oder Salzgurken,
100 g Äpfel, 1 bis 2 Eßl. Öl,
1/2 Eßl. Senf, Salz, Zucker,
Petersilie.

Das Kraut von welken Außenblättern befreien und fein hobeln. Die Gurken schälen und in dünne Streifen schneiden. Die Äpfel schälen und raspeln. Alles zusammen gut vermischen. Aus Öl, Senf, Salz und Zucker eine Marinade bereiten und mit dem Kraut verrühren. Mit Petersilie garniert servieren.

Weißkrautsalat
Surówka z kapusty

500 g Weißkraut, 60 g Zwiebel,
1 bis 2 Eßl. Öl, 1/2 Eßl. Senf,
Salz, Zucker, Pfeffer,
Zitronensaft, Petersilie.

Das Kraut von welken Außenblättern befreien und klein hobeln. Die geschälte Zwiebel zerkleinern. Aus Öl, Senf und den übrigen Zutaten eine Marinade bereiten. Das Kraut mit der Zwiebel vermengen und mit der Marinade vermischen, mit Petersilie garniert anrichten. Die Zwiebel kann nach Belieben durch kleingeschnittenen Schnittlauch ersetzt werden, dann können Pfeffer und Zitronensaft weggelassen werden. Anstelle von Zitronensaft können durch ein Sieb gestrichene Moosbeeren zugegeben werden.

Rotkrautfrischkost

Surówka z kapusty czerwonej

400 g Rotkraut, 80 g Zwiebeln,	*Zitronensaft,*
Salz, Pfeffer, Zucker,	*1 bis 2 Eßl. Öl.*

Das Rotkraut von welken Außenblättern und dem Strunk befreien, waschen und fein hobeln. Die Zwiebel schälen, kleinschneiden und mit dem Kraut vermischen. Salz zugeben, mit Pfeffer, Zitronensaft, Zucker und Öl abschmecken und alles gut vermengen. Nach Belieben kann man 2 säuerliche geriebene Äpfel zugeben. Anstelle von Zwiebel kann auch eine auf einem Gemüsehobel zerkleinerte Salzgurke verwendet werden. Dann erübrigt sich die Zitronensaft. Die Zwiebel kann durch in feine Scheiben geschnittenen Porree ersetzt werden.

SOßEN

Soßen sind in den Händen einer klugen Köchin ein wahres Zaubermittel, das selbst ein langweiliges und eintöniges Essen in einen lukullischen Genuß verwandeln, aber auch ein Make-up für ein weniger attraktives Gericht sein kann. Jede Hausfrau sollte mit diesem Zaubermittel umgehen können, gute Soßen kochen und auch wissen, wie und wofür man sie verwendet.

Zur Soße gehört eine unumgängliche Anzahl von Ingredienzen und Zutaten: Zwiebeln, Meerrettich, Gurken u.a. Ihnen verdankt die Soße auch ihren Namen, den Geschmack, die individuelle Note. Doch leider haben alle diese schmackhaften Soßen einen Nachteil: Sie machen dick, da sie viel Fett und Mehl enthalten. Deshalb sollte man Soßen in Maßen genießen.

Dabei hilft uns die polnische Küche. Die Pfannenmeister sind keine überzeugten Befürworter von Soßen in jedem Fall, sie meinen – gewiß nicht ohne Grund – Soßen paßten nicht zu jedem Gericht. Der polnischen Tradition gemäß werden gebratene Fleischspeisen au naturel serviert, andere wiederum (natürlich abhängig davon, ob die Fleischspeise saftig genug ist) mit Soße. Vorwiegend bleibt man beim natürlichen Braten und fügt lediglich saure Sahne hinzu. Das bedeutet jedoch nicht, daß es keine für die polnische Küche typischen Soßen gibt.

Einen hervorragenden Ruf erlangte die sogenannte polnische braune Soße, die süß mit Rosinen, Mandeln und Nüssen zubereitet, zu Karpfen, Zunge und Pute serviert wird. Ebenso bekannt und beliebt ist jene Soße, die im Ausland als „polonaise topping" bezeichnet wird. Es sind

einfache Semmelbrösel in Butter angeröstet. Damit wird dann gekochtes Gemüse übergossen. Geradezu unvorstellbar ist gekochtes Rindfleisch ohne Meerrettichsoße oder Dillsoße. Zu kalten Platten wird in Polen – ganz obligatorisch – die Tatarensoße gereicht, zu hartgekochten Eiern Senfsoße oder eine Soße aus Salzgurken, zu gedünstetem Rindfleisch und Kartoffelklößen eine Pilzoße, die aus getrockneten oder frischen, in saurer Sahne gedünsteten Steinpilzen bereitet wird.
Diese und auch andere Soßen wurden in unser Kochbuch aufgenommen, kalte und auch warme Soßen. Die folgende kleine Rezeptübersicht berücksichtigt die verschiedenen Anlässe und Gelegenheiten.

KALTE SOßEN

Mayonnaisensoße

Sos majonezowy

1 Eigelb, 20 bis 30 g Senf, Zitronensaft oder Essig, $^{1}/_{4}$ l Öl, Gemüsesud, Brühe oder Wasser, Salz, Zucker.

Das Eigelb mit einem Schneebesen oder mit einer Gabel schlagen. Teelöffelweise Senf, Zitronensaft oder Essig sowie langsam unter Weiterschlagen das Öl zugeben. Wenn sich eine dicke Masse bildet, mit Wasser oder kalter Brühe verdünnen und unter ständiger Zugabe von Öl weiter schlagen, bis die ganze Menge Öl aufgebraucht ist. Zuletzt mit Salz, Zucker, Essig oder Zitronensaft abschmecken. Mit dieser dicken Mayonnaise werden kalte Fisch- oder Fleischgerichte, hartgekochte Eier usw. garniert.

Sahnesoße mit Senf

Sos śmietanowy z musztardą

Nach dem Rezept „Sahnesoße mit Schnittlauch" zubereiten, nur mit Senf abschmecken. Anstelle von hartgekochten Eiern können rohe Eigelb verwendet werden.

Tatarensoße
Sos tatarski

2 hartgekochte Eier,
20 bis 30 g Senf, 2 Eigelb,
$^1/_8$ l Öl, 40 g marinierte Pilze,
40 g Cornichons
oder Gewürzgurken,
1 Eßl. geriebener Meerrettich
oder gewiegter Schnittlauch,
$^1/_8$ l saure Sahne,
Salz, Zucker,
Zitronensaft oder Essig.

Die gekochten Eier schälen, die Eigelb herauslösen und mit Senf und den rohen Eigelb zu einer glatten Masse verrühren. Löffelweise Öl zugeben und ständig mit dem Schneebesen in einer Richtung schlagen, bis das Öl restlos aufgebraucht ist. Die kleingeschnittenen marinierten Pilze, die gekochten Eiweiß und die Cornichons sowie den geriebenen Meerrettich oder gewiegten Schnittlauch zufügen. Alles mit saurer Sahne vermischen, mit Salz, Zucker und nach Belieben mit Essig abschmecken. Falls die Masse zu dick sein sollte, mit kalter Brühe, Gemüsesud oder Wasser verdünnen. Mit Zutaten für Tatarensoße kann auch fertig gekaufte Mayonnaise verfeinert werden.

Sahnesoße mit Schnittlauch
Sos śmietanowy ze szczypiorkiem

2 bis 3 Eßl. Schnittlauch,
2 hartgekochte Eier,
$^1/_4$ l saure Sahne, Salz, Zucker,
Zitronensaft.

Den Schnittlauch waschen, abtropfen lassen, wiegen und mit den kleingeschnittenen Eiern und der Sahne sorgfältig verrühren, mit Salz, Zucker, Zitronensaft abschmecken.

Polnische Soße (braune Soße)

Sos polski (sos szary)

40 g Zwiebeln,
30 bis 40 g Butter
oder Margarine, 30 g Mehl,
$^1/_4$ bis $^1/_3$ l Fleisch-,
Fisch- oder Gemüsesud,
50 g Reibekuchen,
1 Glas Rotwein,
Salz, Zucker, Zitronensaft,
Karamel, 30 bis 40 g Rosinen,
30 bis 40 g Mandeln.

Die geschälte und fein gewürfelte Zwiebel leicht in Butter anbräunen, Mehl zugeben und hellgelb anschwitzen. Mit der Fleisch-, Fisch- oder Gemüsebrühe verrühren, zerbröckelten Reibekuchen hinzufügen und alles zusammen aufkochen, bis sich der Reibekuchen völlig aufgelöst hat. Die Soße durch ein Sieb streichen, den Wein zugießen, mit Salz, Zucker, Zitronensaft oder Essig abschmecken, Karamel zugeben (1 Eßlöffel Zucker in einer Pfanne anbräunen, mit 2 bis 3 Eßlöffel Wasser aufkochen). Die Mandeln abbrühen, schälen, kleinschneiden, die Rosinen abspülen und zusammen mit den Mandeln in die Soße geben. Die Soße süß-sauer abschmecken. Sie wird heiß zu Fisch und Zunge serviert. Die braune Soße kann auch ohne Reibekuchen zubereitet werden.

Béchamelsoße

Sos beszamelowy

40 g Butter, 40 g Mehl,
$^1/_8$ l Brühe oder Milch, Salz,
Zitronensaft,
1 bis 2 Eigelb,
$^1/_8$ bis $^1/_4$ l Sahne,
40 g harter geriebener
Schnittkäse.

Die Butter zerlassen und mit dem Mehl verrühren, anschwitzen, ohne anzubräunen, mit Brühe oder Milch auffüllen, aufkochen lassen und mit Salz und Zitronensaft oder Essig abschmecken. Eigelb, Sahne und geriebenen Käse zugeben. Die Soße wieder erwärmen, nicht kochen. Diese Soße eignet sich zum Übergießen von Gemüse-, Fisch- und

Fleischgerichten, die in der Backröhre überbacken werden. Nach Belieben die Soße mit Muskatnuß würzen.

Semmelbrösel mit Butter (polonaise topping)

Bułka tarta z masłem

40 g Butter,
50 g Semmelbrösel.

20 g Butter in einer Pfanne zerlassen, die Semmelbrösel dazugeben, leicht anbräunen, die restliche Butter hinzufügen, vermischen und sofort über das fertige Gericht geben.

Gurkensoße mit Sahne

Sos ogórkowy ze śmietaną

40 g Butter oder Margarine,
40 g Mehl,
$^{1}/_{8}$ l Gemüsesud oder Brühe,
150 g Salzgurken,
$^{1}/_{8}$ l Gurkenbrühe,
$^{1}/_{8}$ l saure Sahne, Salz.

Das Fett zerlassen. Mehl hinzufügen und anschwitzen ohne anzubräunen, mit Sud oder Brühe verrühren, aufkochen, die geschälten und grobgehobelten Gurken und Gurkenbrühe zugeben. Sahne unterrühren und alles nach Bedarf salzen, erhitzen, nicht kochen. Nach Belieben rohes Eigelb unterrühren.

Cornichonsoße

Sos korniszonowy

40 g Zwiebeln, 40 g Fett,
30 g Mehl, $^{1}/_{4}$ bis $^{1}/_{3}$ l Brühe,
100 g Gewürzgurken oder Cornichons,
Salz, Zucker, Pfeffer.

Die geschälte, kleingeschnittene Zwiebel in Fett andünsten. Mehl leicht anbräunen, mit Zwiebel verrühren und anschwitzen. Die Mehlschwitze mit Brühe verrühren, aufkochen lassen. Die kleigeschnittenen Gurken in die Soße geben, mit Salz, Zucker und nach Belieben mit Pfeffer abschmecken. Bei Bedarf 10 bis 20 g Butter hinzufügen. Anstelle von Brühe können ein Suppenwürfel „Hühnerbrühe" oder 2 Würfel Suppengewürz verwendet werden. Mit $^1/_8$ Liter Sahne kann die Soße verfeinert werden.

Meerrettichsoße mit Sahne

Sos chrzanowy ze śmietaną

100 g Meerrettich,
40 g Butter oder Margarine,
30 g Mehl, $^1/_4$ l Fleischbrühe
oder Gemüsesud,
$^1/_8$ l saure Sahne,
Salz, Zucker, Essig,
1 Eigelb.

Die gewaschenen und geputzten Meerrettichwurzeln fein reiben, Fett zerlassen, Mehl zugeben und anschwitzen, mit Gemüsesud oder Fleischbrühe verrühren und aufkochen lassen. Die Meerrettichmasse und die Sahne hinzufügen, mit Salz, Zucker unf Essig abschmecken, alles aufkochen lassen. Unter Rühren Eigelb zugeben. Die Meerrettichsoße kann auch ohne Eigelb zubereitet werden. Sie schmeckt zu gekochtem Rindfleisch. Sie eignet sich vortrefflich zum Überbacken von Fleisch- und Fischgerichten. Sie kann auch kalt zu kalten Fleisch- und Fischgerichten serviert werden.

Braune Zwiebelsoße

Sos cebulowy rumiany

100 g Zwiebeln, 40 g Fett,
30 g Mehl, $^1/_4$ bis $^1/_3$ l Brühe,
$^1/_3$ Lorbeerblatt,
einige Pimentkörner,
Salz, Zucker,
Zitronensaft oder Essig,
10 bis 20 g Butter, Karamel.

Die fein gewürfelten Zwiebeln anbräunen, Mehl leicht anbräunen, mit Zwiebeln verrühren und anschwitzen. Die Schwitze mit kalter Brühe verrühren, $^1/_3$ Lorbeerblatt und Pimentkörner zugeben und aufkochen lassen. Die Soße durch ein Sieb streichen, mit Salz, Zucker, Essig oder Zitronensaft abschmecken, Butter hinzufügen, zum Schluß mit Karamel färben. Zu gekochtem Rindfleisch, Fleischbuletten oder Kartoffelkoteletts servieren.

Tomatensoße
Sos pomidorowy

400 g frische Tomaten	*30 g Mehl, 30 g Fett,*
oder 80 g Tomatenmark,	*1/4 l Fleischbrühe oder Gemüsesud,*
30 g Zwiebel,	*Salz, Zucker,*
20 g Butter oder Margarine,	*Zitronensaft.*

Die gewaschenen und zerkleinerten Tomaten und die kleingeschnittene Zwiebel mit wenig kochendem Wasser überbrühen, Butter hinzufügen und alles auf starker Flamme zugedeckt dünsten. Die garen Tomaten und Zwiebeln durch ein Sieb streichen. Aus Mehl und Fett eine hellgelbe Mehlschwitze bereiten, mit der Tomatenmasse und der Brühe verrühren und aufkochen. Mit Salz, Zucker und nach Bedarf mit Zitronensaft abschmecken. Diese Soße kann zu Nudeln, Kulebiak, Buletten, zu gekochtem Rindfleisch oder Zunge gereicht werden. Sie eignet sich auch vortrefflich zum Überbacken von Gemüse- und Fleischgerichten. Die Soße kann nach Belieben mit 1/8 Liter Sahne verfeinert werden.

Senfsoße
Sos musztardowy

30 g Zwiebel, 40 g Fett,	*Salz, Zucker,*
30 g Mehl, 1/4 bis 1/3 l Brühe,	*Zitronensaft oder Essig.*
30 bis 40 g Senf,	

Die geschälte, in Ringe geschnittene Zwiebel in Fett dünsten und durch ein Sieb streichen. Mehl leicht anbräunen, mit Zwiebel verrühren und anschwitzen. Die Mehlschwitze mit kalter Fleischbrühe verrühren, mit Senf, Salz, Zucker und Zitronensaft oder Essig abschmecken und aufkochen lassen. Nach Belieben 20 g Butter zugeben. Die Fleischbrühe kann durch 1 Würfel „Hühnerbrühe" ersetzt werden. Diese Soße wird zu Pastetchen, heißer Pastete und zu Schweinebraten serviert.

Dill- oder Schnittlauchsoße mit Sahne
Sos koperkowy lub szczypiorkowy ze śmietaną

40 g Butter oder Margarine,
40 g Mehl, 1/4 l Brühe
oder Gemüsesud, Salz,
1/8 l Sahne,
2 bis 3 Eßl. gewiegter Dill
oder Schnittlauch.

Das Fett in einer kleinen Pfanne zerlassen, das Mehl zugeben und ohne zu bräunen anschwitzen. Die Mehlschwitze mit der Brühe verrühren, aufkochen, salzen. Die Sahne und den gewiegten Dill oder Schnittlauch zugeben. Alles erwärmen, ohne zu kochen. Die Soße kann auch mit rohem Eigelb abgezogen werden. Zu gekochtem Kalb- oder Rindfleisch oder zu Geflügel servieren.

Fleischsoße
Sos mięsny

250 g Schweinefleisch
mit Knochen, Salz, 50 g Fett,
60 g Zwiebeln,
1/2 Lorbeerblatt,
Pfeffer, 30 g Mehl.

Das Fleisch waschen, von den Knochen lösen, fein würfeln, salzen und in 20 g Fett stark anbraten. Gegen Ende der Bratzeit geschälte und fein gewürfelte Zwiebeln zufügen und mit braten. Dann Knochen, das halbe Lorbeerblatt und Pfeffer und wenig Wasser zugeben und alles langsam zugedeckt gardünsten. Dann die Knochen entfernen. Von 30 g Fett und Mehl eine hellgelbe Schwitze bereiten und mit dem kalten Fleischsud anrühren, zum Fleisch geben und aufkochen lassen. Die Soße mit Salz und Pfeffer abschmecken. Nach Belieben Paprika oder 50 g Tomatenmark zugeben. Die Soße paßt zu Klößen, Makkaroni, Kartoffeln, Grützen oder Knödeln.

Pilzsoße aus getrockneten Pilzen
Sos z grzybów suszonych

20 bis 30 g getrocknete Pilze,	*30 g Mehl, 1/3 l Pilzsud,*
30 g Zwiebeln, 30 g Fett,	*Salz, Pfeffer.*

Die Pilze sorgfältig in warmem Wasser waschen und einige Stunden einweichen, im Einweichwasser zum Kochen ansetzen. Nach dem Garen abseihen und kleinschneiden. Die fein gewürfelte Zwiebel in zerlassenem Fett gardünsten. Mehl leicht anbräunen, mit Zwiebel verrühren und anschwitzen. Die Schwitze mit dem Pilzsud verrühren, mit Salz und Pfeffer abschmecken, die kleingeschnitten Pilze hinzufügen und aufkochen lassen. Die Soße wird pikanter, wenn 1 Würfel „Hühnerbrühe" und 20 g Butter zugegeben werden. Die Pilzsoße zu Kartoffelkoteletts, Klöße, Fleischbuletten, gekochtem Rindfleisch und zu Rinderschnitten servieren.

Pilzsoße mit Sahne
Sos z grzybów suszonych ze śmietaną

30 g getrocknete Pilze,	*1/3 l Pilzsud, 30 g Mehl,*
30 g Zwiebeln, 30 g Fett,	*Salz, Pfeffer, 1/8 l Sahne.*

Wie „Pilzsoße aus getrockneten Pilzen" zubereiten. Vor dem Servieren mit Sahne verrühren.

Pilzsoße aus frischen Pilzen
Sos z grzybów świeżych

400 g frische Pilze,	*1/8 l saure Sahne,*
50 g Zwiebeln, 30 g Mehl,	*Salz, Pfeffer.*

Die Pilze putzen, waschen und in feine Streifen schneiden. Die geschälten und fein gewürfelten Zwiebeln zufügen. Alles mit 1/4 Liter Wasser übergießen und zugedeckt dünsten. Zum Schluß mit Mehl andicken und nochmals aufkochen lassen. Die Sahne zugeben und die Soße mit Salz und Pfeffer abschmecken. Nach Belieben 1 Eßl. gewiegten Dill zugeben. Diese Soße paßt zu Rindfleisch.

Champignonsoße mit Wein

Sos pieczarkowy z winem

150 g Champignons, 1 Zwiebel,
30 g Butter, 30 g Mehl,
$^1/_4$ l Fleischbrühe,
Salz, Essig,
1 Glas Weißwein, Pfeffer,
$^1/_8$ l süße Sahne,
1 bis 2 Eigelb.

Die Champignons gut putzen, von den Stielen befreien, waschen, alte große Hüte häuten. Die Champignons in nicht allzu dünne Scheiben schneiden, geschälte, fein gehobelte Zwiebel zugeben, Butter zufügen, etwa 15 Minuten dünsten. Die garen Champignons mit Mehl binden, mit Fleischbrühe auffüllen, aufkochen lassen und mit Salz, Essig, Weißwein und Pfeffer abschmecken. Zum Schluß Sahne und Eigelb darunterrühren. Anstelle von Weißwein läßt sich nach Belieben Rotwein verwenden. Die Soße schmeckt auch ohne Eigelb und süße Sahne.

Jägersoße

Sos myśliwski

10 g getrocknete Pilze,
40 g Zwiebeln, 30 g Fett,
20 g Mehl,
$^1/_4$ l Knochen- oder Gemüsesud,
30 g Tomatenmark,
60 g Salzgurken,
60 g Schinken oder
geräucherter Speck,
20 g Senf,
3 Eßl. herber Rotwein,
Salz, Zucker,
Paprika, Pfeffer.

Die Pilze sorgfältig in warmem Wasser waschen, garen und in dünne Streifen schneiden. Die geschälte und kleingeschnittene Zwiebel in Fett andünsten, Mehl dazugeben und mitbräunen. Die Mehlschwitze mit der kalten Fleischbrühe und dem Pilzsud verrühren, Tomatenmark zugeben und alles aufkochen lassen. Die Salzgurken kleinschneiden, den Saft ausdrücken. Den Schinken in kleine Streifchen schneiden. Alle Zutaten miteinander vermengen, mit Senf, Wein, Salz, Zucker, Paprika und Pfeffer abschmecken und aufkochen lassen. Zu Wild servieren.

Johannisbeersoße
Sos porzeczkowy

40 g Möhren,
20 g Petersilienwurzel,
20 g Sellerieknolle, 60 g Zwiebeln,
40 g Butter, 20 g Weizenmehl,
$^1/_3$ l Knochen- und Gemüsesud,
10 g Zucker, Pfeffer,
Pimentkörner,
120 g Johannisbeergelee
oder Preiselbeerkonfitüre.

Das Wurzelwerk putzen, waschen, fein schneiden und in zerlassener Butter hell anbräunen, Mehl zugeben und hellgelb anrösten. Die Mehlschwitze mit dem Knochen- und Gemüsesud verrühren. Die Gewürze hinzufügen. Alles auf kleiner Flamme garen und anschließend durch ein Sieb streichen. Johannisbeergelee oder die Preiselbeerkonfitüre ebenfalls durch ein Sieb streichen und in die Soße geben. Den Zucker anbräunen, mit wenig Wasser verdünnen und die Soße damit färben. Zu Wild servieren.

Wacholdersoße
Sos jałowcowy

$^1/_2$ Eßl. Butter, $^1/_2$ Eßl. Mehl,
$^1/_4$ l Fleischbrühe, Salz,
Pfeffer, 1 Gläschen Madeira,
1 Prise zerkleinerter Wacholder.

Aus Butter und Mehl eine dunkle Mehlschwitze zubereiten, die Brühe zugießen, salzen, pfeffern, Wein zufügen, Wacholder zugeben und alles aufkochen lassen. Diese dickflüssige Soße wird zu Wildbraten serviert.

AUS TEIGWAREN UND GRÜTZE

Was sind eigentlich Pieroggen und wodurch unterscheiden sie sich von den Pieroschki? Der Franzose Vautrin, der im 17. Jahrhundert Polen bereiste, beschreibt die Pierogge so: „Sie ist ein gekochter und gefüllter Teig, dessen Enden in Form eines Hahnenkammes oder Bootes zusammengeklebt sind". Gewiß würden wir beim Vergleich der Form eher an einen napoleonischen Hut en miniature oder ein Mondviertel denken. Keine Meinungsverschiedenheit aber gäbe es über die hervorragende Qualität der polnischen Pieroggen. Kaum jemand bleibt standhaft und sagt „nein", wenn die schmackhaften Pieroggen, gefüllt mit Fleisch, Sauerkraut oder Weißkohl, mit Pilzen und anderen pikanten oder auch süßen Füllungen serviert werden. Man ißt die Pieroggen mit großem Vergnügen und nennt sie zärtlich auch „Pieroschki", einen wesentlichen Unterschied zwischen beiden gibt es also nicht.
Der Wunsch nach Pieroggen kann leider nicht immer erfüllt werden, ihre Zubereitung kostet viel Arbeit und Zeit. Man bietet hier manchmal als Ersatz „faule" Pieroggen an, die nicht gefüllt sind, deshalb weniger Arbeit machen und rasch zubereitet werden können. Ganz gewiß sind diese Pieroggen kein vollwertiger Ersatz für die richtigen, aber sie schmecken recht gut. Um das Thema „Pierogge" auszuschöpfen, muß man sagen, daß die polnische Küche darüber hinaus noch den „pieróg" kennt, der an den russischen Kulebiak erinnert.
Zu den Mehlspeisen, deren Zubereitung weniger zeitaufwendig als die der Pieroggen ist und die in Polen gern gegessen werden, gehören Eierkuchen und alle Arten von Nudeln. Unter diesen Speisen befinden

sich auch solche, die aus uralten, sogar noch heidnischen Zeiten überliefert sind. Die bäuerliche Küche hat sie vor dem Vergessenwerden gerettet, bekanntlich hat man auf dem Dorfe in der Vergangenheit viel bescheidener – der Not gehorchend auch fleischlos – gegessen.
Die Grütze war in alter Zeit eine heidnische Kultspeise, die sowohl zur Verlobung als auch bei der Geburt des ersten Kindes gegessen wurde. Es gibt eine ganze Reihe von Grützesorten und -arten. Die Buchweizengrütze beispielsweise, besonders wenn sie angebräunt wird, eignet sich hervorragend als Beilage zu gedünsteten Rinderrouladen mit Soße, zur sauren Milch; doch auch mit zerlassenem Räucherspeck zum eigenständigen Gericht gereicht, schmeckt sie bestimmt nicht schlecht.
Versuchen Sie auch die Kartoffelpuffer, die wir ihnen empfehlen. Sie sind schon eine Sünde wert und müssen ja nicht immer gleich auf unseren Hüften ihre Spuren hinterlassen.
Wir laden Sie herzlich ein, einmal Bauerngerichte zu probieren!

MEHLTEIGGERICHTE

Pieroggen mit Fleisch

Pierogi z mięsem

Für die Fülle:
50 g trockene Semmel oder Weißbrot, 30 g Fett, 50 g Zwiebeln, 400 g gekochtes Fleisch, Salz, Pfeffer.

Für den Teig:
300 bis 350 g Mehl, 1 Ei, Salz, 30 bis 40 g Butter zum Übergießen, 20 g Semmelbrösel.

Die in Wasser oder Milch eingeweichte und ausgedrückte Semmel, die in Fett hell angeschwitzten Zwiebelwürfel und das gekochte, gebratene oder gedünstete Fleisch durch den Wolf drehen. Salz und Pfeffer zugeben und alles gut vermischen. Das Mehl auf das Küchenbrett sieben, mit dem Ei, Salz und etwa $^1/_8$ Liter Wasser zu einem lockerem Teig verkneten, teilen, mit einer Schüssel zudecken, damit der Teig nicht austrocknet. Den Teig dünn ausrollen und runde Scheiben von 5 cm Durchmesser ausstechen. Auf eine Hälfte jeder Scheibe je 1 Teelöffel

der Fülle geben, die andere Hälfte darüberschlagen. Die Teigränder gut zusammendrücken. Die Fülle darf nicht zwischen die Teigränder kommen, sonst halten die Pieroggen im kochenden Wasser nicht. Die Pieroggen auf ein mit Mehl bestreutes Küchenbrett oder auf ein Sieb legen und mit einem sauberen Geschirrtuch zudecken, damit sie nicht austrocknen. In einer großen flachen Kasserolle Salzwasser zum Kochen bringen. Die Pieroggen einzeln in kochendes Salzwasser geben, mit dem Löffel rühren, zudecken. Wenn sie an die Oberfläche kommen, noch 2 bis 3 Minuten im offenen Topf weiterkochen. Die garen Pieroggen mit einem Sieblöffel herausnehmen, in ein Sieb geben, mit heißem Wasser überbrühen und abtropfen lassen.
Mit zerlassener Butter und angerösteten Semmelbröseln servieren. Die Pieroggen können nach Belieben mit zerlassenem Räucherspeck begossen werden. Anstelle von gekochtem Fleisch kann 700 g gekochte Lunge oder gedünsteter Fisch mit Zwiebel und Fett verwendet werden.

Pieroggen mit Weißkraut und Pilzen

Pierogi z kapustą i grzybami

Für die Fülle:
10 bis 20 g getrocknete Pilze,
1 kg Weißkraut,
Salz, 40 g Fett,
50 g Zwiebeln, Pfeffer.
Für den Teig:
350 g Mehl,
1 Ei, Salz,
40 g Butter zum Übergießen,
20 g Semmelbrösel.

Die Pilze waschen, einweichen und kochen. Das vorbereitete Weißkraut kleinschneiden, in Salzwasser kochen, abseihen, durch Leinensäckchen oder Geschirrtuch ausdrücken und zusammen mit garen Pilzen und angebräunten Zwiebelwürfeln durch den Wolf drehen. Alles salzen, pfeffern und vermengen. Aus den Teigzutaten einen lockeren Teig kneten. Die Pieroggen nach Rezept „Pieroggen mit Fleisch" formen, füllen und kochen. In einer vorgewärmten Schüssel mit zerlassener Butter und angerösteten Semmelbröseln übergossen servieren.

Pieroggen mit Fleisch und Weißkraut

Pierogi z mięsem i kapustą

Für die Fülle:
200 g gekochtes oder gebratenes Fleisch,
600 g Weißkraut,
1 trockenes Brötchen,
50 g Zwiebeln,
20 g Fett, Salz, Pfeffer.
Für den Teig:
300 bis 350 g Mehl,
1 Ei, Salz,
30 bis 40 g Butter zum Übergießen,
20 g Semmelbrösel.

Nach dem vorgehenden Rezept zubereiten. (Weißkraut kleinschneiden, in Salzwasser kochen, abseihen, durch ein Leinensäckchen oder Geschirrtuch ausdrücken und zusammen mit dem Fleisch, eingeweichtem und ausgedrücktem Brötchen und angeschwitzten Zwiebeln durch den Wolf drehen.)

Pieroggen mit Sauerkraut

Pierogi z kwaszoną kapustą

Für die Fülle:
800 g Sauerkraut,
50 g Zwiebel, 40 g Fett,
Salz, Pfeffer.
Für den Teig:
350 g Mehl,
1 Ei, Salz,
40 g Fett zum Übergießen.

Das Sauerkraut in wenig Wasser kochen, das überflüssige Wasser einkochen lassen. Die geschälte und gewürfelte Zwiebel hellgelb anschwitzen. Das gare Kraut durch ein Leinensäckchen oder Geschirrtuch ausdrücken, durch den Wolf drehen oder wiegen. Die Zwiebel mit dem Fett sowie Salz und Pfeffer zugeben. Alles gut vemengen. Aus den Teigzutaten einen lockeren Teig kneten. Pieroggen formen, füllen und kochen, wie oben beschrieben. Auf einer vorgewärmten Platte mit zerlassener Butter oder zerlassenem Räucherspeck und Grieben übergossen servieren.

Warschauer Pieroschki (mit Pilzen)

Pierożki warszawskie (z grzybami)

Für die Fülle:
500 g Champignons (oder andere Pilze), 100 g Zwiebeln, 50 g Butter, 1 Ei, Salz, Pfeffer.

Für den Teig:
350 g Mehl, 1 Ei, Salz, 30 g Butter zum Übergießen.

Für die Fülle die Champignons putzen, waschen, zerkleinern, mit fein geschnittener Zwiebel in Butter vordünsten, das Ei unterrühren, das überflüssige Wasser in der Bratröhre verdünsten lassen, salzen und pfeffern. Aus den Teigzutaten einen lockeren Teig kneten. Pieroschki formen, füllen und kochen, wie im Rezept „Pieroggen mit Fleisch" beschrieben. Mit zerlassener Butter übergießen und heiß sevieren.

Pieroschki mit Quark und Schafskäse

Pierożki z serem i bryndzą

Für die Fülle:
300 g Quark, 150 g Schafskäse, Kümmel, Salz.

Für den Teig:
350 g Mehl, 1 Ei, Salz, 50 g geräucherter Speck zum Übergießen.

Für die Fülle den Quark durch den Wolf drehen. Schafskäse, Kümmel und Salz zugeben und alles gut verrühren. Aus den Teigzutaten einen lockeren Teig kneten. Pieroschki formen, füllen und kochen, wie im Rezept „Pieroggen mit Fleisch" geschrieben. Mit zerlassenem Speck und Grieben begießen und heiß servieren.

Pieroschki auf Karpaty-Art

Pierożki karpackie (z kaszą gryczaną)

Für die Fülle:
100 g angebräunte Buchweizengrütze, 50 g Zwiebeln, 30 g Fett, 100 g Schafskäse, Salz, Pfeffer.

Für den Teig:
350 Mehl, 1 Ei, Salz, 50 g geräucherter Speck zum Übergießen.

Für die Fülle die Grütze in knapp ¼ Liter Wasser körnig kochen. Die geschälte Zwiebel würfeln und in Fett anbräunen. Mit der garen Grütze vermengen. Aus den Teigzutaten einen lockeren Teig kneten. Pieroschki formen, füllen und kochen, wie im Rezept „Pieroggen mit Fleisch" beschrieben. Mit zerlassenem Räucherspeck übergossen servieren.

Pieroschki mit Buchweizengrütze und Speck

Pierożki z kaszą gryczaną i boczkiem

Für die Fülle:
150 g angebräunte Buchweizengrütze,
60 g geräucherter Speck,
50 g Zwiebeln,
2 Eier, Salz, Pfeffer.

Für den Teig:
350 g Mehl, 1 Ei, Salz,
50 g geräucherter Speck zum Übergießen.

Für die Fülle die körnig gekochte Grütze mit den angerösteten Speck- und Zwiebelwürfeln und den fein gewiegten hartgekochten Eiern vermengen, mit Salz und Pfeffer abschmecken. Aus den Teigzutaten einen lockeren Teig kneten. Pieroschki formen, füllen und kochen, wie im Rezept „Pieroggen mit Fleisch" beschrieben. Mit zerlassenem Räucherspeck übergossen servieren.

Pieroschki mit Quark und Kartoffeln

Pierożki z serem i ziemniakami

Für die Fülle:
800 g Kartoffeln,
200 g Quark (oder Schafskäse),
50 g Zwiebeln, 30 g Fett,
Salz, Pfeffer.

Für den Teig:
350 g Mehl, 1 Ei, Salz
40 g Butter zum Übergießen.

Die Kartoffeln unter fließendem Wasser abbürsten, kochen, schälen und zusammen mit dem Quark durch den Wolf drehen. Hellgelb angeröstete Zwiebelwürfel zugeben, salzen und pfeffern und alles gut vermengen. Aus den Teigzutaten einen lockeren Teig kneten. Pieroschki formen, füllen und kochen, wie im Rezept „Pieroggen mit Fleisch" beschrieben. Auf einer vorgewärmten Platte mit zerlassener Butter oder zerlassenem Räucherspeck übergossen servieren. Man kann zusätzlich noch mit saurer Sahne begießen.

Pieroschki auf Zamość-Art

Pierożki zamojskie

Für die Fülle:
100 g Reis,
30 g Zwiebeln, 30 g Fett,
100 g Quark, Salz, Pfeffer,
Pfefferminzpulver.

Für den Teig:
350 g Mehl, 1 Ei,
Salz,
50 g Butter zum Übergießen.

Für die Fülle den körnig gekochten Reis mit der fein geschnittenen und in Fett gedünsteten Zwiebel und dem Quark vermengen, mit Salz, Pfeffer und Pfefferminzpulver abschmecken. Aus Teigzutaten einen lockeren Teig kneten. Pieroschki formen, füllen und kochen, wie im Rezept „Pieroggen mit Fleisch" beschrieben. Mit zerlassener Butter begießen und sofort heiß servieren.

Litauische Kołduny

Kołduny litewskie

Für die Fülle:
150 g Hammelfleisch
vom Schinken,
150 g Rindslende,
100 g Hammel- oder
Rindertalg oder Mark,
50 g Zwiebeln, 1 Knoblauchzehe,
Salz, Pfeffer, Majoran.

Für den Teig:
350 g Mehl, 1 Ei, Salz.

Für die Fülle das von Sehnen und Häuten befreite und gewaschene Fleisch und den Talg durch den Wolf drehen. Die Zwiebeln schälen und auf einem Reibeisen reiben. Alle Zutaten vermengen, mit zerriebener Knoblauchzehe, Salz, Pfeffer und Majoran abschmecken. Alles miteinander unter Zugabe von 2 bis 3 Eßlöffel Wasser verrühren. Den Teig wie im Rezept „Pieroggen mit Fleisch" zubereiten, dünn ausrollen, runde

Scheiben von 4 cm Durchmesser ausstechen und die Fülle reichlich darauf verteilen. Die Kołduny müssen ausgefüllt sein. Die Ränder gut zusammendrücken und einzeln ins kochende Salzwasser geben. Etwa 5 bis 6 Minuten nach dem Aufkochen garen. Mit einem Sieblöffel herausnehmen, auf einem Sieb abtropfen lassen. Die Kołduny werden als Suppeneinlage in Kraftbrühe oder Bouillon in tiefen Suppentellern serviert. Man kann sie aber auch heiß mit zerlassener Butter oder zerlassenem Speck essen.

Pieroschki mit Obst

Pierożki z owocami

Für die Fülle:
600 g Sauerkirschen
oder anderes Obst
(Kirschen,
Blaubeeren, Brombeeren,
Preiselbeeren).

Für den Teig:
350 g Mehl, 1 Ei, Salz,
20 bis 30 g Butter
zum Übergießen,
1/4 l Schlagsahne,
60 g Puderzucker.

Die Sauerkirschen unter fließendem Wasser gut abspülen, abtropfen lassen und entsteinen. Aus den Teigzutaten einen lockeren Teig kneten. Die Pieroschki nach Rezept „Pieroggen mit Fleisch" formen. Auf die runden Teigscheiben je 3 bis 4 Sauerkirschen auflegen und die Teigränder sorgfältig zusammendrücken. Weiter zubereiten wie im Rezept „Pieroggen mit Fleisch". Falls diese Pieroschki als Nachtisch gedacht sind, eine kleinere Menge zubereiten. Mit Butter begossen servieren. Die mit Zucker geschlagene Sahne dazu reichen.

Kugeln mit Erdbeeren

Kulki z truskawkami

Für die Fülle:
500 g feste Erdbeeren.
Für den Teig:
350 g Mehl,
1 Ei, Salz, 20 g Butter,
40 g Butter zum Übergießen,
20 g Semmelbrösel,
60 g Puderzucker.

Die vorbereiteten Erdbeeren unter fließendem Wasser gut abspülen, abtropfen lassen. Aus Mehl, Wasser, dem Ei, Salz und Butter einen lockeren Teig kneten. Den Teig nicht allzu dünn ausrollen, runde Plätzchen ausstechen und in die Mitte feste mittelgroße Erdbeeren geben, die Teigränder gut zusammendrücken, Kugeln formen und weiter wie im Rezept „Pieroggen mit Fleisch" zubereiten. Mit in Butter angerösteten Semmelbröseln und Puderzucker bestreut servieren.

Quarkklöße („faule" Pieroggen) I

Pierogi leniwe

500 g Quark, 20 g Schweinefett oder Margarine, 2 Eier, Eigelb, 150 g Mehl, Salz, 20 g Semmelbrösel, 30 g Butter oder Margarine.

Den frischen Quark durch ein Sieb streichen oder durch den Wolf drehen. Das Fett in einer Schüssel schaumig rühren, hintereinander die Eigelb zugeben und dann den Quark hinzufügen, alles zu einer glatten Masse verrühren. Das Eiweiß schaumig schlagen, unter die Quarkmasse rühren, das Mehl und Salz zugeben und alles zu einem Teig vermengen. Den Teig zu einer 3 cm dicken Rolle formen, flachdrücken und mit der stumpfen Messerseite ein feines Karo aufzeichnen, aus der Teigrolle schräge 2 bis 3 cm breite Stücke schneiden und portionsweise in kochendes Salzwasser geben. Den Topf zudecken, bis die Klöße an die Oberfläche kommen, mit einem Schaumlöffel herausnehmen und in einer Schüssel mit zerlassener Butter und angerösteten Semmelbröseln oder mit süßer Sahne servieren.

Quarkklöße („faule" Pieroggen) II

Pierogi leniwe

150 g gekochte Kartoffeln, 400 g Quark, 20 g Fett, 2 Eier, 1 Eigelb, 40 g Kartoffelmehl, 20 g Semmelbrösel, 30 g Butter oder Margarine, Salz.

Die gekochten, geschälten Kartoffeln und den frischen, gut ausgedrückten Quark durch ein Sieb streichen oder durch den Wolf drehen. Die Klöße nach dem vorherigen Rezept zubereiten.

Pyzy auf Śląsk-Art (Kugeln aus Hefeteig)

Pyzy śląskie

30 g Hefe, 1 Glas Milch,
500 g Mehl, 3 Eier, Salz.

Aus Hefe, Milch und 250 g Mehl einen Hefeteig bereiten. Wenn der Teig aufgeht, Eigelb, Eischnee und das restliche Mehl zugeben, salzen, ausarbeiten und im Warmen gehen lassen. Dann den Teig dick ausrollen und runde Plätzchen ausstechen. Die Plätzchen auf dem mit Mehl bestäubten Küchenbrett 1 Stunde zum Gehen liegen lassen. Dann nochmals reichlich mit Mehl bestäuben. In einer großen Kasserolle Wasser zum Kochen ansetzen und darauf ein Sieb legen oder ein Leinentuch binden. Die aufgegangenen Klöße darauflegen, zudecken und im Dampf garen. Nach 5 Minuten mit einem Zahnstocher oder einem Holzstäbchen die Klöße anstechen. Wenn die Probenadel trokken bleibt, sind sie gar. Zu Soßen, Braten oder mit Zucker, Sahne und zerlassener Butter servieren. Die Hefeklöße lassen sich auch direkt in kochendem Wasser garen. Nach dem Herausnehmen mit der Gabel zur Probe anstechen.

Viereckige Nudeln (Łazanki) mit Speck

Łazanki z boczkiem

400 g Mehl, 2 bis 3 Eier, Salz,
50 g geräucherter Speck,
40 g harter Schnittkäse.

Das gesiebte Mehl mit den Eiern, Salz und 6 bis 8 Eßlöffel Wasser zu einem festen Teig kneten, sehr dünn ausrollen, zum Austrocknen liegen lassen. In einer großen flachen Kasserolle Wasser zum Kochen aufsetzen, salzen. Den Teig mit Mehl bestreuen, in Stücke schneiden, fest zusammenrollen und in 1 cm breite Streifen schneiden. 5 bis 6 Streifen aufeinanderlegen und in kleine ($1^1/_2$ cm × $1^1/_2$ cm) Quadrate schneiden, mit Mehl bestreuen und locker auf dem Küchenbrett durcheinandermengen. Den fein gewürfelten Speck in einer Pfanne zerlassen. Die Teigquadrate in kochendem Wasser garen, abseihen, mit kochendem Wasser überbrühen, abtropfen lassen und mit zerlassenem Speck und geriebenem Käse servieren.

Łazanki mit Weißkraut und Pilzen überbacken

Łazanki zapiekane z kapustą i grzybami

Für die Fülle:
1 kg Weißkraut,
Salz, 20 g Pilze, 50 g Zwiebeln,
40 g Fett, Pfeffer.

Für den Teig: 350 g Mehl,
2 bis 3 Eier, Salz, 20 g Fett
zum Ausstreichen der Backform,
20 g Semmelbrösel.

Das vorbereitete Weißkraut gut waschen, kleinschneiden, in Salzwasser kochen, abseihen, durch ein Leinensäckchen oder Geschirrtuch fest ausdrücken und zusammen mit den gekochten Pilzen durch den Wolf drehen. Die geschälte, zerkleinerte und hellgelb angebräunte Zwiebel sowie Salz und Pfeffer zugeben. Łazanki (viereckige Nudeln) nach dem Rezept „Viereckige Nudeln" zubereiten, kochen und mit dem Weißkraut vermengen. Alles zusammen in eine gefettete und mit Semmelbröseln ausgestreute Kasserolle geben und 30 bis 40 Minuten in der Bratröhre backen. Mit Butter, Pilz- oder Tomatensoße servieren. Ähnlich werden auch Nudeln (Łazanki) mit Quark zubereitet. Anstelle von Weißkraut und Pilzen wird für die Fülle Quark verwendet.

Łazanki mit Schinken überbacken

Łazanki zapiekane z szynką

Für die Fülle: 200 bis 250 g
Schinken oder Wurst.
Für den Teig: 350 g Mehl,

2 bis 3 Eier, Salz, 20 g Fett
zum Ausstreichen der Backform,
20 g Semmelbrösel.

Nudeln wie im Rezept „Viereckige Nudeln" zubereiten. Den Schinken oder die Wurst durch den Wolf drehen, mit den garen Nudeln vermengen, in eine ausgefettete und mit Semmelbröseln ausgestreute Auflaufform geben und 30 bis 40 Minuten überbacken. Mit Tomatensoße oder Frischkost servieren.

Łazanki mit Mohn überbacken

Łazanki zapiekane z makiem

Für den Teig: 300 g Mehl, 2 Eier, Salz, 6 Eßl. Wasser, 20 g Butter.
Für die Fülle: 250 g Mohn, 10 g Zucker, 4 Eßl. Bienenhonig, 50 g Nüsse, 50 g Rosinen, Salz, 20 g Orangenschale (ungespritzt), 30 g Butter zum Ausstreichen der Kasserolle, 20 g Semmelbrösel, 30 g Puderzucker.

Nudeln wie im Rezept „Viereckige Nudeln" beschrieben zubereiten, kochen, abseihen, mit siedendem Wasser überbrühen und abtropfen lassen. Die Nudeln mit 20 g Butter vermischen. Den Mohn wie im Rezept „Nudeln mit Mohn" zubereiten und mit den Zutaten vermischen. Kasserolle mit Butter bestreichen und mit Semmelbröseln ausstreuen. Schichtweise die Nudeln und den Mohn in den Topf geben, mit Nudeln abschließen. 30 Minuten in der Röhre überbacken. In einer Schüssel anrichten und mit Puderzucker bestreuen. Vanillesoße dazu reichen. Wenn die Nudeln mit Mohn als Nachtisch gedacht sind, genügt die Hälfte der angegebenen Zutaten.

Nudeln mit Mohn

Makaron z makiem

250 g Mohn, 300 bis 350 g Mehl, 1 Ei, Salz; 30 g Butter zum Begießen, Zucker oder Honig, Vanillinzucker, Zitronenschale.

Den Mohn mit kochendem Wasser überbrühen und auf kleiner Flamme so lange zugedeckt stehen lassen, bis sich der Mohn zwischen den Fingern zerreiben läßt. Durch ein feines Sieb abseihen, gründlich abtropfen lassen und mehrmals durch den Wolf drehen. Das gesiebte Mehl auf dem Küchenbrett mit dem Ei, etwa $^{3}/_{4}$ Glas Wasser und Salz zu einem festen Teig verkneten. Den Teig gründlich durchkneten, 5 cm dick ausrollen und liegen lassen, damit er durchtrocknet. In einer flachen Kasserolle Salzwasser zum Kochen bringen. Den Teig mit Mehl bestreuen und in 4 cm breite Streifen schneiden. Die Streifen übereinanderlegen und zu dünnen Nudeln schneiden. Die Nudeln in kochendes Wasser geben, umrühren und zudecken. Wenn die Nudeln an die Oberfläche kommen, abseihen, mit kochendem Wasser überbrühen, abtropfen lassen. Die Nudeln mit zerlassener Butter und Mohn vermischen, Zucker oder Honig, Zitronenschale und Vanillinzucker zugeben. Nach Belieben 20 bis 30 g Rosinen zufügen. Die Nudeln in einer vorgewärmten Schüssel servieren. Anstelle von hausgemachten Nudeln können gekaufte Makkaroni zu dieser Speise verwendet werden.

Eierkuchen mit Eischnee
Naleśniki z pianą

2 Eier, 1/4 l Milch, Salz,
200 g Mehl, Speckschwarte
zum Ausfetten der Bratpfanne.

Die Eigelb mit der Milch, 1/4 Liter Wasser und Salz mit dem Schneebesen verrühren. Nach und nach Mehl zugeben und so lange schlagen, bis der Teig sahnig dick wird. Das steifgeschlagene Eiweiß unter den Teig ziehen, leicht verrühren, das restliche Mehl zugeben. Den mit der Speckschwarte ausgefetteten Tiegel stark erhitzen, jeweils eine kleine Kelle Teig hineingeben. Wenn der Teig fest zu werden beginnt, den Eierkuchen schnell umdrehen. Die Eierkuchen nach Belieben mit verschiedenen Füllen oder in dünne Streifen geschnitten als Suppeneinlage servieren.

Eierkuchen mit Buchweizengrütze
Naleśniki z kaszą gryczaną

Für den Teig: 2 Eier, Salz,
1/4 l Wasser, 1/4 l Milch,
200 g Mehl,
Speckschwarte
zum Ausfetten der Pfanne,
40 g Bratfett.

Für die Fülle: 200 g angebräunte Buchweizengrütze, 30 g Zwiebeln, 2 hartgekochte Eier, 40 g Fett, 100 g Quark, je 2 Eßl. gewiegter Dill und Schnittlauch, Salz.

Den Teig nach Rezept „Eierkuchen mit Eischnee" zubereiten. Die körnig gekochte Grütze mit den hellbraun angerösteten Zwiebelwürfeln, den hartgekochten, fein geschnittenen Eiern, Fett, Quark und gewiegtem Dill und Schnittlauch vermengen, salzen. Eine mittelgroße flache Kasserolle ausfetten und abwechselnd Eierkuchen und Fülle übereinander hineingeben. Jeden Eierkuchen mit Fett beträufeln. In der vorgeheizten Bratröhre 20 bis 25 Minuten backen. Die Plinsen heiß auf eine Platte stürzen und wie eine Torte in Stücke schneiden. Zu diesen Eierkuchenschnitten nach Belieben Dill-, Tomaten-, Pilzsoße oder Frischkost servieren. Anstelle von Quark lassen sich für die Fülle gekochte frische oder getrocknete Pilze verwenden.

Frühjahrseierkuchen

Naleśniki wiosenne

Für den Teig:
200 g Mehl,
2 Eier, 1/4 l Milch, Salz,
1/4 l Bier, Speckschwarte zum Ausfetten der Pfanne,
1 Ei und 40 g Semmelbrösel zum Panieren, 40 g Bratfett.
Für die Fülle: 4 Eier,
40 g Butter, Schnittlauch,
Salz, Pfeffer.

Das Mehl mit den Eiern, Milch und Salz schaumig schlagen, Bier zufügen und weiterschlagen. Den Tiegel mit der Speckschwarte ausfetten, erhitzen und je eine kleine Kelle Teig langsam hineingießen. Die Plinse nur von einer Seite braten. Für die Fülle die Eier hartkochen, schälen, zerkleinern. Die Butter schaumig rühren, mit den Eiern vermengen, den gewiegten Schnittlauch, Salz und Pfeffer zugeben und alles gut vermischen. Die Eierkuchenplätzchen auf der angebratenen Seite mit der Fülle bestreichen, die Teigränder nach innen einschlagen und die Plinsen einrollen. Jedes einzelne Röllchen mit verquirltem Ei und Semmelbröseln panieren, von allen Seiten in heißem Fett braten. Mit grünem Kopfsalat auf polnische Art mit gesüßter Sahne oder mit Tomatensalat servieren.

Eierkuchen auf Poznań-Art

Naleśniki poznańskie

Für den Teig:
200 g Mehl,
2 Eier, $^1/_4$ l Milch, Salz,
Speckschwarte
zum Ausstreichen
der Bratpfanne,
60 g Semmelbrösel
zum Panieren,
40 g Bratfett,
Für die Fülle:
4 trockene Brötchen,
$^1/_2$ l Milch, 6 Eier,
100 g Zwiebeln, 30 g Fett,
2 Eßl. saure Sahne.

Aus Mehl, Eiern, Milch, $^1/_4$ Liter Wasser und Salz einen Plinsenteig bereiten. 5 bis 6 Eßlöffel Teig übriglassen. Dünne Plinsen nach Rezept „Eierkuchen mit Eischnee" braten. Die Brötchen in Milch einweichen, ausdrücken, hartgekochte Eier schälen, Zwiebelringe anbräunen und alles durch den Wolf drehen. Sahne, Salz und Pfeffer zufügen und alles miteinander vermischen. Die Plinsen mit der Fülle bestreichen. Zwei Ränder auf 2 bis 3 cm einschlagen und die Plinsen zusammenrollen. Im restlichen Plinsenteig und in Semmelbröseln panieren. Von beiden Seiten goldgelb braten.

Eierkuchen mit Champignonfülle

Naleśniki z pieczarkami

Für den Teig: 2 Eier, 200 g Mehl,
Salz, $^1/_4$ l Milch, Speckschwarte
zum Ausstreichen der Pfanne,
40 g Bratfett,
60 g Semmelbrösel, Petersilie.
Für die Fülle:
600 g frische Pilze,
100 g Zwiebeln, 30 g Fett,
1 bis 2 Eßl. Semmelbrösel,
Salz, Pfeffer.

Aus Eiern, Mehl, Salz, Milch und $^1/_4$ Liter Wasser einen Plinsenteig bereiten. Plinsen nach Rezept „Eierkuchen mit Eischnee" braten. 4 bis 5 Eßlöffel Teig zum Panieren übriglassen. Die Champignons waschen, putzen, von den Stielen befreien, in sehr dünne Scheiben schneiden und in wenig Wasser dünsten. Fein gewürfelte und angebräunte Zwiebel zufügen, 1 bis 2 Eßlöffel Semmelbrösel, Salz und Pfeffer darunterrühren. Die Plinsen mit dieser Fülle bestreichen. Zwei Ränder etwas einschlagen und die Plinsen zusammenrollen. Im restlichen Teig und in Semmelbröseln panieren, von beiden Seiten in heißem Fett goldgelb braten. Die fertigen Plinsen auf einer Platte anrichten und mit Petersilie garnieren. Dazu Dillsoße oder andere beliebige Soßen und Frischkostsalate servieren.

Eierkuchen mt Hirn

Naleśniki z móżdżkiem

Für den Teig:
200 g Mehl,
2 Eier, Salz, 1/4 l Milch,
Speckschwarte
zum Ausstreichen der Pfanne,
60 g Semmelbrösel,
40 bis 60 g Bratfett,
Petersilie.
Für die Fülle: 500 g Hirn,
50 g Zwiebeln, 30 g Fett,
Salz, Pfeffer,
3 bis 4 Eßl. Sahne.

Aus Mehl, Eiern, Salz, 1/4 Liter Wasser und 1/4 Liter Milch einen Plinsenteig bereiten. Dünne Plinsen nach Rezept „Eierkuchen mit Eischnee" braten. 5 bis 6 Eßlöffel Teig zum Panieren übriglassen. Das Hirn 30 Minuten in Wasser einweichen, waschen, von Häutchen befreien, würfeln, der angerösteten Zwiebel zufügen und beides zusammen einige Minuten braten. Mit Salz und Pfeffer abschmecken und mit der Sahne verrühren. Die Fülle dünn auf die Plinsen verteilen und mit einem breiten Messer glätten. Zwei Plinsenränder von beiden Seiten 2 bis 3 cm einschlagen und die Plinse zusammenrollen. Die Plinsenrollen im Teig und dann in Semmelbröseln panieren. In stark erhitztem Fett von allen Seiten hellgelb braten. Auf einer vorgewärmten Platte anrichten und mit Petersilie garnieren. Dazu Tomaten-, Dillsoße und Frischkost servieren.

Keulchen aus Buchweizenmehl

Dołki gryczane z serem

1/4 l saure Sahne, Buchweizenmehl,
Salz, 100 g Fett, 250 g Quark,
2 Eigelb.

Die Sahne mit so viel Mehl verrühren, daß ein flüssiger Teig entsteht.

Salz zugeben. In einer Eierpfanne Fett erhitzen und den Teig löffelweise in die Vertiefungen verteilen. Wenn die Keulchen von einer Seite braun werden, umdrehen. Quark mit Eigelb verrühren und zwischen zwei Keulchen füllen, zusammenklappen und 5 Minuten in der Röhre backen. Mit saurer Sahne servieren.

Plätzchen aus geröstetem Mehl
Prażucha

200 g Weizenmehl,
200 g Buchweizenmehl, Salz,
60 g Räucherspeck zum Begießen.

Das gesiebte Mehl in der Bratröhre oder in einer großen Pfanne unter ständigem Rühren hellgelb anrösten. Das Mehl in einen Topf schütten und mit $^1/_2$ Liter kochendem Salzwasser überbrühen, schnell verrühren, damit sich keine Klumpen bilden. Wenn ein fester Teig entstanden ist, den Topf zudecken und etwa $^1/_2$ Stunde am Ofenrand stehen lassen oder in der Bratröhre überbacken. Den Räucherspeck fein würfeln und zerlassen. Mit dem in Fett getauchten Eßlöffel von dem Teig kleine Klößchen abstechen und auf eine vorgewärmte Platte legen. Mit zerlassenem Räucherspeck begießen und sofort servieren. Diese Klößchen können nur aus angeröstetem Mehl zubereitet werden.

Plätzchen aus Buchweizenmehl mit Quark
Racuszki z serem

Für den Teig:
300 g Buchweizenmehl,
Salz, 100 bis 150 g Weizenmehl.

Für die Fülle:
300 g Quark,
1 Eigelb, Salz, 60 g Bratfett.

Das durchgesiebte Schrotmehl mit kochendem Wasser überbrühen, gründlich verrühren, das durchgesiebte Weizenmehl und Salz dazuschütten und einen festen Teig kneten. Den Quark durch das Sieb streichen oder durch den Wolf drehen, mit dem Eigelb verrühren, salzen. Aus diesem Teig eine Rolle von 5 cm Durchmesser formen, in

Mehl wälzen, in 4 cm lange Stücke schneiden, die Fülle darauf verteilen, Kugeln formen und etwas flachdrücken. In die runden Plätzchen mit der stumpfen Messerseite kleine Karos drücken. Von beiden Seiten in Fett braten. Sahne dazu reichen.

Eierkuchen mit Quark oder Marmelade
Naleśniki z serem lub marmoladą

Für den Teig:
2 Eier, 1/4 l Milch, 1/4 l Wasser,
Salz, 200 g Mehl,
60 g Fett zum Braten,
60 g Puderzucker, Speckschwarte zum Ausfetten der Pfanne.

Für die Fülle:
400 g Quark
oder Marmelade, 1 Eigelb,
Salz, Zucker, Vanillinzucker,
2 bis 3 Eßl. Sahne.

Einen Teig mit Eischnee nach Rezept „Eierkuchen mit Eischnee" zubereiten, aber nur von einer Seite braten. Den Quark durch ein Sieb streichen oder durch den Wolf drehen, Eigelb, Salz, Zucker, Vanillinzucker und Sahne zugeben, abschmecken und alles miteinander verrühren. Nach Belieben 20 bis 30 g gewaschene Rosinen zufügen. Die fertigen Plinsen auf der angebratenen Seite mit der Quarkmasse bestreichen und in Vierecke zusammenlegen. In erhitztem Fett von beiden Seiten hellgelb braten. Mit Puderzucker bestreut heiß servieren. Nach Belieben Sahne dazu reichen.

Eierkuchen-Baba
Baba naleśnikowa

4 Eier, 40 g Zucker,
1/4 l dicke Sahne, Salz,
150 g Mehl,
60 g Butter zum Braten,
Fett zum Ausfetten der Kasserolle,
30 g Vanillinzucker
oder Puderzucker und Zitronensaft
oder Konfitüre.

Die Eigelb mit dem Zucker schaumig rühren, Sahne, Salz und Mehl zugeben, das steif geschlagene Eiweiß unterziehen. Im Tiegel Butter erhitzen und $^1/_5$ des Teiges hineingießen. Von einer Seite auf sehr kleiner Flamme braten. Eine feuerfeste Kasserolle ausfetten. Die fertige Plinse mit der ungebratenen Seite nach oben hineingeben. Mit Vanillinzucker bestreuen oder mit Puderzucker, der mit Zitronensaft verrührt wurde, oder mit Konfitüre bestreichen. Noch 4 Plinsen braten und übereinanderlegen. Jeweils zwischen zwei Plinsen Zucker oder Konfitüre geben. Eierkuchen-Baba mit Zucker oder Konfitüre begießen, in der vorgeheizten Bratröhre einige Minuten braten und sofort heiß servieren.

Polnische Bliny mit Sahne

Bliny polskie ze śmietaną

200 g Weizenmehl,
200 g Buchweizenmehl,
$^3/_4$ l Milch, 20 g Hefe,
2 Eigelb, 30 g Butter,
Salz, 2 Eiweiß,
Bratfett.

Das Mehl mit Milch und Hefe verrühren, Eigelb, Butter und Salz zufügen, mit einem Holzlöffel gründlich verrühren. Eischnee daruntermischen und den Teig im Warmen gehen lassen. Nach dem Gehen erneut vermengen, damit sich der Hefeteig setzt, und wieder gehen lassen. Diesen Vorgang im Laufe von 2 bis 3 Stunden mehrmals wiederholen. In einer Pfanne Fett erhitzen. Den Teig portionsweise $^1/_2$ cm dick hineingießen und Plätzchen braten. Die Bliny während des Bratens wenden. Auf einer Platte anrichten. Saure Sahne dazu reichen.

Plätzchen aus Haferflocken

Placki z płatków owsianych

$^1/_4$ l Milch, 400 g Haferflocken,
150 g Weizenmehl, 3 Eier,
Salz, 100 g Bratfett.

Die Milch aufkochen und über die Haferflocken gießen, wenig Wasser dazugeben, alles gut verrühren und vom Feuer nehmen. Nach 30 Minuten den Haferflocken Mehl, Eier und Salz zufügen und alles zu einem Teig verkneten. Fett in der Pfanne zerlassen, den Teig löffelweise in das erhitzte Fett geben, zu Plinsen flachdrücken und von beiden Seiten braun braten. Die Plinsen mit Tomatensoße, gedünsteten Tomaten oder mit Zucker bestreut oder mit Konfitüre übergossen servieren.

Plätzchen aus saurer Milch
Placki z zsiadłego mleka

350 bis 400 g Mehl,
$^1/_2$ l saure Milch, 2 Eier,
1 Teel. Backpulver,
80 bis 100 g Bratfett,
50 g Puderzucker.

Das Mehl sieben. Die saure Milch sorgfältig mit den Eiern und dem Mehl zu einer glatten, lockeren, schaumigen Masse schlagen, zum Schluß das Backpulver zugeben. Der Teig soll sahnig sein. Den Teig löffelweise in erhitztes Fett geben und kleine Plätzchen braten, bis sie von beiden Seiten goldbraun sind. Die fertigen Plätzchen heiß mit Puderzucker oder Obstsirup, mit Fruchtsoße oder Weichselkonfitüre servieren.

Plätzchen mit Äpfeln oder Kürbis
Placki z jabłkami lub dynią

350 bis 400 g Mehl,
$^1/_2$ l saure Milch,
2 Eier,
1 Teel. Backpulver, 300 g Äpfel,
Kürbis oder Rhabarber, Bratfett,
50 g Puderzucker.

Wie die Plätzchen im vorhergehenden Rezept zubereiten. Geschälte Äpfel oder Kürbis auf grobem Reibeisen zerkleinern, dem Teig zugeben und braten.

Quarkplätzchen
Mądrzyki

500 g Quark, 4 Eier, 30 g Zucker,
50 bis 100 g Mehl, 20 g Rosinen,
200 g Bratfett, Vanillinzucker,
$^1/_4$ l saure Sahne.

Den Quark durch ein Sieb streichen. Die Eigelb mit dem Zucker schaumig rühren, den Quark, Mehl und Rosinen hinzufügen, weiter rühren, bis die Masse ganz glatt ist. Das steifgeschlagene Eiweiß dazugeben, bis sich der Teig ausrollen läßt. Den Teig $1^1/_2$ cm dick ausrollen, mit einem Wasserglas runde Plätzchen ausstechen und in Butter oder Schweinefett im Tiegel braten. Die Plätzchen heiß mit Vanillinzucker bestreut servieren. Saure Sahne dazu reichen.

Hefeplätzchen

Placki drożdżowe

250 g Mehl, 15 g Hefe, 50 g Zucker, $^1/_4$ l Milch, 2 Eier, 50 g Fett, Bratfett, Obstsirup zum Begießen.

Das Mehl sieben. Die Hefe mit einem Teelöffel Zucker und einem halben Glas Milch verrühren und dem Mehl zufügen. Die mit Zucker geschlagenen Eier, die restliche Milch und das zerlassene Fett zugeben und alles zusammen verrühren, bis der Teig Blasen schlägt. Der Teig muß sahnig sein. Den Teig beiseite stellen und gehen lassen. Den Teig löffelweise in erhitztem Fett von beiden Seiten goldbraun braten. Die Hefeplätzchen heiß mit Zucker, Obstsirup oder Konfitüre servieren.

KARTOFFELTEIGGERICHTE

Kartoffelpuffer

Placki ziemniaczane

$1^1/_2$ bis 2 kg Kartoffeln, 1 Zwiebel, 1 Ei, 2 bis 3 Eßl. Mehl, Salz, 80 g Öl oder Bratfett.

Die gewaschenen, geschälten Kartoffeln und die Zwiebel fein reiben, mit dem verquirlten Ei und Mehl vermischen. In einer großen Pfanne das Fett stark erhitzen, jeweils einen Löffel der Kartoffelmasse hineingeben, etwas plattdrücken und auf starker Flamme schnell von beiden Seiten braten. Die fertigen, knusprig gebratenen Puffer sofort auftragen. Mit Heringsmasse oder Pilzsoße und Rohkostsalaten oder mit Zucker bestreut bzw. mit Preiselbeerkonfitüre servieren. Sollen die Puffer mit Zucker oder Preiselbeerkonfitüre gegessen werden, empfiehlt es sich, die Zwiebel wegzulassen.

Klößchen aus rohen Kartoffeln

Kluski z surowych ziemniaków

1½ kg Kartoffeln,
1 Ei, Salz,
50 g Speck, 50 g Zwiebeln.

500 g Kartoffeln mit der Schale kochen, pellen, durch den Wolf drehen und abkühlen lassen. Die restlichen Kartoffeln dünn schälen, auf einem feinen Reibeisen reiben, leicht ausdrücken (am besten durch ein Leinensäckchen). Den Kartoffelsaft in ein Gefäß geben. Wenn er sich setzt, die Flüssigkeit abgießen und die Stärke den ausgedrückten Kartoffeln zufügen. Die durchgedrehten und geriebenen Kartoffeln miteinander vermengen. Das Ei und Salz dazugeben. Alles zu einem Teig verkneten und nußgroße Klößchen formen. In jedes Klößchen mit dem Finger eine kleine Vertiefung drücken. Portionsweise in Salzwasser kochen. Vor dem Kochen ein Klößchen zur Probe in das kochende Wasser werfen. Ist der Teig zu locker, 3 bis 4 Eßlöffel Weizenmehl oder 1 Eßlöffel Kartoffelmehl daruntermengen. Die Klößchen 5 bis 8 Minuten kochen. Wenn sie oben schwimmen, mit einem Sieblöffel herausnehmen. Mit zerlassenem Speck und angebratener Zwiebel anrichten. Klößchen aus rohen Kartoffeln zu gedünsteten Fleischgerichten mit Soße servieren.

Klößchen aus gekochten Kartoffeln (Hüfchen)

Kluski z gotowanych ziemniaków (kopytka)

1 kg Kartoffeln,
30 bis 35 g Mehl,
1 bis 2 Eier,
Salz, 40 g Butter
oder Margarine,
20 g Semmelbrösel.

Die Kartoffeln gut abbürsten, spülen, kochen, schälen, durch den Wolf drehen. Die Kartoffelmasse auf einem Küchenbrett abkühlen lassen, Mehl, 1 Ei und Salz zugeben und einen Teig kneten. Der Kartoffelteig darf nicht lange liegen bleiben, er wird sonst zu locker. Gesalzenes Wasser in einer flachen Kasserolle zum Kochen bringen. Den Kartoffelteig in 3 Teile teilen. Fingerdicke Rollen formen und schräg in kleine 4 bis 5 cm lange Stücke schneiden (man kann auch nußgroße Klößchen formen, in jedes Klößchen mit dem Finger eine kleine Vertiefung drücken). Portionsweise in das kochende Wasser geben, umrühren, zudecken und langsam garen. Wenn die Klößchen oben schwimmen, den Deckel entfernen, den Topf vom Feuer nehmen, die Klößchen mit einem Sieblöffel aus dem Wasser nehmen und auf einem Sieb abtropfen lassen. In einer Schüssel mit angebräunten Semmelbröseln und Butter übergießen. Anstelle von Butter können die Klößchen mit ausgelassenen Speckgrieben übergossen werden. Kartoffelklößchen als zweiten Gang zu gedünstetem Weißkohl oder Sauerkraut servieren oder mit Pilz-, Champignon- oder Tomatensoße reichen. Kartoffelklößchen eignen sich ausgezeichnet als Beilage zu gedünstetem Fleisch mit Soße.

Warschauer Pyzy (Kugeln aus Kartoffelteig)

Pyzy warszawskie

1½ kg Kartoffeln,
100 g Kartoffelmehl,
Salz.

500 g Kartoffeln gut abbürsten, kochen, schälen und durch den Wolf drehen. Die restlichen Kartoffeln schälen, auf einem Reibeisen fein reiben und durch ein Leinentuch drücken. Den Saft eine Weile stehen lassen und dann vorsichtig abgießen. Den Satz der Kartoffelmasse zufügen. Die geriebenen und ausgedrückten, mit den gekochten und durch den Wolf gedrehten Kartoffeln, Salz und Mehl zu einem Teig verkneten. Aus dem Teig Kugeln formen und in kochendem Salzwasser 8 bis 10 Minuten garen. Wenn sie an die Oberfläche kommen, mit einem Schaumlöffel herausnehmen und auf einem Sieb abtropfen lassen. Zu gedünstetem Fleisch mit Frischkostsalat servieren.

Warschauer Pyzy mit Fleisch oder Wurst gefüllt

Pyzy warszawskie z mięsem lub kiełbasą

Für den Teig:
$1^1/_2$ kg Kartoffeln,
100 g Kartoffelmehl, Salz.
Für die Fülle: 50 g Zwiebeln,
30 g Fett, 200 g gekochtes
oder gebratenes Fleisch
oder Wurst (Knackwurst),
40 g Brötchen
oder trockenes Weißbrot, Salz,
Pfeffer.
Zum Übergießen:
40 g Raucherspeck.

Den Kartoffelteig nach dem vorhergehenden Rezept zubereiten. Für die Fülle die geschälte und fein gehobelte Zwiebel in Fett anrösten, das Brötchen oder das trockene Weißbrot einweichen, ausdrücken. Das Fleisch oder die Wurst mit dem ausgedrückten Brötchen durch den Wolf drehen. Die geröstete Zwiebel, Salz und Pfeffer zugeben, alles miteinander vermengen. Die Fülle muß dick sein. Den Teig in walnußgroße Stücke schneiden, auf der angefeuchteten Handfläche flachdrücken und auf jedes Plätzchen ein wenig Fülle geben, zusammendrücken, Kugeln formen, und in kochendes Salzwasser geben. Nach dem Aufkochen 5 Minuten garen. Mit einem Schaumlöffel herausnehmen und abtropfen lassen. Mit zerlassenem Räucherspeck begießen und zu Rohkostsalaten servieren.

Warschauer Kartoffelklößchen

Ziemniaczanki warszawskie

Für den Teig: 600 g Kartoffeln,
250 g Weizenmehl,
20 g Kartoffelmehl, 1 bis 2 Eier,
Salz.
Für die Fülle: 500 g Champignons,
100 g Zwiebeln, 50 g Butter, 1 Ei,
Salz, Pfeffer.
Zum Übergießen: 30 g Butter.

Die gebürsteten Kartoffeln garen, abkühlen lassen, pellen und durch den Wolf drehen. Die Kartoffelmasse mit dem Weizen- und Kartoffelmehl, den Eiern und Salz zu einem Teig verkneten. Die Champignons gut waschen, putzen, zerkleinern und mit der fein geschnittenen Zwiebel in 50 g Butter dünsten, 1 Ei zugeben und weiterdünsten. Mit Salz und Pfeffer abschmecken. Die überflüssige Feuchtigkeit der Champignons in der Bratröhre verdunsten lassen. Den Teig zu Rollen formen. Die Teigrolle in Scheiben schneiden, die Fülle darauf verteilen und Klöße formen. Die Klöße in kochendes Salzwasser geben und garen, bis sie an der Oberfläche schwimmen. Die Klößchen mit dem Sieblöffel herausnehmen und abtropfen lassen. Mit zerlassener Butter übergießen und servieren.

Süße Kartoffelklößchen

Ziemniaczanki na słodko

Für den Teig: 600 Kartoffeln,
250 g Weizenmehl,
20 g Kartoffelmehl,
1 bis 2 Eier, Salz.

Für die Fülle:
50 g getrocknete Pflaumen,
20 g Rosinen, 50 g Sahne,
10 g Zucker, Vanille.

Die gebürsteten Kartoffeln kochen, abkühlen lassen, pellen und durch den Wolf drehen. Die Pflaumen waschen, überbrühen, abtropfen lassen und entkernen. Die Rosinen waschen, abtrocknen. Die Kartoffelmasse mit dem Weizenmehl und Kartoffelmehl, den Eiern und Salz zu einem Teig verkneten. Den Teig zu Rollen formen. Die Teigrollen in Scheiben schneiden, die Pflaumen mit den Rosinen darauf verteilen und Klößchen formen. In leicht gesalzenem Wasser kochen. Die garen Kartoffelklößchen mit einem Sieblöffel herausnehmen und abtropfen lassen. Mit gezuckerter Sahne übergossen oder mit zerlassener Butter und Semmelbröseln servieren.

Śląsker Kartoffelklöße

Kluski śląskie

1 kg Kartoffeln, 1 bis 2 Eier,
60 g Kartoffelmehl, Salz,
40 g Weizenmehl,
40 g Räucherspeck.

Die Kartoffeln waschen, schälen, kochen, durch ein Sieb streichen oder durch den Wolf drehen. Eier, Kartoffelmehl sowie etwas Salz zugeben und alles schnell zu einer Masse verkneten. Klöße formen, in Weizenmehl wälzen, etwas flachdrücken und in gesalzenes kochendes Wasser

werfen, zudecken. Wenn die Klöße an der Oberfläche schwimmen, das Kochwasser umrühren und noch etwa 2 Minuten kochen lassen. Die garen Klöße mit einem Sieblöffel herausnehmen und in einer Schüssel mit zerlassenem Speck oder in Fett angerösteten Semmelbröseln servieren. Diese Klöße zu gedünstetem Weiß- oder Sauerkraut oder mit Pilzsoße und Rohkostsalat servieren. Die Klöße eignen sich auch sehr gut als Beilage zu Fleischgerichten.

Kartoffelknödel mit Fleisch, Hühnerklein oder Wurst

Knedle ziemniaczane z mięsem, dróbkami lub kiełbasą

Für den Teig: 1 kg Kartoffeln,
300 g Mehl, 1 Ei, Salz.
Für die Fülle:
250 g gekochtes Fleisch,
Bratenreste,
gekochtes Hühnerklein
oder 200 g Knackwurst,
1 Brötchen, 50 g Zwiebeln,
30 g Fett, Pfeffer, Salz,
40 g Butter oder Margarine
zum Übergießen,
20 g Semmelbrösel.

Den Kartoffelteig wie im Rezept „Kartoffelklößchen aus gekochten Kartoffeln" beschrieben zubereiten. Für die Fülle das gekochte oder gedünstete Fleisch zusammen mit dem eingeweichten und ausgedrückten Brötchen durch den Wolf drehen. Die geschälte, kleingeschnittene und in Fett angebräunte Zwiebel, Salz und Pfeffer zugeben. Alles gründlich vermischen. Den Teig zu einer Rolle von 3 cm Durchmesser formen, in Stücke schneiden und daraus auf der Handfläche kleine Scheiben formen. Auf die Mitte jeder Scheibe Fleischmasse geben und walnußgroße Klöße formen. In kochendem Salzwasser portionsweise garen, damit sie locker nach oben kommen. Dann den Kochtopf öffnen und noch 2 bis 3 Minuten kochen lassen. Einen Knödel zur Probe herausnehmen und prüfen, ob er innen gar ist. Die garen Knödel mit einem Sieblöffel herausnehmen, abtropfen lassen und sofort in einer Schüssel mit zerlassener Butter und angebräunten Semmelbröseln übergießen. Die Knödel schmecken hervorragend mit Frischkost aus Sauerkraut, Weißkohlsalat, mit Tomaten- oder Pilzsoße. Wird anstelle von Fleisch Wurst zur Fülle verwendet, wird diese erst von der Schale befreit, dann gewürfelt und durch den Wolf gedreht.

Kartoffelknödel mit Schafskäse oder Quark

Knedle ziemniaczane z bryndzą lub serem

Für den Teig:
1 kg Kartoffeln,
300 g Mehl, 1 Ei, Salz.
Für die Fülle:
200 g Schafskäse (Bryndza)
oder Quark, 40 g Butter
oder Margarine zum Übergießen,
20 g Semmelbrösel.

Den Kartoffelteig wie im Rezept „Kartoffelklößchen aus gekochten Kartoffeln" beschrieben zubereiten. Den Schafskäse schaumig rühren. Den Teig in 2 Teile teilen und Rollen von 3 cm Durchmesser formen, etwas flachdrücken und mit den Fingern kleine Plätzchen formen. In die Mitte jedes Plätzchens einen Löffel der Schafskäsemasse geben. Die Ränder gut zusammenkleben und kleine Kugeln formen. Die Knödel portionsweise in kochendem Salzwasser zugedeckt garen. Wenn das Wasser zu kochen beginnt, den Deckel entfernen. Den Topf vom Feuer nehmen, die Knödel mit dem Sieblöffel herausnehmen und auf einem Sieb abtropfen lassen. In einer Schüssel mit in Butter angebräunten Semmelbröseln oder mit zerlassenen Speckgrieben übergießen. Anstelle von Schafskäse kann auch Quark, verrührt mit Eigelb, verwendet werden.

Kartoffelknödel mit Pflaumen oder Marmelade

Knedle ziemniaczane ze śliwkami lub marmoladą

Für den Teig:
700 g Kartoffeln,
250 g Mehl, 1 Ei, Salz.
Für die Fülle:
500 g frische oder gefrorene Pflaumen oder
300 g Marmelade,
40 g Butter oder Margarine zum Übergießen,
20 g Semmelbrösel,
60 g Puderzucker.

Den Kartoffelteig wie im Rezept „Kartoffelklößchen aus gekochten Kartoffeln" beschrieben zubereiten, zu einer 3 cm dicken Rolle formen und in 3 cm breite Stücke schneiden, flachdrücken und kleine Plätzchen formen. In die Mitte jedes Plätzchens eine gewaschene, entsteinte Pflaume geben. Den Teigrand sorgfältig zusammenkleben und Kugeln

formen. Portionsweise in kochendem Wasser zugedeckt garen. Wenn sie kochen, abdecken und noch 2 bis 3 Minuten kochen lassen. Die Knödel mit einem Sieblöffel aus dem kochenden Wasser nehmen, abtropfen lassen, mit in Butter angebräunten Semmelbröseln bestreuen. Puderzucker oder Schlagsahne mit Zucker dazu reichen.
Getrocknete Pflaumen vorher einige Stunden in Wasser einweichen und entsteinen. Die Knödel könnnen nach Belieben anstelle von Pflaumen mit dicker Marmelade gefüllt werden. Sollen Pflaumenknödel als Nachtisch serviert werden, genügt es, die halbe Menge zuzubereiten.

Kartoffelbrei

Lemieszka

500 g Kartoffeln,
Salz, 100 g Mehl,
50 g Speck oder Butter.

Die geschälten Kartoffeln mit siedendem Wasser übergießen, so daß sie knapp bedeckt sind, salzen, kochen. Nach dem Garen das Wasser nicht abgießen, sondern Mehl zugeben und auf kleiner Flamme mit einem Stampfer einen Brei rühren. Den Topf schließen und kurz auf kleiner Flamme stehen lassen, bis der Brei den rohen Geruch verlieren. Den Brei mit zerlassenem Speck und Grieben übergießen. Aus dieser Kartoffelmasse lassen sich nach Belieben kleine Plätzchen formen, die in Butter gebraten und mit saurer Sahne serviert werden.

GRÜTZEGERICHTE

Buchweizengrütze angebräunt, körnig gekocht

Kasza gryczana na sypko

300 g Buchweizengrütze,
30 bis 40 g Fett, Salz.

Die Grütze verlesen. Die gewaschene Grütze in knapp $^1/_2$ Liter siedendes Salzwasser geben, verrühren, Fett zugeben und alles langsam auf kleiner Flamme garen, bis die Grütze aufgequollen ist. Dann in der Bratröhre oder im Wasserbad weitergaren. Die gare, körnige Grütze mit frischer oder zerlassener Butter, mit zerlassenen Speckgrieben, mit Quark oder als Beilage zu gedünstetem Fleisch servieren. Wird die Grütze als leichtes Hauptgericht gegessen, heiße süße oder saure Milch dazu reichen.

Gersten- oder Buchweizengrütze mit Pilzen überbacken

Kasza jęczmienna lub gryczana z grzybami zapiekana

300 g Grütze, Salz,
60 g Fett, 800 g frische Pilze,
50 g Zwiebeln, Pfeffer,
20 g Fett zum Bestreichen,
$^1/_8$ bis $^1/_4$ l Sahne, 1 Ei,
40 g Schnittkäse.

Die gut gewaschene Grütze in reichlich Salzwasser mit 30 g Fett auf kleiner Flamme langsam garen. Wenn die Grütze gequollen ist, in der Backröhre oder im Wasserbad weitergaren. Das verdampfte Wasser immer wieder nachfüllen. Die Pilze putzen, waschen, die Stengel abschneiden. Die Hüte in dünne Streifen schneiden, mit Zwiebelringen, 30 g Fett und 3 bis 4 Eßlöffel Wasser zugedeckt dünsten. Mit Salz und Pfeffer abschmecken. Das verdampfte Wasser nachfüllen. Die Hälfte der Grütze in eine gefettete Backform geben, mit einer Schicht gedünsteter Pilze bedecken und darauf die übrige Grütze verteilen. Zum Schluß alles mit verquirltem Ei und ungesüßter Sahne begießen. Mit geriebenem Tilsiter Käse bestreuen und in der Röhre backen. Mit Frischkost servieren. Anstelle von Grütze kann auch Reis verwendet werden.

Gersten- oder Buchweizengrütze mit Pilzen gekocht

Kasza jęczmienna lub gryczana z grzybami gotowana

30 g getrocknete Pilze,
300 g Grütze,
Salz, 50 g Fett,
50 g Zwiebeln, 4 Eier,
20 g Fett
zum Ausstreichen der Form,
20 g Semmelbrösel.

Die Pilze waschen, einweichen, kochen, abseihen und zerkleinern. Die Grütze verlesen und gut waschen. Dem Pilzsud 600 ml Wasser zufügen, salzen, etwas Fett zugeben und aufkochen lassen. Die Grütze in das kochende Wasser geben und auf kleiner Flamme langsam garen. Wenn die Flüssigkeit verkocht ist, die Grütze gut umrühren und in der vorgeheizten Bratröhre fertiggaren. Geschälte und gewürfelte Zwiebel hellgelb anschwitzen. Eigelb schaumig rühren. Eigelb, Zwiebel mit Fett, Grütze und den zerkleinerten Pilzen verrühren, salzen und mit Eischnee vermischen. Eine Puddingform fetten und mit Semmelbröseln ausstreuen. Die Form bis zu $^{3}/_{4}$ mit der Puddingmasse füllen, verschließen und im Wasserbad etwa 1 Stunde kochen. Das verkochte Wasser jeweils nachfüllen. Wenn der Pudding leicht braun wird, mit dem Messer vom Rand lösen und in eine Schüssel stürzen. Dazu Pilzsoße und Frischkost servieren. Anstelle von getrockneten Pilzen können auch 250 g frische, geputzte, zerkleinerte, in Fett und Wasser zusammen mit zerkleinerter Zwiebel gedünstete Pilze verwendet werden.

Hirsegrütze mit Pflaumen

Kasza jaglana ze śliwkami

$^{1}/_{2}$ l Milch, 250 g Hirsegrütze,
60 g Zucker,
$^{1}/_{2}$ Vanillestange,
200 g getrocknete Pflaumen,
4 Eigelb,
Fett für die Bratform,
Semmelbrösel.

Für die Vanillesoße:
$^{1}/_{2}$ l Milch, 4 Eigelb,
20 g Kartoffelmehl,
100 g Vanillinzucker.

Die Hirsegrütze in Milch mit der Hälfte des Zuckers und Vanille kochen. Wenn die Grütze gequollen ist, in der mittelmäßig heißen Bratröhre rösten. Die getrockneten Pflaumen kochen, abkühlen und entkernen. Ein Eigelb mit Zucker schaumig schlagen und mit der abgekühlten Grütze vermengen. Eine Auflaufform mit Butter ausfetten und mit Semmelbröseln bestreuen; in die Form schichtweise Grütze und Pflaumen geben. Die oberste Schicht bildet die Grütze. Das Gericht in der Bratröhre backen. Heiß mit Vanillesoße servieren.

Krakówer Grütze mit Sahne

Kasza krakowska ze śmietaną

200 g Weizengrütze,
1/2 l süße Sahne,
120 g Zucker, 1 Gläschen Rum.
Fett zum Ausstreichen
der Backform.

Die Grütze mit der süßen Sahne vermengen und 30 Minuten quellen lassen. Mit Zucker und Rum verrühren, in eine ausgefettete Backform geben und backen. Mit Vanillinzucker bestreut und mit Konfitüre garniert servieren.

Weizenspeise mit Mohn und Honig

Kutia

200 g Weizen, 150 g Mohn,
50 g Nüsse, 50 g Rosinen,
Vanillinzucker und Honig,
1/8 l süße Sahne.

Den Weizen verlesen, spülen, 3 bis 4 Stunden garen, abseihen, abkühlen lassen. Den Mohn mit kochendem Wasser überbrühen und zugedeckt auf kleiner Flamme so lange garen, bis er sich mit den Fingern zerreiben läßt. Den Mohn in ein feines Sieb geben, abtropfen lassen und durch den Wolf drehen. Die geschälten und zerkleinerten Nüsse, den Weizen, die überbrühten Rosinen, Vanillinzucker, Honig und süße Sahne zugeben. Alles gut vermischen und in einer Glasschüssel kalt servieren. Kutia ist eine traditionelle Weihnachtsspeise, die am Weihnachtsabend gegessen wird.

BACKWERK

Der Stolz jeder polnischen Hausfrau sind große und kleine Kuchen, insbesondere aus Hefe- und Mürbeteig. Sie haben ihren Ursprung im Brot und eigentlich im Flammenkuchen. Viele Generationen steuerten hier neue Einfälle, neue Zutaten bei, so daß schließlich wohlschmeckende Gebäckarten entstanden, die sowohl das Auge als auch den Gaumen erfreuen. Eine solche lange Geschichte hat auch der bekannte Kołacz. Der polnische Name „kołacz" hat seinen Ursprung in „koło", was Ring, Kreis bedeutet und auf die runde Form der Opferbrote hinweist, die einst den heidnischen Göttern gebracht wurden. Später kam man auf die Idee, diese Kołaczen mit Honig zu bestreichen. Schließlich begann man, die kreisrunden Kuchen mit süßen Füllungen zu versehen. Und so entstand endlich jenes appetitliche Gebäck, das in manchen Regionen Polens zum Abschluß eines Hochzeitschmauses noch heute serviert wird.

Unter den polnischen Kuchen nimmt der Napfkuchen, die „baba", einen Ehrenplatz ein, worüber wir bereits in der Einleitung unseres Kochbuches geschrieben haben. Vielleicht sollte noch gesagt werden, daß die „babka" eine kleine „baba" ist, beide werden aus dem gleichen Teig und auf die gleiche Weise – meistens aus Hefeteig – zubereitet. Es gibt dann noch eine dritte Kuchenart, die so ähnlich heißt die „babeczka". Das ist aber dann bereits kein Napfkuchen mehr, sondern ein kleiner mürber Törtchen, mit einer Füllung versehen.

Doch kehren wir in unsere Küche zurück. Mit den verschiedenen „baba" und „babka" wird das Repertoire der Kuchen- und Gebäcksorten keineswegs abgeschlossen. Im Gegenteil, der appetitliche und so verführerische Aufmarsch der süßen Leckerbissen beginnt damit erst: mit den glänzenden, schlanken Striezeln, den gediegenen Hefefladen, dem vornehmen, nach Rosinen und Orangenschale duftenden Quarkkuchen, dem würzigen, braunen Pfefferkuchen, den weichen Pfannkuchen, den federleichten, in sich gedrehten Spänen, den farbenfrohen, so verschiedenartigen Mazurki... Wer könnte dieser Gaumenpracht wohl widerstehen?

Glücklicherweise gefährden diese Kuchenspezialitäten keineswegs unsere schlanke Linie. Die Kuchen werden ja nur zu den Festtagen gebacken. Man ißt davon nur kleine Stücke, so will es die Vorschrift. Davon wird man auf keinen Fall dick. Außerdem kann man ja einen wohlschmeckenden Mazurek essen und gleich einen feurigen Mazur tanzen. Wetten, daß Sie dann sogar noch abnehmen?

KUCHEN

Napfkuchen auf Warschauer Art

Baba warszawska (parzona)

Für das Hefestück:
1/4 l Milch,
150 g Mehl, 60 g Hefe,
10 Eigelb, 150 g Puderzucker.
Für den Teig:
350 g Mehl,
175 g Butter, 125 g Rosinen,
125 g Mandeln,
60 g abgeriebene
Apfelsinenschale (ungespritzt),
Salz, 30 g Butter
zum Ausstreichen
der Backform.
Für die Glasur:
250 g Zucker, 1/8 l Wasser,
1/2 Eßl. Essig,
1/4 Vanillestange.

Die Milch kochen, das 150 g Mehl in eine Schüssel sieben und die heiße Milch unter schnellem Rühren nach und nach zugeben. Darauf achten, daß sich keine Klumpen bilden. Abkühlen lassen. Die Hefe mit wenig Milch zu einem dicken Brei rühren. Der noch warmen Mehlmasse die Hefe und die mit Zucker schaumig gerührten Eigelb zugeben, alles gut vermischen und zum Gehen warm stellen. Die überbrühten und abgezogenen Mandeln mahlen, die Rosinen waschen, abtropfen lassen und mit Mehl bestäuben, die Apfelsinenschale fein würfeln. Eine große Backform ausfetten und mit Mehl bestäuben. Das restliche Mehl und Salz dem aufgegangenen Hefestück zugeben und einen Teig kneten, nach und nach die zerlassene, warme Butter zufügen. Zum Schluß Mandeln, Rosinen und Apfelsinenschale zugeben. Die Backform zu $^1/_3$ mit dem Teig füllen und zu erneutem Gehen warm stellen (der Teig geht langsam). Wenn sich die Teigmenge verdoppelt hat, in der gut vorgeheizten Backröhre etwa 1 Stunde backen. Mit einem Holzstäbchen probieren, ob der Kuchen gar ist. Wenn das Stäbchen nach dem Einstechen in den Napfkuchen trocken ist und der Kuchen schön bräunlich, aus der Backröhre herausnehmen. Zum Abkühlen in der Form lassen. Den abgekühlten Kuchen sorgfältig aus der Form herauslösen. Den fertigen Napfkuchen mit der Vanilleglasur beziehen. Vanilleglasur: Aus $^1/_8$ Liter kochendem Wasser, Zucker, Essig und Vanillestange einen Sirup kochen, leicht abkühlen lassen und gut rühren. Zum Schluß die Vanillestange entfernen.

Oster-Napfkuchen
Baba wielkanocna

Für das Hefestück:
90 g Hefe,
30 g Zucker, $^1/_4$ l Milch.
Für den Teig:
30 Eigelb,
1 kg Mehl, 300 g Zucker, Salz,
Vanillinzucker,
5 g bittere Mandeln,
80 g Rosinen, 500 g Butter,
50 g Fett zum Ausstreichen
der Backform.
Für die Vanilleglasur:
250 g Zucker, $^1/_8$ l Wasser,
$^1/_2$ Eßl. Essig,
$^1/_4$ Vanillestange.

Hefe, Zucker und Milch zu einem Hefestück verrühren und zum Gehen warm stellen. Zwei hohe Napfkuchenformen mit Butter ausstreichen und mit Mehl bestäuben. Die Eigelb über Dampf mit dem Schneebesen schaumig schlagen und unter Rühren Mehl, das Hefestück, Zucker, Salz, Vanillinzucker, Mandeln und Rosinen zugeben und zu einem Teig verkneten. Wenn der Teig Bläschen schlägt, nach und nach zerlassene

Butter zufügen. $^1/_2$ Stunde je 500 g Mehl kneten. Den Teig zum Gehen warm stellen. Danach in die vorbereitete Backform geben und nochmals gehen lassen. In der vorgeheizten Backröhre etwa $^3/_4$ Stunde backen. Den Kuchen abkühlen lassen, dann vorsichtig aus der Form nehmen und glasieren.

Punsch-Napfkuchen

Baba ponczowa

Für das Hefestück:
60 g Hefe,
20 g Zucker, 150 g Mehl,
$^1/_4$ l Milch.
Für den Teig:
100 g Butter oder Margarine,
4 Eier, 60 g Zucker,
350 g Mehl,
20 g Apfelsinenschale
(ungespritzt), Vanillinzucker,
Salz, 50 g Fett
zum Ausstreichen
der Backform.
Für den Punsch:
200 g Zucker,
Zitronensaft
oder Zitronensäure, Rum.
Für die Rumglasur:
200 g Zucker,
abgeriebene Apfelsinenschale,
$^1/_4$ Eßl. Essig, Rum,
Zitronensaft.

Die Hefe mit einem Eßlöffel Zucker, 150 g Mehl und Milch sorgfältig verrühren und gehen lassen. Zwei Backformen mit Fett ausstreichen und mit Mehl bestäuben. Die Butter oder Margarine schaumig rühren und nach und nach die Eigelb und Zucker zugeben, das Hefestück zufügen, nach und nach das Mehl zugeben. Der Teig muß locker sein und sich mit dem Löffel kneten lassen. Eischnee, fein geschnittene Apfelsinenschale, Vanillinzucker und Salz zugeben. So lange rühren, bis der Teig glatt ist und Blasen schlägt. Die Formen nur bis zur Hälfte mit dem Teig füllen und nochmals gehen lassen. Die Kuchen in der gut vorgewärmten Backröhre etwa 1 Stunde backen. Für den Punsch Zucker mit $^1/_3$ Liter Wasser und geriebener Apfelsinenschale aufkochen, abkühlen lassen, mit Zitronensaft und Rum abschmecken. Den gebackenen Napfkuchen aus der Backröhre herausnehmen, leicht abkühlen lassen, vorsichtig aus der Form herausnehmen. Den noch warmen Kuchen mehrmals mit einer Holznadel einstechen. Den Punsch darübergießen. Rumglasur: Zucker mit 6 Eßlöffel kochendem Wasser überbrühen, Essig zugeben und einen Sirup kochen. Leicht abkühlen lassen, dabei ständig rühren. Wenn der Sirup weiß wird, mit Rum und Zitronensaft abschmecken. Den kalten Napfkuchen mit der Glasur begießen und die Glasur mit einem Pinsel gleichmäßig verteilen.

Napfkuchen mit Backpulver

Baba ucierana na proszku (piaskowa)

100 g Butter oder Margarine,
4 große Eier, 120 g Puderzucker,
Vanillinzucker, Mandelaroma,
abgeriebene Zitronenschale
(von 1 Zitrone),
Zitronensaft (von 1 Zitrone),
200 g Weizenmehl,
50 g Kartoffelmehl,
$^{1}/_{2}$ Päckchen Backpulver,
20 g Butter,
Puderzucker und
Vanillinzucker zum Bestreuen.

Die Butter schaumig rühren und nach und nach Eigelb, Puderzucker, Vanillinzucker, abgeriebene Zitronenschale, Mandelaroma und Zitronensaft zugeben. Alle Zutaten sorgfältig miteinander verrühren. Nach und nach Eischnee und das mit dem Kartoffelmehl und Backpulver vermischte Weizenmehl zugeben. Den Teig in die ausgefettete und mit Mehl bestäubte Backform gießen. In der mittelmäßig vorgeheizten Röhre etwa 30 bis 40 Minuten backen. Den Kuchen mit einem Hölzchen anstechen. Wenn es trocken bleibt, den Napfkuchen herausnehmen, leicht abkühlen lassen und aus der Backform stürzen. Den noch warmen Kuchen mit Puderzucker und Vanillinzucker bestäuben. Nach Belieben den Teig mit Rosinen, Apfelsinenschale oder Nüssen abwandeln.

Mandelnapfkuchen

Baba migdałowa

10 Eigelb,
250 g Zucker oder Puderzucker,
1 Zitrone, 120 g Kartoffelmehl,
5 Eiweiß, 50 g Mandeln,
3 bittere Mandeln,
Fett und Semmelbrösel,
Puderzucker und Vanillinzucker
zum Bestreuen.

Die Eigelb mit Zucker schaumig schlagen und der Reihe nach abgeriebene Zitronen- oder Apfelsinenschale, Zitronensaft, und Kartoffelmehl zufügen. Die steif geschlagenen Eiweiß und die abgezogenen geriebenen Mandeln zugeben und alle Zutaten gut verrühren. Den Teig in eine gefettete und mit Semmelbröseln bestreute Backform geben und in der gut vorgeheizten Röhre 30 bis 40 Minuten backen. Mit einem Holzstäbchen probieren, ob der Kuchen gar ist. Den warmen Kuchen mit Puderzucker und Vanillinzucker bestäuben.

Kołacz (runder flacher Kuchen, Fladen)

Kołacz

Für den Teig:
70 g Hefe, 20 g Zucker,
$^1/_2$ l Milch, 1 kg Mehl,
4 Eier, 6 Eigelb, 250 g Zucker,
geriebene Zitronenschale,
1 Gläschen Weinbrand,
Salz, 250 g Butter,
Fett zum Ausstreichen der Backform,
Semmelbrösel,
Ei zum Bestreichen des Kuchens,
Mandeln oder Nüsse,
Vanillinzucker zum Bestreuen.
Für die Quarkfülle:
1 kg Quark, 100 g Butter,
250 g Zucker, Vanillinzucker,
2 Eier,
geriebene Zitronenschale,
100 g Rosinen,
150 bis 200 g gemahlene Biskuits.

Die Hefe mit 1 Eßlöffel Zucker und angewärmter Milch verrühren. 300 g Mehl zugeben und einen Hefeteig bereiten. Den Teig gehen lassen. Wenn sich der Hefeteig verdoppelt hat, das übrige Mehl und die mit Zucker schaumig geschlagenen Eier und Eigelb zufügen, die Zitronenschale darüber reiben, den Weinbrand und Salz zufügen und alles zusammen zu einem festen Teig verkneten. Zum Schluß die zerlassene Butter dazugießen, weiterkneten, bis der Teig das Fett aufgesaugt hat. Den Teig zum Gehen warm stellen. Für die Fülle den Quark durch den Wolf drehen, mit Butter, Zucker und den übrigen Zutaten verrühren. Wenn der Quark zu feucht ist, mehr geriebene Biskuits oder Grieß zufügen. Die Masse muß so fest sein, daß sich daraus feste Kügelchen formen lassen. Den Hefeteig ausrollen und vierteln. Zwei Teile des

Teiges in zwei eingefettete und mit Semmelbröseln bestreute Springformen füllen und nochmals gehen lassen.
Auf den in den Springformen gut aufgegangenen Teig die Quarkmasse dick verteilen. Aus dem restlichen Teig fingerdicke Röllchen formen und gitterformig auf die Quarkmasse legen. Die Fladen mit Ei bestreichen und mit fein zerkleinerten Nüssen oder Mandeln bestreuen, in der mittelmäßig vorgeheizten Backröhre 40 bis 50 Minuten backen. Die fertigen Fladen mitVanillinzucker bestäuben. Die Fladen können auch mit Mohn- oder anderer Fülle zubereitet werden.

Mohnstriezel
Makowiec (strucla z makiem)

Für das Hefestück:
80 g Hefe,
1 Eßl. Zucker, 1/4 l Milch,
300 g Mehl,
Für den Teig:
2 Eigelb, 1 Ei,
250 g Zucker, 700 g Mehl,
Salz, etwa 1/4 l Milch,
120 g Fett, 50 g Fett
zum Ausfetten der Backform,
1 Ei zum Bestreichen
des Striezels.
Für die Mohnmasse:
500 g Mohn,
50 g Butter oder Margarine,
250 bis 300 g Zucker,
Zitronenschale, Mandelaroma,
Vanille, Rosinen, 2 Eiweiß.

Den gewaschenen Mohn mit kochendem Wasser überbrühen und so lange auf kleiner Flamme stehen lassen, bis sich der Mohn mit den Fingern zerreiben läßt. Dann den Mohn auf einem Sieb sorgfältig abtropfen lassen und zweimal durch den Wolf drehen. Butter oder Margarine zerlassen, Zucker, Zitronenschale, Mandelaroma, Vanille, die gewaschenen Rosinen und nach Belieben 3 bis 4 Eßlöffel Honig zufügen. Alles 10 bis 15 Minuten unter ständigem Rühren erhitzen. Dann Eischnee dazugeben und alles abkühlen lassen. Aus Mehl, Milch, Zucker und Hefe ein Hefestück bereiten, mit einer Serviette zudecken und zum Gehen warm stellen. Eigelb und Ei mit Zucker schaumig schlagen. Mehl und das aufgegangene Hefestück, Salz und Milch zugeben und so lange kneten, bis sich der Teig von der Hand und der Schüssel löst und kleine Luftbläschen schlägt. Zerlassenes Fett hinzufügen und weiterkneten. Den Teig nochmals gehen lassen. Jeweils 300 g Hefeteig abwiegen und ein 30 cm langes und 25 cm breites Rechteck ausrollen. 300 g Mohnmasse abwiegen und auf den Teig verteilen. An beiden langen Seiten 2 cm Rand frei lassen. Den Teig von der schmalen Seite aus zusammenrollen, in die Backform legen und zugedeckt warm stellen, bis die Striezel aufgehen. Mit verquirltem Ei bestreichen und bei Mittelhitze 50 Minuten backen. Mit einem Holzstäbchen anstechen. Wenn es trocken bleibt, ist der Teig durchgebacken. Die Striezel abkühlen lassen und nach Belieben glasieren. Anstelle der Mohnfülle kann auch eine Nuß- oder Mandelmasse oder Marmelade als Fülle verwendet werden.

Marmeladenstriezel

Strucla z marmoladą

Für das Hefestück: 15 g Hefe,
5 g Zucker, 4 Eßl. Milch.
Für den Teig: 2 Eigelb, 1/2 Ei,
50 g Zucker, Zitronenschale,
250 g Mehl, Salz,
1/8 l Milch, 50 g Butter,
300 g feste Marmelade,
1/2 Ei zum Bestreichen
des Striezels,
20 g Mandeln zum Bestreuen,
20 g Vanillinzucker
und Puderzucker zum Bestreuen,
50 g Fett zum Ausstreichen
der Backform.

Den Teig wie im Rezept „Mohnstriezel" beschrieben zubereiten und zum Gehen warm stellen. Den aufgegangenen Teig auf einem bemehlten Küchenbrett zu einem 30 cm langen und 25 cm breiten Rechteck ausrollen. Die etwas dicke Marmelade gleichmäßig darauf verteilen, an beiden langen Seiten 2 cm Rand frei lassen. Den Teig von der schmalen Seite aus fest zusammenrollen, in die Backform geben und gehen lassen. Den aufgegangenen Teig mit Ei bestreichen und mit zerkleinerten Mandeln dick bestreuen. In der mittelmäßig vorgeheizten Backröhre 50 Minuten backen. Mit einen Hölzchen einstechen. Wenn das Hölzchen trocken bleibt, den Striezel aus der Backröhre herausnehmen und in der Backform leicht abkühlen lassen. Vorsichtig die Striezel aus der Form nehmen und mit Vanillinzucker und Puderzucker bestreuen.

Mandelstriezel, Nußstriezel

Strucla migdałowa lub orzechowa

Für das Hefestück: 15 g Hefe, 5 g Zucker, 4 Eßl. Milch.
Für den Teig: 2 Eigelb, 1/2 Ei, 30 g Zucker, Zitronenschale, 250 g Mehl, Salz, 1/8 l Milch, 50 g Butter.
Für die Fülle: 100 g Mandeln oder Walnüsse, 3 Eigelb, 100 g Zucker, Zitronenschale, Eischnee aus 2 Eiweiß, 50 g Fett zum Bestreichen der Form, 1/2 Ei zum Bestreichen des Striezels, 20 g Mandeln zum Bestreuen, 20 g Puderzucker und Vanillinzucker.

Den Teig wie im Rezept „Mohnstriezel" beschrieben zubereiten und zum Gehen warm stellen. Für die Fülle die überbrühten und abgezogenen Mandeln mahlen. Die Eigelb mit Zucker schaumig schlagen und nacheinander Zitronenschale, gemahlene Mandeln und Eischnee zugeben und vorsichtig rühren. Den aufgegangenen Teig auf einem bemehlten Küchenbrett zu einem 30 cm langen und 25 cm breiten Rechteck ausrollen. Die Fülle gleichmäßig darauf verteilen. Den Teig von der schmalen Seite aus fest zusammenrollen und mit der Naht nach unten in eine lange, schmale, ausgefettete und mit Mehl bestäubte Backform legen. Nochmals gehen lassen. Den aufgegangenen Teig mit Ei bestreichen, mit gehackten Mandeln bestreuen und in der stark vorgeheizten Backröhre etwa 30 bis 40 Minuten backen. Vor Ende der Backzeit den Teig mit einem Holzstäbchen anstechen. Wenn das Holzstäbchen trocken bleibt, ist der Teig gebacken. Aus der Röhre herausnehmen, abkühlen lassen, vorsichtig aus der Form stürzen und mit Puderzucker bestäuben.

Gefüllter Hefekuchen

Przekładaniec drożdżowy (pakowaniec)

Für das Hefestück: 60 g Hefe, 1 Eßl. Zucker, 1/8 l Milch, 150 g Mehl.
Für den Teig: 350 g Mehl, 1/8 l Milch, Salz, 100 g Zucker, 4 bis 5 Eigelb, 100 g Fett, Zitronenschale, Vanillinzucker, 50 g Fett zum Bestreichen des Backblechs, 1 Ei zum Bestreichen des Kuchens,

50 g Mandeln, 50 g Zucker zum Bestreuen.
Für die Nußmasse:
200 g Walnüsse, 200 g Zucker, 2 Eiweiß, Vanillinzucker.
Für die Mandelmasse:
200 g Mandeln, Vanillinzucker, 200 g Zucker, 2 Eiweiß.
Für die Fülle: 150 g Datteln, 150 g Feigen, 100 g Rosinen, 100 g Apfelsinenschale, 600 g getrocknetes Obst (Aprikosen, Sauerkirschen, Pflaumen, Pfirsiche).

Hefestück: Die zerbröckelte Hefe mit Zucker in einem kleinen Topf vermischen, mit Milch und Mehl sorgfältig verrühren und zum Gehen warmstellen. Das Mehl in eine Schüssel geben, in die Mitte eine Vertiefung drücken und das gegangene Hefestück und die restliche Milch hineingeben. Salz und die mit dem Zucker schaumig gerührten Eigelb dazugeben und alles gut verkneten. Zum Schluß das zerlassene Fett, Zitronenschale und Vanillinzucker zugeben und weiterkneten. Den Teig zudecken und zum Gehen warmstellen. Nuß- und Mandelmasse zubereiten (siehe Rezept „Mohnstriezel"). Die entkernten Datteln und die Feigen waschen und in Streifen schneiden, die Rosinen waschen und abtropfen lassen, die Apfelsinenschale ebenfalls in dünne Streifen schneiden. Das gewaschene und eingeweichte Trockenobst zerkleinern. Das Backblech mit Fett bestreichen und mit Mehl bestäuben. Den aufgegangenen Teig in 3 Teile teilen. Einen Teil ausrollen und auf das Blech geben. Auf den Teig das Obst und die Nußmasse in Streifen schräg anordnen, dann einen schrägen, 3 cm breiten Streifen der Aprikosenkonfitüre, dicht daneben einen 4 cm breiten Streifen der Mandelmasse, der Orangenschale usw. legen. Auf diese Weise die ganze Teigfläche bedecken. Dann den zweiten Teigteil auf dem Küchenbrett fein ausrollen und auf die mit Früchten bedeckte erste Schicht legen. Die Ränder zusammendrücken. Auf diesen zweiten Teil erneut Früchte, jedoch in entgegengesetzt laufenden Streifen, legen. Obenauf wieder eine Teigschicht geben. Zum Gehen warmstellen. Wenn der Teig aufgegangen ist, mit verquirltem Ei bestreichen, mit gehackten Mandeln und Zucker bestreuen, an mehreren Stellen einstechen und in der gut vorgeheizten Backröhre etwa $1^1/_4$ Stunde goldgelb backen. Mit einem Holzstäbchen zur Probe anstechen. Wenn das Hölzchen trocken bleibt, ist der Kuchen gar.

Hefekuchen mit Früchten

Placek drożdżowy z owocami

Für das Hefestück: 40 g Hefe, 1 Eßl. Zucker, 1/8 l Milch, 150 g Mehl.
Für den Teig: 350 g Mehl, 1/8 l Milch, 2 Eigelb, 100 bis 150 g Zucker, Salz, 100 g Fett, Zitronenschale, Vanillinzucker, 50 g Fett zum Bestreichen des Backblechs, 700 g Kirschen, Pflaumen oder Äpfel, 50 g Puderzucker zum Bestreuen.

Den Teig nach dem vorigen Rezept zubereiten und zum Gehen warmstellen. Wenn sich der Teig verdoppelt hat, ausrollen und auf das gefettete Blech geben. Die gewaschenen und entkernten Kirschen oder Sauerkirschen reihenweise auflegen. Wenn der Teig aufgegangen ist, in der gut vorgeheizten Backröhre etwa 30 bis 40 Minuten backen. Den abgekühlten Kuchen mit Puderzucker bestäuben.

Streuselkuchen mit Mohn

Placek drożdżowy z makiem i kruszonką

Für das Hefestück: 40 g Hefe, 1 Eßl. Zucker, 1/8 l Milch. 150 g Mehl.
Für den Teig: 350 g Mehl, etwa 1/8 l Milch, 2 Eigelb, 100 g Zucker, Salz, 100 g Fett, Zitronenschale, Vanillinzucker; 50 g Fett zum Bestreichen des Backblechs, 1 Ei zum Bestreichen des Kuchens.
Für die Mohnmasse: 50 g Butter, 300 g Zucker, Mandelöl, Zitronenschale, 30 g Rosinen, Vanillinzucker, 2 Eiweiß.
Für die Streusel: 80 g Mehl, 50 g Butter, 50 g Puderzucker.

Den Hefeteig nach Rezept „Gefüllter Hefekuchen" und die Mohnmasse nach Rezept „Mohnstriezel" zubereiten. Für die Streusel die Butter mit gesiebtem Mehl verkneten, Puderzucker (mit Vanille) zugeben und alle Zutaten gut miteinander vermengen. Den aufgegangenen Teig auf das eingefettete und mit Mehl bestreute Blech geben. Die Mohnmasse darauf verteilen und alles zum Gehen warmstellen. Wenn der Teig gegangen ist, mit den Streuseln bestreuen und backen.

Zwieback

Keks z bakaliami

10 g Butter zum Ausfetten der Backform, 200 g Mehl, 200 g Obst (Rosinen, Feigen, getrocknete Pflaumen, Walnüsse, Mandeln und Orangenschale), 5 Eier, 200 g Zucker, 1/4 Vanillestange, Zitronenschale.

Eine Keksform mit Butter ausstreichen und mit wenig Mehl bestäuben. Die Rosinen waschen und hacken, alle anderen Zutaten zerkleinern und in Mehl wälzen. Die Eigelb mit Zucker schaumig rühren, zerkleinerte Vanille und Zitronenschale zugeben. Das steifgeschlagene Eiweiß, Mehl und die übrigen zerkleinerten Zutaten zugeben. Alles leicht vermengen und in die vorbereitete Backform gießen. In der gut vorgeheizten Backröhre etwa 45 Minuten backen. Wenn der Teig allzu schnell braun wird, Pergamentpapier oder Alu-Folie über die Backform dekken. Nach dem Backen in der Form auskühlen lassen, dann stürzen.

Polnischer Apfelkuchen

Szarlotka polska

500 g Mehl, 10 g Hefe, 200 g Butter, 2 Eigelb, 150 g Puderzucker, geriebene Zitronenschale, 1 1/2 kg Äpfel, 1 Glas Zucker, 100 g Rosinen, 1 Prise Zimt.

Das Mehl mit der zerbröckelten Hefe vermischen, Butter, Eigelb, Puderzucker und Zitronenschale zugeben. Alles schnell verkneten und 1 Stunde im Kühlschrank liegen lassen. Die Äpfel schälen, vierteln, vom Kerngehäuse befreien und mit 1/2 Glas Wasser übergossen auf kleiner Flamme garen. Zum Schluß Zucker, Rosinen und Zimt dazugeben. Den Teig aus dem Kühlschrank nehmen, die reichliche Hälfte ausrollen und auf ein gefettetes Backblech geben, mit der Gabel anstechen und hellgelb backen. Die Apfelmasse auf den angebräunten Kuchen verteilen, den restlichen Teig ausrollen, auf die Apfelmasse geben oder ein Gitter formen. Die obere Teigschicht ebenfalls einstechen und den Kuchen hellgelb backen. Den abgekühlten Kuchen mit Puderzucker bestreuen oder mit Glasur überziehen.

Halbmürber Apfelkuchen
Placek półkruchy z jabłkami

500 g Mehl, 180 g Butter,
90 g Zucker, Backpulver,
4 Eigelb oder 2 ganze Eier,
5 bis 6 Eßl. Sahne, Salz,
750 g Äpfel, 60 g Zucker,
Zimt oder Orangenschale,
10 g Semmelbrösel,
Fett zum Bestreichen
des Backblechs, 1/2 Ei
zum Bestreichen des Kuchens,
30 g grober Kristallzucker,
Puderzucker zum Bestreuen.

Das Mehl auf das Backbrett sieben, die kalte Butter darunterhacken. Zucker und Backpulver zugeben, vermischen, in die Mitte eine Vertiefung drücken, die Eigelb hineinschlagen, Sahne und Salz zufügen und alles zu einem Teig verkneten. Den Teig kühl stellen. Die gewaschenen und geschälten Äpfel grob hobeln. Zucker, Zimt oder Orangenschale sowie Semmelbrösel unter die Äpfel mischen. Eine Hälfte des Teiges 1 cm dick ausrollen, auf das gefettete Backblech geben, die Apfelmasse darauf verteilen. Die zweite Teighälfte ausrollen und damit die Apfelschicht bedecken. Die Ränder mit den Fingern zusammendrücken, die Oberfläche mit Ei bestreichen, mit grobem Kristallzucker bestreuen und den Kuchen mit der Gabel an mehreren Stellen anstechen. Etwa 3/4 Stunde in der gut vorgeheizten Backröhre backen. Den fertigen Kuchen mit Puderzucker bestreuen, in Stücke schneiden und sofort nach dem Abkühlen servieren.

Halbmürber Kuchen mit Marmelade
Placek półkruchy z marmoladą

500 g Mehl, 200 g Fett, 2 Eier,
1 Eigelb, 150 g Puderzucker,
1 Päckchen Backpulver,
5 bis 6 Eßl. Sahne
oder saure Milch,
20 g Margarine zum Bestreichen
des Backblechs,
300 g Marmelade,
30 g Vanillinzucker und
Puderzucker zum Bestreuen.

Das gesiebte Mehl mit Fett hacken, Eiern, Eigelb, Zucker, Backpulver, Sahne oder saure Milch zugeben und mit der Hand den Teig gut durchkneten. Es dürfen sich keine Klümpchen bilden. Den Teig in zwei Teile schneiden. Einen Teil 1 cm dick ausrollen und auf das eingefettete Backblech geben, mehrmals einstechen und in der gut vorgeheizten Backröhre anbacken. Dann abkühlen lassen und mit Marmelade bestreichen. Den restlichen Teig ausrollen und auf die Marmeladenfläche legen. Beide Teile an den Rändern zusammendrükken und den Teig mehrmals anstechen. Erneut in der heißen Backröhre goldgelb backen. Die Oberhitze sollte stärker als die Unterhitze sein. Den noch warmen Kuchen reichlich mit Puderzucker und Vanillinzukker besieben oder mit Zitronen- oder Apfelsinenglasur überziehen. Anstelle von Marmelade kann auch Mohnmasse verwendet werden (siehe Rezept „Mohnstriezel").

Halbmürber Quarkkuchen

Sernik na półkruchym spodzie

Für den Teig:
500 g Mehl,
200 g Fett, 2 Eier,
1 Eigelb,
1 Päckchen Backpulver,
150 g Puderzucker,
5 bis 6 Eßl. Sahne
oder saure Milch,
1 Ei zum Bestreichen.

Für die Fülle:
500 g fetter Quark,
50 g Butter, 2 bis 3 Eigelb,
100 bis 150 g Zucker,
Vanillinzucker,
30 g Apfelsinenschale,
Fett zum Bestreichen
des Backblechs.

Den Teig nach dem vorigen Rezept zubereiten. Zwei Drittel des Teiges 1 cm dick ausrollen, auf das gefettete Backblech geben und anbacken. Den Quark durch ein Sieb streichen oder durch den Wolf drehen, die Butter mit den Eigelb verrühren, Zucker und fein geschnittene Apfelsinenschale zugeben (nach Belieben 350 g Nüsse oder geschälte, gemahlene Mandeln und 30 g gewaschene Rosinen zufügen), Eischnee zugeben und alles leicht vermengen. Den angebackenen Teig mit dieser Masse bestreichen. Aus dünnen Teigröllchen ein schräges Gitter auflegen. Den Kuchen mit verquirltem Ei bestreichen und an mehreren Stellen anstechen. In der gut vorgeheizten Backröhre hellgelb backen.

Mürbeteig-Quarkkuchen

Sernik na kruchym spodzie

Für den Teig:
300 g Mehl, 150 g Butter,
70 g Puderzucker, 2 Eigelb.
Für die Quarkmasse:
500 g fetter Quark, 120 g Butter,
4 Eigelb, 200 g Zucker,
150 g Apfelsinenschale,
$^1/_4$ Vanillestange,
Eischnee von 5 Eiweiß.
Für die Glasur: 300 g Zucker,
$^1/_8$ l Wasser, $^1/_2$ Eßl. Essig,
Vanille, Zitronensaft.

Das Mehl mit Butter hacken, Zucker und Eigelb zugeben, verkneten. Den Teig halbieren. Eine Hälfte rund ausrollen, in eine Springform geben, den Rand hochziehen und den Teig goldbraun backen. Den Quark durch ein Sieb streichen, die Butter schaumig rühren und nach und nach die Eigelb, den Zucker, den Quark und zuletzt die fein geschnittene Apfelsinenschale und die geriebene Vanille zugeben. Den Eischnee hinzufügen und alles leicht verrühren. Diese Quarkmasse auf den vorgebackenen Teig gleichmäßig auftragen. Den restlichen Teig ebenfalls ausrollen und darüberdecken, an einigen Stellen mit der Gabel anstechen und 50 bis 60 Minuten in der gut vorgeheizten Backröhre backen. Den fertigen Kuchen leicht abkühlen lassen, vorsichtig aus der Springform herausnehmen, nach Belieben glasieren.

Pflaumenkuchen

Placek kruchy ze śliwkami

600 g Pflaumen, 300 g Mehl,
150 g Butter, 100 g Puderzucker,
3 Eigelb, 50 g Puderzucker und
Vanillinzucker zum Bestreuen.

Die gewaschenen Pflaumen entkernen und längs einschneiden. Das Mehl mit der Butter mit einem breiten Messer schneiden, gesiebten Puderzucker und Eigelb zufügen, alles schnell und gründlich verkneten, den Teig 10 Minuten zugedeckt kühl stellen. Danach 1 cm dick ausrollen, auf ein entsprechend großes Backblech geben und die Pflaumen darauf nebeneinander anordnen. In der Backröhre goldbraun backen. Den fertigen Pflaumenkuchen in etwa 35 Stücke schneiden und mit Puderzucker und Vanillinzucker bestreuen.

Mazurek mit Nüssen

Mazurek orzechowy

Für den Teig:
250 g geschälte Walnüsse,
100 g Butter oder Margarine,
3 Eigelb, 250 g Puderzucker,
100 g Mehl, Zitronensaft,
Vanillinzucker, 1 Waffel.
Für das Baiser:
2 Eiweiß,
150 g Puderzucker
und Vanillinzucker.

Die Nüsse mahlen, einige Hälften zum Garnieren übrig lassen. Die Butter schaumig rühren und allmählich Eigelb, Zucker, gemahlene Nüsse, Mehl und zum Schluß Zitronensaft und Vanillinzucker zugeben. Die Waffel auf ein Backblech legen und darauf die Nußmasse gleichmäßig aufstreichen. Eischnee schlagen und Puderzucker sowie Vanillinzucker zugeben. Den ganzen Mazurek mit Eischnee bedecken und mit Nußhälften garnieren. In der mittelmäßig vorgeheizten Backröhre etwa 30 Minuten backen.

Mazurek mit Früchten

Mazurek bakaliowy

Für den Teig: 300 g Mehl,
3 gekochte Eigelb,
150 g Butter oder Margarine,
100 g Puderzucker,
Zitronenschale.
Für die Fülle:
500 g kandierte Früchte
(Apfelsinenschale, Feigen,
Datteln, Aprikosen, Rosinen,
Nüsse, Mandeln,
kandierte Obstschale),
200 g säuerliche Marmelade.
Für die Glasur: 1 Eigelb,
1 Ei, 70 g Puderzucker und
Vanillinzucker,
Saft von $^1/_2$ Zitrone
oder 1 Teel. Zitronensäure,
70 g zerlassene Butter,
50 g gemahlene Mandeln,
30 g Semmelbrösel.

Das Mehl auf das Küchenbrett sieben. Die hart gekochten Eigelb durch ein Sieb streichen. Das Mehl mit Butter hacken, Zucker, Eigelb und Zitronenschale zugeben, schnell zu einem mürben Teig verkneten. 20 bis 30 Minuten kühlstellen. $^1/_4$ des Teigs beiseite legen, den Rest $^3/_4$ cm dick ausrollen, auf ein gefettetes Backblech geben und mit Eiweiß bestreichen. Den restlichen Teig zu einem dünnen Röllchen formen, als Rand auf den Teig drücken und mit verquirltem Ei bestreichen. In der gut vorgeheizten Backröhre goldbraun backen. Die Rosinen abspülen, abtropfen lassen, die Mandeln überbrühen, schälen. Alle Früchte außer den Rosinen in dünne Streifen schneiden. Den gebackenen Kuchen dünn mit Marmelade bestreichen und die Früchte dick darauf verteilen. 1 Eigelb und 1 Ei mit Zucker schaumig rühren, Zitronensaft, zerlassene Butter, gemahlene Mandeln und Semmelbrösel zugeben und alles vermengen. Mit dieser Masse die Früchte übergießen. In der mittelmäßig vorgeheizten Backröhre etwa 30 Minuten backen.

Festlicher Mazurek

Mazurek królewski

Für den Teig:
100 g Mandeln,
250 g Butter oder Margarine,
6 Eier, 350 g Puderzucker,
1 Zitrone, 350 g Mehl,
Fett zum Bestreichen des Backblechs, Pergament,
350 g Aprikosenmarmelade oder Kirschmarmelade.
Für die Zitronenglasur:
300 g Zucker, 1/2 Eßl. Essig,
1/8 l Wasser, Saft 1 Zitrone.

Die Mandeln überbrühen, schälen, mahlen. Die Butter zerlassen, die Eier in ein tiefes Steingutgefäß schlagen, Zucker zugeben und die Masse im Wasserbad mit dem Mixgerät oder mit dem Schneebesen so lange schlagen, bis sie dick wird. Gegen Ende der Schlagzeit 8 Eßlöffel mit Zitronensaft vermischtes kochendes Wasser langsam einrieseln lassen, die Masse aus dem Wasserbad herausnehmen und bis zum völligen Erkalten weiterschlagen. Das gesiebte Mehl und die Mandeln daruntermengen und die zerlassene Butter tropfenweise dazugießen. Die fertige Masse auf ein großes oder zwei kleinere, mit Pergamentpapier belegte Backbleche verteilen und in der gut vorgeheizten Backröhre etwa 30 bis 40 Minuten goldgelb backen. Den Mazurek leicht abkühlen lassen, vom Blech herunterschieben, vorsichtig das Pergamentpapier entfernen, den Kuchen weiter abkühlen lassen und quer halbieren. Eine Hälfte mit Aprikosen- oder Kirschmarmelade bestreichen, die zweite Hälfte darüberdecken, leicht zusammendrücken, die Seiten glätten. Mit Zitronenglasur übergießen. Anstelle von Marmelade kann auch Schokoladen-, Kaffee- oder Apfelsinenmasse verwendet werden. Soll der Teig ohne Mandeln zubereitet werden, dann empfiehlt es sich, 50 g Mehl zuzugeben.

Mazurek mit Vanilleglasur

Mazurek z kaimakiem waniliowym

Für den Teig: 300 g Mehl,
200 g Butter oder Margarine,
100 g Puderzucker und
Vanillinzucker,
3 gekochte Eigelb.

Für die Vanilleglasur:
1/2 l Milch, 400 g Zucker,
50 bis 100 g Margarine,
1/2 Vanillestange,
1 Eßl. Karamel.

Den Teig nach Rezept „Mazurek mit Früchten" zubereiten und in der gut vorgeheizten Backröhre goldgelb backen. Den Mazurek herausnehmen und auf das Küchenbrett schieben. Für die Vanilleglasur die Milch mit Zucker und Vanille in einer flachen Kasserolle auf kleiner Flamme so lange kochen, bis die Masse dick wird. Während des Kochens ununterbrochen rühren. Die Masse brennt schnell an. Zur Probe einen Tropfen der Masse auf einen kalten Teller geben, wenn er schnell erstarrt, ist die Masse fertig. Die Glasur unter Rühren abkühlen lassen. Die Vanillestange entfernen. Wenn die Masse sahnig dick ist, zerlassene Butter oder Margarine zugeben und eine Weile weiterrühren. 1 Eßlöffel Karamel zufügen und darunterrühren. Die so zubereitete Glasur schnell auf den Mazurek verteilen, mit dunklen Rosinen oder Apfelsinenschalen garnieren. Stehen lassen. Am nächsten Tag den Kuchen in 5 cm breite Streifen schneiden. Anstelle von Vanille kann in die Zuckermasse Schokolade oder gemahlener Kaffee gegeben werden.

Mazurek mit Schokoladenglasur

Mazurek czekoladowy

Für den Teig: 250 g Mehl,
120 g Butter,
100 g Puderzucker, 2 Eigelb,

1 Teel. Backpulver, 2 Eßl. Sahne,
Für Glasur: 1/4 l Milch,
eine Prise Natron, 200 g Zucker

20 g Butter, 20 g Kakao,
Kirschkonfitüre,
kandierte Apfelsinenschale,
Mandeln.

Das Mehl mit Butter hacken, Zucker, Eigelb, Backpulver und Sahne zufügen, alles verkneten. $^{2}/_{3}$ des Teigs ausrollen und auf das Backblech geben. Die Ränder mit Eiweiß bestreichen. Aus dem restlichen Teig eine dünne Rolle formen, als Rand auf den Teig setzen und andrücken. Den Teig in der gut vorgeheizten Backröhre goldgelb backen. Die Milch mit Zucker und Natron verrühren, auf starker Flamme weiterkochen lassen. Wenn die Masse dick wird, Butter zugeben und noch kurze Zeit kochen lassen. Dann den Topf vom Feuer nehmen, Kakao zufügen und alles nochmals aufkochen lassen. Wenn die Masse zu dick wird, wenig heißes Wasser unterrühren. Mit dieser Glasur den Kuchen sofort dick bestreichen, kaltstellen. Mit abgetropften Kirschen aus der Konfitüre, kandierter Apfelsinenschale und Mandeln garnieren.

Marzipan-Mazurek

Mazurek marcepanowy

500 g Zucker, 250 g ungeschälte
gemahlene Mandeln, 150 g Mehl,
120 g Butter,
1 Ei, Zitronensaft,
1 Eßl. Rum,
Oblaten oder Waffeln.

Zucker, Mandeln, Mehl, Butter, 1 Ei, Zitronensaft und Rum zu einem Teig verkneten, ausrollen, auf die Oblaten oder Waffeln verteilen und in mittelmäßig vorgeheizter Backröhre backen. Nach dem Abkühlen mit Zitronenglasur überziehen.

Ungebackene Quarktorte

Tort serowy nie pieczony

750 g Quark, 50 g Butter,
150 bis 200 g Puderzucker,
2 bis 3 Eigelb,
1 Päckchen Vanillinzucker,
50 g Rosinen,
30 g Apfelsinenschale, Salz,
1 Päckchen Biskuit-
kekse,

Den gut ausgedrückten Quark durch ein Sieb streichen oder durch den

Wolf drehen. Die Butter mit Zucker und den Eigelb schaumig rühren und nach und nach den Quark, Vanillinzucker, Rosinen und die fein geschnittene Apfelsinenschale zugeben, mit Salz abschmecken. Den Boden der Springform mit Keksen bedecken, darauf die Quarkmasse verteilen, glatt streichen, mit Apfelsinenschale garnieren und für 12 bis 16 Stunden im Kühlschrank erstarren lassen. Dann die Ränder mit einem Messer sorgfältig von der Springform trennen, die Quarktorte vorsichtig herausnehmen und auf einen flachen Glasteller von der Form herunterschieben. Sofort servieren.

Biskuittorte mit Walnußfülle

Tort biszkoptowy z orzechami

160 g Mehl, 8 Eier,
240 g Zucker, 1 Zitrone.
Für die Fülle: 200 g Walnüsse,
200 g Puderzucker,
120 g Butter,
1/4 Vanillestange.
Für die Vanilleglasur:
300 g Zucker,
1/2 Eßl. Zitronensaft,
Vanillinzucker.

Das Mehl sieben, die Eigelb von den Eiweiß trennen. Die Eigelb mit Zucker und Zitronensaft schaumig rühren. Das Mehl zufügen. Das steifgeschlagene Eiweiß vorsichtig darunterziehen. Den Teig in eine mit Pergamentpapier ausgelegte Springform gießen und in der gut vorgeheizten Backröhre etwa 45 Minuten backen. Für die Fülle die Walnüsse zusammen mit dem Zucker durch den Wolf drehen, die Butter schaumig rühren, Nüsse und geriebene Vanille zugeben. Die erkaltete Torte am nächsten Tag mit einem scharfen Messer quer in 3 Teile schneiden und die Masse dazwischen verteilen. Die Torte mit einer warmen Vanilleglasur überziehen. Dafür aus Zucker, Zitronensaft und 1/8 Liter Wasser einen Sirup kochen, verrühren und Vanillinzucker zugeben. Die Torte nach Belieben garnieren.

Biskuittorte mit Mandelmasse

Tort biszkoptowy z migdałami

Für den Teig: 180 g Mehl,
8 Eier, 240 g Puderzucker,

1 Eßl. Essig,
200 g Johannisbeer- oder andere säuerliche Marmelade,
20 g Margarine zum Ausstreichen der Backform.
Für die Zitronenglasur:
350 g Zucker, 1 Zitrone.
Für die Mandelmasse:
150 g Puderzucker,
150 g gemahlene Mandeln,
Saft und Schale 1 Zitrone,
$^1/_8$ l süße Sahne, 1 Gläschen Rum.
Für den Punsch:
Zucker zum Abschmecken,
Schale 1 Zitrone,
1 Gläschen Rum.

Das Mehl sieben, die Eigelb von den Eiweiß trennen. Die Eigelb mit Zucker schaumig rühren, den Essig und das Mehl zufügen. Das steifgeschlagene Eiweiß vorsichtig unterrühren. Den Teig in eine mit gefettetem Pergamentpapier ausgelegte Springform gießen und etwa 40 Minuten in der gut vorgeheizten Backröhre backen. Den fertigen Kuchen aus der Backröhre nehmen und etwa 15 Minuten in der Form stehen lassen. Den lauwarmen Kuchen aus der Form herausnehmen, vom Papier befreien und kaltstellen. Den erkalteten Kuchen mit einem scharfen Messer quer in 3 Teile schneiden und jedes einzeln üppig mit Punsch beträufeln. Dafür Zucker mit $^1/_8$ Liter Wasser und Zitronenschale aufkochen, abkühlen lassen und mit Rum vermischen. Die Torte mit der Johannisbeermarmelade und mit der Mandelmasse füllen. Für die Mandelmasse Zucker und $^1/_8$ Liter Wasser zu einem Sirup kochen, gemahlene Mandeln, Zitronensaft und Zitronenschale, süße Sahne und Rum zufügen und alle Zutaten zu einer schaumigen Masse rühren. Zum Schluß die Torte mit Zitronenglasur beziehen. Die Torte kann auch mit Kaffee- oder Schokoladenmasse gefüllt werden.

Polnische Schokoladentorte

Tort czekoladowy polski

Für den Teig: 250 g Mandeln,
200 g Schokolade, 12 Eier,
200 g Zucker.
Für die Mandelmasse:
250 g Mandeln, 250 g Zucker,
Saft von $1^1/_2$ Zitronen,
$^1/_2$ Vanillestange.
Für die Schokoladenglasur:
180 g Zucker, $^1/_2$ Eßl. Essig,
120 g Schokolade.

Die Mandeln abziehen und zusammen mit der Schokolade mahlen. Die Eigelb mit Zucker schaumig rühren, die steifgeschlagenen Eiweiß dazugeben, alle Zutaten sorgfältig vermengen und mit $^1/_{16}$ Liter kochendem Wasser verrühren. Den Teig in zwei mit gefettetem Pergament ausgelegte Springformen füllen und in der gut vorgeheizten Backröhre backen. Beide Springformen mit Papier bedecken, damit der Teig von oben nicht zu braun wird. Die fertigen runden Kuchenplatten leicht abkühlen lassen, aus den Backformen herausnehmen und von den Papieren befreien. Die Mandeln überbrühen, abtrocknen, mahlen, aus Zucker und $^1/_8$ Liter Wasser einen Sirup kochen, in den siedenden Sirup die Mandeln geben. Alles gut verrühren. Vom Feuer nehmen und rühren, bis die Masse abgekühlt ist. Zitronensaft und geriebene Vanille zugeben. Die Fülle muß streichfähig sein. Die Masse zwischen die beiden Tortenböden streichen. Die Schokolade anwärmen, am besten auf einer Untertasse über Dampf. Aus Zucker, Essig und 3 Eßlöffel Wasser einen Sirup kochen und ständig rühren. Wenn der Sirup weiß wird, die Schokolade zugeben und weiterrühren. Nach Bedarf die Glasur mit einigen Tropfen kochendem Wasser verdünnen. Mit der warmen Glasur die Torte begießen. Die Torte beliebig garnieren.

Torte auf Kraków-Art

Tort krakowski

250 g Mehl, 120 g Butter, 4 Eier, 3 Eßl. Zucker, Zimt, 200 g Konfitüre, 3 Eßl. Zucker, Zitronensaft, 200 g Mandeln.

Aus Mehl, Butter, Eigelb, Zucker und Zimt einen Teig kneten und 1 Stunde kühl stellen. Danach den Teig 1 cm dick ausrollen, in zwei Springformen verteilen und einzeln hellgelb ausbacken und abkühlen lassen. Eine Teigplatte mit Konfitüre bestreichen, die zweite daraufgeben und ebenfalls mit Konfitüre bestreichen. 4 Eiweiß mit 3 Eßlöffel Zucker zu Schnee schlagen, Zitronensaft und gehobelte Mandeln zugeben, mit dem Eischnee vermengen und alles in der stark erhitzten Kasserolle unter ständigem Rühren anbräunen. Mit dieser Masse die Torte garnieren. Die Torte $^1/_2$ Stunde in die lauwarme Backröhre stellen, bis der Eischnee trocken ist.

Toruńer Pfefferkuchen
Piernik toruński

500 g Bienenhonig,
$^1/_2$ Teel. gemahlene Gewürze
(Nelken, Zimt), 1 Teel. Anis,
1 kg Roggenmehl, $^1/_2$ Teel. Natron,
1 Gläschen Rum,
$^1/_2$ Ei, Mandeln.

Den Honig mit den Gewürzen durchkochen, das Mehl auf das Backblech schütten und in der Backröhre anbräunen, herausnehmen, mit dem heißen Honig vermengen und gründlich zu einem Teig verkneten. Natron in wenig Wasser auflösen und dem Teig zufügen, ebenso den Rum und $^1/_2$ Ei. Die grob gehackten süßen Mandeln hinzufügen und weiter kneten. Wenn der Teig zu trocken ist, etwas Honig zugießen. Den Teig 3 cm dick ausrollen und auf das gefettete Blech geben, mit geschälten Mandeln garnieren und 50 bis 60 Minuten backen.

Pfefferkuchen ohne Honig
Piernik bez miodu

250 g Zucker, 500 g Mehl,
10 Nelken, 1 Teel. Zimt,
1 Ei, 5 g Natron, 5 g Backpulver,
Fett zum Bestreichen
des Backblechs.

Die Gewürze zerkleinern und sieben. Aus 125 g Zucker und $^1/_4$ Liter Wasser dunklen Karamel bereiten, den restlichen Zucker in $^1/_4$ Liter siedendem Wasser auflösen und mit dem Karamel zusammen aufkochen lassen. Zum Abkühlen beiseite stellen. Das gesiebte, mit Natron und Backpulver vermischte Mehl mit dem Karamel, Ei und den Gewürzen zu einem Teig verkneten, ausrollen und auf ein gefettetes Blech legen. 60 Minuten in der gut vorgeheizten Backröhre backen. Zum Schluß in Stücke schneiden.

Gefüllte Pfefferkuchen
Piernik przekładany

Für den Teig: 250 g Honig,
1 Teel. Gewürze (Zimt, Nelken,
Zitronenschale, Muskatnuß),
500 g Mehl, 10 g Natron

40 g Fett, 5 Eier, 200 g Zucker,
Fett zum Bestreichen
des Backblechs.
Für Fülle I:
300 g dicke Marmelade.

Für Fülle II:
100 g Feigen, 150 g Rosinen,
150 g Apfelsinenschale,
200 g abgetropfte
kandierte Früchte,
100 g Nüsse, Schokoladenglasur.

Den Honig mit den zerkleinerten und durchgesiebten Gewürzen vorsichtig anbräunen, 3 Eßlöffel Wasser zugeben und alles abkühlen lassen. Das gesiebte Mehl mit Natron vermengen. Das Fett mit den Eigelb und Zucker schaumig rühren, den Honig und das Mehl zufügen und alles zu einem Teig verkneten. Zum Schluß den Eischnee unterheben. Den Teig ausrollen, auf einem gefetteten Blech bei Mittelhitze backen und in 3 gleichmäßige Teile schneiden. Fülle I: Die Marmelade stark anwärmen, damit die erste Teigschicht bestreichen und mit der zweiten bedecken. Fülle II: Feigen und Rosinen abspülen, die Feigen und die Apfelsinenschale fein würfeln. Die Feigen, Apfelsinenschale, Rosinen und die kandierte Früchte zu einer dicken Masse rühren, grob gehobelte Nüsse zugeben. Die Fülle gleichmäßig auf die nächste Teigschicht verteilen und mit der restlichen Teigschicht bedecken. Den Pfefferkuchen mit dem Küchenbrett belasten (man kann darauf noch einige schwere Gewichte stellen) und 24 Stunden stehenlassen, damit die Kuchenschichten zusammenkleben. Die Oberfläche mit dünner Schokoladenglasur überziehen. (Rezept siehe „Polnische Schokoladentorte").

Pfefferkuchen mit Früchten

Piernik bakaliowy

200 g Bienenhonig,
200 g Zucker, 1/4 l Bier,
2 Teel. Natron,
1 Eßl. Butter, Zitronenschale,

1 Teel. Zimt und Nelken,
4 Eier, 500 g Mehl,
120 g gemahlene Walnüsse,
kandiertes Obst, Orangenschale.

Den Honig aufkochen lassen, Zucker zugeben, nochmals aufkochen. Dem abgekühlten Honig das in Bier aufgelöste Natron zufügen, Butter, geriebene Zitronenschale, Gewürze, die geschlagenen Eier,

Mehl, Nüsse und das kandierte Obst und Orangenschale zugeben. Alles gut verrühren und auf ein eingefettetes und mit Mehl bestäubtes Backblech gießen. Etwa $1^1/_4$ Stunde backen. Während der Backzeit den Kuchen mit einem Hölzchen oder Zahnstocher anstechen, wenn er trocken bleibt, ist der Pfefferkuchen fertig.

KLEINGEBÄCK

Buttersemmelchen

Bułeczki maślane

500 g Mehl, 40 g Hefe, 60 g Zucker, $^1/_4$ l Milch oder süße Sahne, 2 bis 3 Eigelb, 50 g Butter, Zitronenschale, Salz, Fett zum Bestreichen des Backbleches, $^1/_2$ Ei zum Bestreichen des Kuchens. Für die Streusel: 50 g Butter, 50 g Mehl, 50 g Zucker.

Das Mehl in eine Schüssel sieben. Die Hefe mit 1 Eßlöffel Zucker verrühren, Milch und 250 g Mehl zufügen, alles miteinander vermengen und gehen lassen. Danach das restliche Mehl, die mit dem restlichen Zucker schaumig gerührten Eigelb, Butter, Zitronenschale und Salz zufügen und einen Teig kneten. Für die Streusel die Butter mit dem Mehl schneiden, Zucker zugeben und mit der Hand alles verkneten. Aus dem Teig kleine Semmelchen formen, auf ein gefettetes und mit Mehl bestäubtes Backblech geben und nochmals gehen lassen. Die aufgegangenen Semmeln mit verquirltem Ei bestreichen und in der Mitte mit Streuseln bestreuen. Die Streusel ein wenig andrücken. Die Semmelchen in der gut vorgeheizten Backröhre etwa 20 bis 25 Minuten goldgelb backen. Die angegebene Menge ergibt etwa 20 Semmelchen.

Hefehörnchen mit Marmelade, Nußmasse oder Mohnfülle

Rogaliki drożdżowe z marmoladą, orzechami lub makiem

500 g Mehl, 40 g Hefe, 100 g Zucker, etwa $^1/_4$ l Milch, 1 Ei, 2 Eigelb, 60 g Fett, Vanillinzucker, Zitronenschale, Salz, 300 bis 400 g Marmelade zum Füllen,

Fett zum Bestreichen des Backblechs,
$^1/_2$ Ei zum Bestreichen des Kuchens.

Das Mehl in eine Schüssel sieben. Die Hefe mit einem Eßlöffel Zucker verrühren, Milch und 250 g Mehl zugeben, alles verrühren und dann gehen lassen. Nach dem Gehen das Ei, die mit Zucker schaumig gerührten Eigelb, Fett, Vanillinzucker, Zitronenschale und Salz zugeben. Alles zu einem Teig verkneten und gehen lassen. Den gegangenen Teig $^1/_2$ cm dick ausrollen und etwa 10 cm breite Quadrate schneiden. Daraus zwei Dreiecke schneiden. In die Mitte jedes Dreiecks Marmelade, Nuß- oder Mohnmasse geben und die Dreiecke zu Hörnchen zusammenrollen. Zwei Backbleche einfetten und mit Mehl bestäuben. Die Hörnchen in kleinen Abständen darauf anordnen und zugedeckt im Warmen nochmals gehen lassen. Nach dem Gehen mit verquirltem Ei bestreichen und 25 bis 30 Minuten in der gut vorgeheizten Backröhre goldgelb backen.

Kleine Fladen mit Quark oder Mohn

Kołaczyki z serem lub makiem

Für das Hefestück: 40 g Hefe,
1 Eßl. Zucker, $^1/_4$ l Milch,
150 g Mehl.
Für den Teig: 350 g Mehl, Salz,
2 Eigelb, 60 g Zucker,
50 g Margarine, Zitronenschale,
Fett zum Bestreichen
des Backblechs,
$^1/_2$ Ei zum Bestreichen des Teigs,
30 g Puder- und Vanillinzucker.

Für die Quarkfülle:
300 g Quark,
60 bis 80 g Zucker, 1 Eigelb,
30 g Margarine, Vanille,
Apfelsinenschale.
Für die Mohnfülle:
150 g Zucker,
200 g Mohn, 1 Eiweiß,
30 g Butter, Zintronenschale,
Mandelöl.

Für das Hefestück die Hefe mit Zucker, Milch und Mehl berühren und gehen lassen. Das aufgegangene Hefestück in das gesiebte und angewärmte Mehl hineingießen, Salz zufügen, die Eigelb mit Zucker schaumig rühren und ebenfalls zugeben. Alles gründlich zu einem Teig verkneten. Zum Schluß nach und nach die zerlassene Margarine zugießen und abgeriebene Zitronenschale zufügen. Den Teig mit einem Tuch

Polmos
ŻUBRÓWKA

bedeckt gehen lassen. Dann den Teig $2^1/_2$ cm dick ausrollen. Runde Plätzchen von 6 bis 8 cm Durchmesser ausstechen und auf dem gefetteten Backblech noch eine Weile gehen lassen. Nach dem erneuten Gehen in die Mitte jedes einzelnen Fladens eine Vertiefung drücken und mit Quark- oder Mohnfülle füllen (siehe Rezept „Mohnstriezel"). Die Fladen mit verquirltem Ei bestreichen und in der gut vorgeheizten Backröhre 25 bis 30 Minuten goldgelb backen. Mit Puderzucker und Vanillinzucker bestreut servieren. Die Fladen können nach Belieben mit rohem Weißkohl, mit Stachelbeer- oder Himbeermarmelade oder mit Streuseln zubereitet werden.

Mürbeteigtörtchen mit Schlagsahne und Früchten

Babeczki kruche ze śmietaną i owocami

Für den Teig:
300 g Mehl,
150 g Butter
oder Margarine,
100 g Puderzucker,
3 Eigelb,
2 bis 3 Eßl. Sahne.

Für die Schlagsahne
mit Früchten:
$^1/_3$ l süße Sahne,
250 g Erdbeeren,
Puderzucker,
Vanillinzucker,
$1^1/_2$ g Gelatine.

Das Mehl sieben, die sehr kalte Butter darunterhacken, Puderzucker, Eigelb und 2 bis 3 Eßlöffel Sahne zugeben. Alles schnell zu einem Teig verkneten, 10 Minuten zugedeckt kaltstellen. Den Teig dünn ausrollen und in Törtchenformen füllen. Alle Formen auf ein Backblech stellen und die Törtchen in der heißen Backröhre goldgelb backen. Die Törtchen vorsichtig auf ein Brett stürzen, wieder herumdrehen und abkühlen lassen. Für die Fülle die Erdbeeren vorbereiten und waschen. Die Sahne steifschlagen, gegen Ende der Schlagzeit Puderzucker, Vanillinzucker, Erdbeeren und die in 2 bis 3 Eßlöffel Wasser aufgelöste Gelatine zugeben. Noch eine Weile weiterschlagen und dann schnell die gebackenen Törtchen damit füllen und mit Erdbeeren garnieren. Sofort servieren. Die mürben ungefüllten Törtchen können bis zu 10 Tagen aufbewahrt werden. Aus der angegebenen Teigmasse erhält man etwa 35 Törtchen.

Kleine Fladen mit Pflaumen

Kołaczyki ze śliwkami

Für das Hefestück: 20 g Hefe,
1 Eßl. Zucker, 1/8 l Milch,
Für den Teig: 2 Eier,
50 g Zucker, 300 g Mehl,
50 g Margarine.
Für die Fülle: 250 g Pflaumen,
1/2 Ei zum Bestreichen,
30 g Zucker, Zimt, Nelken.

Aus Hefe, Zucker und Milch ein Hefestück bereiten und gehen lassen. Die Eigelb mit Zucker schaumig rühren, das aufgegangene Hefestück und das Mehl hinzufügen und alles zu einem festen Teig verkneten. Zum Schluß allmählich die zerlassene Margarine zugeben. Den Teig gehen lassen. Dann ausrollen, runde Fladen ausstechen und nochmals gehen lassen. Die Pflaumen waschen, mit einem Tuch abtrocknen und entkernen. In die Mitte jedes Fladens eine kleine Vertiefung drücken. Die Fladen mit Ei bestreichen, in jede Vertiefung eine Pflaume legen und andrücken. Die Fladen in der gut vorgeheizten Backröhre 30 Minuten backen. Mit Zucker, Zimt und gemahlenen Nelken bestreut servieren.

Späne

Chrust (faworki)

200 g Mehl,
3 bis 4 Eßl. dicke Sahne,
3 Eigelb, 1 Teel. Backpulver,
Salz, 1 Eßl. Rum,
500 g Ausbackfett,
100 g Puderzucker
und Vanillinzucker
zum Bestreuen.

Das Mehl mit der Sahne vermengen, die Eigelb einschlagen, Backpulver, Salz und den Rum zugeben. Alle Zutaten gut miteinander zu einem festen Teig verkneten und dann auf einem bemehlten Brett sehr dünn ausrollen und in 15 cm lange und 3 cm breite Streifen schneiden. Jeden Streifen in der Mitte auf eine Länge von 5 bis 6 cm einschneiden und mit einem Ende hindurchziehen. Das Fett stark erhitzen und ein kleines Teigstückchen hineingeben. Wenn es sofort an die Oberfläche kommt und braun wird, kann es ausgebacken werden. Die Teigstreifen mit einem Pinsel von überflüssigem Mehl befreien und in siedendem Fett von beiden Seiten hellgelb backen. Mit Zucker bestreuen.

Pfannkuchen
Pączki

1 kg Mehl,
1 bis 1¹/₂ kg Schweineschmalz zum Braten, 100 g Puderzucker,
¹/₂ Vanillestange,
100 bis 150 g Zucker,
etwa ¹/₂ l Milch, 100 g Hefe,
6 Eigelb, 1 Ei, Vanillinzucker,
Saft und Schale von 1 Zitrone,
Salz, 1 Gläschen Rum,
100 g Butter, 400 g Marmelade.

Das Mehl sieben. Das Bratfett für die Pfannkuchen in einer großen Kasserolle zerlassen. Puderzucker zusammen mit der geriebenen Vanille sieben. 1 Eßlöffel Zucker mit 200 g Mehl, wenig Milch und Hefe verrühren und an einem warmen Ort gehen lassen. Die Eigelb mit dem Ei, dem restlichen Zucker, Mehl, dem aufgegangenen Hefestück, Vanillinzucker, Zitronensaft und geriebener Zitronenschale vermengen. Die restliche Milch, eine Prise Salz und Rum zugeben und alles zu einem glatten Teig verkneten, nach und nach Butter zugießen. Der Teig muß locker sein. Den Teig 10 bis 15 Minuten warmstellen. Wenn der Teig zu gehen beginnt, weiterkneten.

Zubereitung I: Mit einem Löffel kleine Teigportionen abstechen und nach Belieben zu je 40 g abwiegen. Mit angefetteten Handflächen flach drücken, in die Mitte Marmelade geben und Kügelchen formen, auf ein mit Mehl bestäubtes Brett legen und mit einem Geschirrtuch zudecken. Ein Stückchen Teig in das erhitzte Bratfett geben. Wenn er schnell an die Oberfläche kommt und sofort braun wird, können die Pfannkuchen gebacken werden. Die etwas aufgegangenen Pfannkuchen der Reihe nach vorsichtig in die Hand nehmen, mit einem Pinsel das Mehl abstäuben und die Pfannkuchen mit der oberen Seite nach unten im heißen Fett schwimmend backen. Wenn die Pfannkuchen von unten braun werden, mit der Gabel umdrehen und von der anderen Seite backen. Die fertigen Pfannkuchen noch warm mit dem Vanillin-Puderzucker bestäuben und abkühlen lassen.

Zubereitung II: Den gegangenen Teig 2 cm dick ausrollen. Runde Plätzchen von 4 cm Durchmesser ausstechen. Zwischen je 2 Plätzchen wenig Marmelade füllen und die Plätzchen an den Rändern zusammendrücken. Die Pfannkuchen auf einem mit Mehl bestäubten Blech gehen lassen, ausbacken, leicht abkühlen und mit Rumglasur begießen.

Verhüllte Äpfel

Jabłka w koszulkach

250 g Weizenmehl,
220 g Butter oder Margarine,
1 Ei, 2 Eigelb, 100 g Sahne,
600 g Äpfel,
150 g Marmelade oder Konfitüre,
60 g Puderzucker und
Vanillinzucker.

Das gesiebte Mehl mit Butter oder Margarine mit einem Messer auf dem Küchenbrett hacken, Ei, Eigelb und Sahne zugeben, den Teig schnell durchkneten. Den Teig zugedeckt 12 Studen kühl stellen. Die Äpfel schälen, halbieren und vom Kerngehäuse befreien. Den Teig $^1/_2$ cm dick ausrollen und in 10 × 10 cm große Quadrate schneiden. In die Mitte jedes Quadrates einen mit fester Marmelade oder Konfitüre gefüllten halben Apfel geben. Die Ecken nach oben schlagen und die Teigränder zusammendrücken. Die verhüllten Äpfel in der gut vorgeheizten Backröhre etwa 20 bis 30 Minuten backen. Mit Puderzucker und Vanillinzucker bestreut servieren.

Mürbe polnische Kuchen

Ciastka polskie kruche

Für den Teig:
3 Eier, 300 g grob gemahlene Weizenmehl,
200 g Butter oder Margarine,
100 g Puderzucker.

Für die Fülle:
300 g dicke Marmelade.
Für den Zitronenguß:
100 g Zucker,
$^1/_2$ Teel. Essig, Zitronensaft.

Die Eigelb vom Eiweiß trennen und auf einem Sieb in eine Kasserolle mit kochendem Wasser geben. Bei einer Temperatur von 80°C die Eigelb etwa 5 Minuten erstarren lassen, abkühlen lassen und durch ein feines Sieb streichen. Das Mehl sieben, die Butter in das Mehl geben und mit einem Messer hacken. Eigelb und Puderzucker zufügen und alles schnell zu einem glatten Teig verarbeiten. Dann den Teig für 10 Minuten zugedeckt ins Kalte stellen, danach zu einem 1 cm dicken, 35 cm langen und 30 cm breiten Rechteck ausrollen. Daraus drei 10 cm breite und 35 cm lange Streifen schneiden. Einen Streifen in vier $2^1/_2$ cm breite und

35 cm lange Streifchen schneiden. Die Streifen an beiden langen Ränder mit Eiweiß bestreichen, die Streifchen darauflegen und etwas andrücken. Die Teigstreifen quer halbieren und mit einem langen Messer auf das Backblech geben. 15 bis 20 Minuten in der stark vorgeheizten Backröhre backen. Wenn der Kuchen hellbraun wird, herausnehmen und auf das Küchenbrett schieben. Die Johannisbeermarmelade oder den -gelee leicht erwärmen und mit einem Löffelchen auf die Streifen verteilen. 100 g Zucker mit $^1/_2$ Teelöffel Essig, $^1/_{16}$ Liter Wasser und Zitronensaft auf kleiner Flamme zu einer Glasur verrühren. Aus Pergamentpapier eine kleine Tüte formen und diese Masse hineingießen. Den Zitronenguß durch die kleine Öffnung am Ende der Tüte beliebig auf den Kuchen auftragen. Wenn der Zitronenguß erstarrt ist, den Kuchen mit einem scharfen Messer in 3 cm breite Stücke schneiden. Diese Portion Teig ergibt etwa 30 kleine Mürbekuchen.

Mürbteigsternchen

Gwiazdki kruche

300 g grob gemahlene Weizenmehl, 150 g Butter, 50 g Margarine, 100 g Puderzucker, Zitronenschale, 3 Eigelb, 1 Ei oder Eiweiß zum Bestreichen, 50 g grober Kristallzucker.

Das Mehl sieben, die Butter und Margarine darunterhacken, den gesiebten Puderzucker, die geriebene Zitronenschale und Eigelb hinzufügen und alles schnell zu einem Teig verkneten. Den Teig 10 Minuten zugedeckt kaltstellen und dann $^1/_2$ cm dick ausrollen, Sternchen ausstechen, mit verquirltem Ei oder Eigelb bestreichen und mit grobem Kristallzucker bestreuen, auf das Backblech geben und sofort in der gut vorgeheizten Backröhre etwa 10 Minuten goldgelb backen.

Mürber Gelegenheitskuchen

Łamańce

300 g Mehl, 120 g Fett, 100 g Puderzucker, 2 Eier, 1 Eigelb, 2 bis 3 Eßl. Sahne, Vanillinzucker, 30 g Butter zum Ausstreichen der Backform.

Das Mehl sieben. Die Butter zugeben, mit einem breiten Messer hacken und mit dem Zucker vermengen. Die Eier und das Eigelb sowie Rahm und Vanillinzucker zugeben und alles schnell zu einem Teig kneten. Den Teig 10 Minuten zugedeckt kaltstellen und dann $^1/_3$ cm dick ausrollen, auf ein bestrichenes Backblech geben und in Vierecke schneiden. In der gut vorgeheizten Backröhre 8 bis 10 Minuten backen. Den Kuchen noch heiß vom Blech vorsichtig herunterschieben und zu Mohnmasse servieren.

Kringel
Obwarzanki

250 g Mehl, 3 bis 4 Eier,	*Salz, nach Belieben*
30 g Puderzucker,	*1 Prise Backpulver.*

Das gesiebte Mehl mit den Eiern, Zucker, Salz und Backpulver zu einem Nudelteig verkneten. Auf dem Küchenbrett aus dem Teig kleine Kringel von 6 bis 7 cm Durchmesser formen und portionsweise in eine große, flache Kasserolle mit siedendem Salzwasser geben, verrühren, zudekken. Wenn die Kringel an die Oberfläche kommen, mit einem Schaumlöffel herausnehmen und schnell auf ein mit Mehl bestreutes Backblech legen. Etwa 10 Minuten in mittelmäßig vorgeheizter Backröhre hellbraun backen. Die fertigen Kringel noch heiß mit gezuckertem Wasser oder verquirltem Eiweiß bestreichen.

Kleine Quarkkuchen
Drobniaczki serowe

250 g Quark,
250 g Weizenmehl,
250 g Butter, 2 Eier.

Quark, Mehl, Butter und Eier gut verrühren und zu einem Teig verarbeiten. Für süße Quarkkuchen nach Belieben noch einen Eßlöffel Vanillinzucker, fein geriebene Apfelsinen- oder Zitronenschale zufügen. Für pikante Quarkkuchen Salz und Pfeffer, etwas Kümmel, Ingwer, Paprika zugeben. Die sorgfältig verknetete Quarkmasse auf einem mit

Mehl bestreuten Teller im Kühlschrank gut abkühlen lassen. Danach 5 mm dick ausrollen, verschiedene Plätzchen ausstechen. In der heißen Backröhre goldgelb backen.

Windbeutel mit Sahnekrem

Ptysie z kremem

Für den Teig:	*Für die Fülle:*
60 g Fett,	*1 Teeglas saure oder süße Sahne,*
Salz, 120 g Mehl,	*20 g Puderzucker*
3 bis 5 Eier,	*mit Vanillinzucker,*
10 g Butter zum Bestreichen	*20 g Vanillinzucker*
der Backform.	*und Zucker zum Bestreuen.*

$^{1}/_{4}$ Liter Wasser mit Fett und einer Prise Salz aufkochen. Mehl zugeben und die Mehlklümpchen durch ständiges Rühren auf kleiner Flamme zerdrücken. Wenn sich der Teig genügend aufgelöst hat und durchsichtig wird, in eine Schüssel füllen und dem heißen Teig nach und nach unter Rühren die Eier zufügen. Nach etwa 20 Minuten Rührzeit den Teig zum Erstarren stehenlassen. Mit einem Löffel oder mit einer Spritze Teigkugeln auf das eingefettete Blech geben und in der stark erhitzten Backröhre backen. Wenn die Windbeutel zu schnell braun werden, Pergamentpapier oder Alufolie darüberdecken. Die fertigen Windbeutel quer halbieren. Die Sahne steif schlagen, mit Zucker und Vanillinzucker vermengen, die Windbeutel damit füllen, reichlich mit Zucker und Vanillinzucker bestäuben und sofort servieren.

Nugat

Nugat

500 g Zucker, 1 Eßl. Essig,	*500 g geschälte Walnüsse,*
200 g Bienenhonig, 6 Eiweiß,	*Waffeln oder Oblaten.*
Vanillestange,	

Den Zucker mit $^{1}/_{4}$ Liter siedendem Wasser übergießen. Essig zugeben und alles auf kleiner Flamme zu einem dicken Sirup kochen, Bienenhonig zugeben und weiterkochen. Eischnee schlagen und löffelweise den heißen Sirup dem Eischnee unter Rühren zufügen. Zerkleinerte Vanillestange und zerkleinerte Nüsse zugeben. Alles leicht vermengen und die Masse weiterkochen, bis sie so dick wird, daß sie sich nicht mehr gießen läßt. Das Backblech mit Waffeln oder Oblaten belegen, diese mit der Nugatmasse dick bestreichen und Oblaten oder Waffeln daraufklappen, mit einem Brettchen zusammendrücken und im Kalten stehen lassen. Am nächsten Tag in längliche Schnitten oder Quadrate schneiden.

Makagigi mit Mohn
Makagigi

600 g Mohn,
1/2 Liter Bienenhonig.

Den Mohn in den kochenden Honig geben und unter ständigem Rühren kochen, bis er zu bräunen beginnt. Dann auf einen kalt abgespülten flachen Teller gießen und erstrarren lassen. In Stückchen schneiden.

Kleine Pfefferkuchensteine
Pierniczki kamyczki

500 g Honig oder Kunsthonig, 60 g Fett, 2 Eßl. zerdrückte oder fein gemahlene Gewürze (Nelken, Zimt, Muskatnuß und Ingwer), 1 kg Mehl, 15 g Natron, 3 ganze Eier, 500 g Zucker.

Den Honig in der Pfanne zerlassen, Fett und Gewürze zugeben. Das Mehl auf dem Küchenbrett mit dem Natron vermengen, in die Mitte eine Vertiefung drücken und den warmen Honig hineingießen, die Eier und den Zucker dazugeben und alles zu einem festen Teig verkneten. Aus dem Teig fingerdicke Rollen formen, jede Rolle in kirschgroße Stücke schneiden und kleine Kugeln formen. Auf einem eingefetteten und mit Mehl bestreuten Backblech in der gut vorgeheizten Backröhre bis zum leichten Anbräunen backen. Die Kugeln werden sehr schnell braun.

In einer Blechbüchse oder in einem Glas lassen sich die Pfefferkuchen lange aufbewahren. Harte Pfefferkuchen werden weich, wenn man ein Stück geschälte rohe Kartoffel dazulegt.

Kleine Pfefferkuchenküßchen
Pierniczki całuski

3 Eßl. Honig,
1 Teel. Gewürze (Nelken, Zimt),
300 g Mehl,
10 g Natron, 20 g Fett,
Zitronenschale, 60 g Zucker,
1 Ei, $^1/_2$ Ei zum Bestreichen,
Fett zum Bestreichen
des Backbleches.

Den Honig mit den zerkleinerten und gesiebten Gewürzen leicht anbräunen, 1 Eßlöffel Wasser zugeben, abkühlen lassen. Das Mehl sieben und mit dem Natron vermischen. Das Fett zusammen mit dem Mehl mit dem Messer hacken, Zitronenschale, Zucker, Honig und 1 Ei zufügen, alles gut miteinander verkneten und danach 30 Minuten kaltstellen. Den gut gekühlten Teig $^1/_2$ cm dick ausrollen, verschiedene kleine Formen ausstechen und nicht allzu dicht auf das mit Mehl bestäubte und eingefettete Blech legen. Mit Ei bestreichen und in der sehr heißen Backröhre backen. nach Belieben können die kleinen Pfefferkuchen auch mit farbiger Glasur überzogen werden, dann entfällt das Bestreichen mit Eigelb.

NACHSPEISEN

Weintrauben, Nüsse und getrocknete Feigen bot der berühmte römische Dichter Horaz seinen Gästen als Nachtisch an. Jeder aß mit großem Vergnügen. Gewiß kannte man damals noch nicht unsere Nachtischspezialitäten, man hätte sie gewiß nicht abgelehnt. Und Horaz selber hätte mit seinem dichterischen Feingefühl den diskreten Charme und besonderen Geschmack des Erdbeerzephirs ganz besonders zu würdigen gewußt. Erdbeeren in Schlagsahne oder Birnen in Vanillekrem hätten beispielsweise allen vortrefflich gemundet. Also bedauern wir sehr, daß wir für Horaz und seine Gäste keinen Festschmaus veranstalten können.
Unseren verehrten Lesern aber empfehlen wir außer den schon genannten Spezialitäten die diversen Arten des leicht säuerlichen, im Sommer so erfrischenden Obstkisiels (Obstgelee), ein Gelee aus saurer Milch, Mandelmilch oder verschiedene Kuchen, die wir im vorigen Kapitel beschrieben haben.
Ganz besonders aber empfehlen wir zum Nachtisch immer wieder Äpfel in der verschiedensten Form. Äpfel tun Wunder! Ihnen werden geradezu unwahrscheinliche Eigenschaften nachgesagt. Manche behaupten, wenn man zwei Äpfel täglich ißt, kann man sich vor der Verkalkung bewahren. Andere meinen, wer vor dem Schlafengehen einen Apfel ißt, bekommt schöne Träume. Halten wir uns an das alte englische Sprichwort: „An apple a day, doctor away", was bedeutet: „Bei einem Apfel täglich ist der Arzt überflüssig". Selbst wenn die Engländer übertrieben haben, so steht doch fest, daß Äpfel sehr gesund sind und in Polen sehr gern gegessen werden. Der Apfel wird hier nicht nur als Nachtisch,

sondern auch für Suppe, als Gemüse und als Zutat zu vielen Speisen verwendet. Als Nachtisch gibt es Äpfel in verschiedenen Variationen: gebacken, in Vanillesoße, als Pudding und selbstredend auch in natürlicher Form: Äpfel in einem kleinen Korb, auf einer bunten Decke, appetitlich und verlockend serviert. Der polnische Nachtisch ist manchmal „im Stil von Horaz", besonders nach einer üppigen Hauptmahlzeit.

NACHSPEISEN GEGART

Kompott aus Trockenobst

Kompot z suszonych owoców

50 g Äpfel, 50 g Aprikosen,
50 g Birnen, 50 g Pfirsiche,
80 bis 100 g Zucker,
Zitronenschale,
Zitronensaft.

Das getrocknete Obst in lauwarmem Wasser gut waschen, mit 1/2 Liter gekochtem Wasser übergießen. 24 Stunden stehen lassen und am nächsten Tag abseihen. Aus Zucker, Zitronenschale und dem abgegossenen Einweichwasser einen Sirup kochen, allmählich nach Bedarf Wasser zugießen. Zitronensaft zufügen. Die ganzen oder zerkleinerten Früchte in eine Glasschüssel geben und mit dem Sirup übergießen.

Gemischtes Kompott

Kompot mieszany

100 g Zucker, 1 Glas Wein
(nicht unbedingt),
200 g Walderdbeeren,
100 g Gartenerdbeeren,
100 g Renekloden.

Aus Zucker und 1/2 Liter Wasser einen Sirup kochen, nach dem Abkühlen Wein zufügen. Wald- und Gartenerdbeeren verlesen, im Sieb gut waschen und abtropfen lassen. Gartenerdbeeren und Renekloden vierteln. Das Obst in einer Schüssel anrichten und mit dem erkalteten Sirup begießen.

Kisiel aus Beeren

Kisiel porzeczkowy, agrestowy lub żurawinowy

400 g Johannis-,
Stachel- oder Moosbeeren,
etwa 100 g Zucker,
50 g Kartoffelmehl.

Für die Vanillesoße:
$^1/_4$ l Milch,
10 g Kartoffelmehl, 2 Eigelb,
40 bis 60 g Zucker, Vanille.

Die Beeren verlesen, in einem Sieb unter fließendem Wasser waschen und mit einem Stampfer oder einer Gabel zerdrücken, aufkochen lassen, durch ein Sieb streichen und ausdrücken. Den Saft mit Zucker und in mit etwas kaltem Wasser angerührtem Kartoffelmehl unter ständigem Rühren aufkochen lassen. In eine Glasschüssel gießen und abkühlen lassen. Mit Schlagsahne oder Vanillesoße servieren. Für die Vanillesoße $^1/_8$ l Milch erhitzen, die restliche Milch mit Kartoffelmehl verrühren, der heißen Milch zufügen und unter ständigem Rühren aufkochen lassen. Die Eigelb mit Zucker schaumig rühren, mit der heißen Milch vermengen und Vanille zugeben. Anstelle von frischen Obst kann auch Fruchtsirup oder Fruchtsaft verwendet werden. Den Moosbeerenkisiel nach Belieben mit einem Stückchen Zimt und 1 bis 2 Nelken verfeinern.

Kisiel aus Fruchtsaft

Kisiel z soku owocowego

$^1/_3$ l Fruchtsaft,
40 bis 50 g Kartoffelmehl,

Zucker, Vanille
oder Vanillinzucker.

Den Saft erhitzen, zuckern. Das Kartoffelmehl mit wenig Wasser anrühren, in den Saft geben und alles aufkochen lassen. Geriebene Vanille oder Vanillinzucker zugeben. Anstelle von Vanille kann auch Zitronensaft verwendet werden.

Vanillekisiel

Kisiel waniliowy

$^1/_2$ l Milch, 50 g Kartoffelmehl,
80 g Zucker,

Vanille
oder Vanillinzucker.

Die Milch erhitzen, das mit $^1/_{16}$ Liter kalter Milch angerührte Kartoffelmehl und Zucker zufügen und alles unter ständigem Rühren aufkochen lassen. Den Kisiel leicht abkühlen lassen und geriebene Vanille oder Vanillinzucker zugeben. Alles in eine kalt ausgespülte Schüssel gießen und erkalten lassen. Kisiel kann auch in kleineren Schälchen oder Tassen oder erstarrt auf Tellerchen gestürzt mit Himbeersaft, Marmelade oder Sauerkirschenkonfitüre serviert werden. Der Kisiel schmeckt ausgezeichnet, wenn nach dem Aufkochen 1 bis 2 Eigelb und 20 g Butter untergerührt werden.

Kisiel aus Mandeln oder Nüssen
Kisiel migdałowy lub orzechowy

$^1/_2$ l Milch, 50 g Kartoffelmehl,
60 g Zucker,
Nuß- oder Mandelöl
oder 100 g angebräunte
und gemahlene Haselnüsse
oder Mandeln.

Wie Vanillekisiel zubereiten. Mit Fruchtsirup servieren.

Gebackene Äpfel
Jabłka pieczone

8 säuerliche Äpfel,
50 g Puderzucker, Vanillinzucker,
5 g Butter.

Die Äpfel waschen, abtrocknen, in einer feuerfesten, gebutterten Form 40 bis 50 Minuten in der mittelmäßig vorgeheizten Backröhre backen. In der feuerfesten Form mit Puderzucker und Vanillinzucker servieren. Die Äpfel kann man auch in einer mit siedendem Wasser begossenen feuerfesten Form backen. Das verdampfte Wasser bewirkt ein gleichmäßiges Backen der Äpfel, ohne daß die Schale aufspringt.

Gebackene Äpfel mit Marmelade

Jabłka pieczone z marmoladą

8 säuerliche Äpfel,
8 Teel. Marmelade
oder dicke Konfitüre.

Äpfel waschen, mit einem Apfelausstecher die Kerngehäuse entfernen. Die Öffnungen mit Marmelade oder Konfitüre füllen. Wie in dem Rezept „Gebackene Äpfel" backen. Vor dem Auftragen die gebackenen Äpfel nach Belieben mit Vanillesoße übergießen.

Apfelschaumspeise

Legumina jabłkowa

7 Äpfel, 4 Eigelb,
2 Eßl. Zucker,
5 Eßl. saure Sahne, 4 Eßl. Mehl,
4 Eiweiß, Zimt, 20 g Butter.

Von den geschälten Äpfeln 2 fein reiben und 5 raspeln. Die geriebenen Äpfel mit Eigelb, Zucker, Mehl und Sahne gut vermischen, die geraspelten Äpfel, Eischnee und Zimt zufügen, alles zusammen verrühren, in eine feuerfeste mit Butter eingefettete Pfanne gießen und in der Backröhre 30 Minuten überbacken.

Apfelpudding

Budyń jabłkowy

500 g Äpfel,
100 g Zucker,
70 g Butter,
70 g Semmelbrösel,
20 g gemahlene Haselnüsse,
Zimt, 2 Eier,
60 g Rosinen.

Die Äpfel schälen, reiben, mit Zucker, Butter, Semmelbrösel, Haselnüsse, etwas Zimt und Eigelb verrühren. Eiweiß zu steifem Schnee schlagen, mit Rosinen vermischen, die Äpfel darunterschlagen. In die gebutterte, mit Semmelbröseln und Rosinen ausgestreute Form geben. Die Form verschließen, im Wasserbad 60 bis 75 Minuten sprudelnd kochen lassen. Den Pudding vorsichtig stürzen. Mit Obstsaft servieren.

Garten- oder Walderdbeerenkrem
Krem truskawkowy lub poziomkowy

6 g Gelatine,
120 g Walderdbeeren,
1 Eigelb,
80 g süße Sahne,
2 Eiweiß,
80 g Zucker, Zitronensaft.

Die Gelatine in kaltem Wasser 1 Stunde einweichen, dann erwärmen und auflösen. Die Erdbeeren vorbereiten, waschen, die größeren zum Garnieren beiseite legen, die restlichen abtropfen lassen und zerdrükken. Eiweiß und die süße Sahne mit dem Schneebesen dickschaumig schlagen, kühl stellen. Die Eigelb mit dem Zucker schaumig schlagen, Zitronensaft und die zerdrückten Erdbeeren zugeben und vermengen. Der Masse unter ständigem Rühren allmählich die aufgelöste Gelatine zugeben. Wenn die Masse dick wie Sahne wird, schnell den Eischaum mit der süßen Sahne zugeben, leicht vermengen. 1 Eßlöffel von der süßen Sahne zum Garnieren übriglassen. Die Krem mit Erdbeeren und Sahne garnieren.

Birnen in Vanillekrem
Gruszki w kremie

4 große Birnen, Zitronensaft,
1 Eßl. Zucker, $^1/_4$ l Milch,
1 Teel. Mehl, Vanille, 3 Eier,
3 Eßl. Zucker.

Die Birnen schälen, halbieren, von den Kerngehäusen befreien und in Wasser mit Zitronensaft und Zucker kochen. Die garen Birnen aus dem Wasser nehmen und abkühlen lassen. Für die Krem $^1/_4$ Liter Milch aufkochen, 1 Teelöffel Mehl in 1 Eßlöffel kalter Milch verrühren und unter Rühren der siedenden Milch zufügen. Die feingeschnittene Vanille und 3 Eigelb mit 2 Teelöffel Zucker verrührt zugeben. Auf kleiner Flamme so lange rühren, bis die Masse dick wird, nicht kochen. Vom Feuer nehmen und leicht abkühlen lassen. Aus 3 Eiweiß und 1 Eßlöffel Zucker Schnee schlagen und unter die Masse heben. Die Birnen in Obstschälchen anrichten und mit der Krem übergießen.

Zitronen- oder Apfelsinenkrem

Krem cytrynowy lub pomarańczowy

4 Teel. Gelatine, 6 Eier,
200 g Zucker, Vanillinzucker,
2 Zitronen.

Die Gelatine mit $^1/_8$ Liter kaltem Wasser übergießen, mit wenig siedendem Wasser verrühren. Die Eiweiß zu steifem Schnee schlagen und unter Rühren löffelweise Zucker und Vanillinzucker zugeben. Danach die Eigelb, geriebene Zitronenschale sowie Zitronensaft zugeben. Nach und nach die aufgelöste Gelatine zugießen, weiter schlagen. Die fertiggeschlagene Masse in angefeuchtete und mit Zucker bestreute Schälchen gießen. Gut gekühlt servieren.

Zitronen- oder Apfelsinenschaumspeise

Legumina cytrynowa lub pomarańczowa

1 Zitrone oder 1 Apfelsine, *1 Eßl. Kartoffelmehl,*
400 g Zucker, 12 Eier, *20 g Butter, 30 g Semmelbrösel.*

Die Zitrone oder Apfelsine schälen und so lange in Wasser kochen, bis sie weich wird. Dann durch ein Sieb streichen und danach mit Zucker verrühren. Unter Rühren nach und nach die Eigelb und 1 Eßlöffel Kartoffelmehl zufügen und noch etwa 30 Minuten weiterrühren. Wenn die Masse sahnig wird, das zu Schnee geschlagene Eiweiß zugeben und alles in eine mit Butter gefettete und mit Semmelbröseln ausgestreute Backform gießen. 15 Minuten in der Röhre backen. Sofort heiß servieren.

Vanillesoße

Sos waniliowy

$^1/_4$ l Milch oder süße Sahne,
10 g Kartoffelmehl, 2 Eigelb,
40 bis 60 g Zucker, Vanille.

Die Hälfte der Milch zum Kochen bringen, den Rest mit Kartoffelmehl anrühren und in die kochende Milch geben, unter Rühren aufkochen lassen. Die Eigelb mit Zucker schaumig rühren und nach und nach die mit Kartoffelmehl aufgekochte Milch unter Rühren zugießen. Geriebene Vanille zugeben. Das Gefäß mit Vanillesoße in kaltes Wasser stellen, unter Rühren abkühlen lassen. Nach Belieben der heißen Soße 20 g Butter zugeben. Mit frischem Obst und verschiedenen süßen Speisen servieren.

Gelee aus saurer Milch

Galaretka z kwaśnego mleka

$^{1}/_{3}$ l saure Milch, $^{1}/_{8}$ l Sahne,
80 bis 100 g Puderzucker,
Vanillinzucker,
15 bis 20 g Gelatine.

Die Milch sorgfältig mit der Sahne verquirlen, mit Zucker abschmecken, Vanillinzucker und aufgelöste Gelatine hinzufügen, in eine Glasschüssel oder Kompottschälchen gießen und kaltstellen. Während des Erstarrens verschiedene frische ganze oder zerkleinerte Früchte, wie Garten- oder Walderdbeeren, Himbeeren usw. zugeben. Dieses Gelee aus saurer Milch kann auch ohne Sahne zubereitet werden.

Zweifruchtgelee

Galaretka dwuowocowa

$^{1}/_{4}$ l Himbeer- oder Johannisbeersaft,
$^{1}/_{4}$ l Zitronensaft,
150 bis 200 g Zucker,
20 bis 30 g Gelatine,
20 g Erdbeeren,
20 g Aprikosen (aus der Dose).

Die Erdbeeren waschen, abtropfen lassen. Die Aprikosen abseihen, abtropfen lassen und in Scheiben schneiden. Jeder Saft mit 75 bis 100 g Zucker abschmecken. Eine Hälfte der aufgelösten Gelatine dem Himbeer- oder Johannisbeersaft und die andere Hälfte dem Zitronensaft zugeben. Den Boden der hohen Gläser mit Himbeersulze bedecken und stocken lassen. Eine Lage Erdbeeren darauf geben, mit Zitronensulze bedecken und stocken lassen. Eine Lage Aprikosenscheiben darauf geben, mit Himbeersulze bedecken und stocken lassen. Mit Schlagsahne garnieren.

Mohnmasse I
Masa makowa

500 g Mohn,
50 g Butter oder Margarine,
300 g Zucker,
Zitronenschale,
Mandelöl,
30 g Rosinen,
2 Eiweiß,
3 bis 4 Eßl. Bienenhonig
nach Belieben.

Den Mohn spülen, abseihen, mit siedendem Wasser überbrühen und den Topf so lange auf kleiner Flamme stehen lassen, bis sich der Mohn mit den Fingern zerreiben läßt. Durch ein feines Sieb seihen und gut abtropfen lassen. Den Mohn zweimal fein durch den Wolf drehen. In einer Kasserolle die Margarine zerlassen, Zucker, Zitronenschale, Mandelöl nach Geschmack und Rosinen zufügen. Nach Belieben 3 bis 4 Eßlöffel Bienenhonig zugeben. Alles 10 bis 15 Minuten unter Rühren garen. Zum Schluß Eischnee unterziehen und den Mohn abkühlen lassen. Mit Kleingebäck servieren. Zum Füllen von Hefekuchen muß die Mohnmasse lauwarm sein.

Mohnmasse II
Masa makowa

500 g Mohn,
50 g Butter
oder Margarine,
250 g Zucker, 2 Eiweiß,
50 g Apfelsinenschale,
50 g Nüsse
oder Mandeln,
50 g Rosinen,
4 Eßl. Bienenhonig.

Nach dem Rezept „Mohnmasse I" zubereiten. Fein zerkleinerte Apfelsinenschale, gemahlene Nüsse oder Mandeln, gewaschene Rosinen und Bienenhonig zufügen. Mit Kleingebäck servieren.

Zitronengrieß
Grysik cytrynowy

1 Zitrone, 4 Eßl. Grieß,
8 Eßl. Zucker.

Zitrone schälen und achteln, mit 1 Glas Wasser übergießen und etwa 30 Minuten kochen lassen. Mit der Kochflüssigkeit durch ein Sieb streichen, bis zu $^1/_2$ Liter mit Wasser auffüllen, aufkochen lassen und vom Feuer nehmen. Den Grieß langsam dazuschütten und alles gut verrühren. Auf kleiner Flamme unter ständigem Rühren kurz aufkochen. Wenn die Masse dick wird, vom Feuer nehmen, in eine Schüssel gießen und mit Zucker schnell schlagen, bis die Masse steif wird. Gut gekühlt servieren.

Mandelmilch
Mleczko migdałowe

10 bittere Mandeln, 1 l Milch,
2 Eßl. Zucker, 4 Eigelb, 4 Eier.

Die Mandeln überbrühen, abziehen, mahlen und mit Milch und Zucker aufkochen. 4 Eigelb und 4 ganze Eier schlagen, mit Milch verrühren und in eine mit Butter ausgefettete Form gießen. Die Form verschließen und die Masse im Wasserbad etwa 45 Minuten kochen lassen. Das Gefäß aus dem heißen Wasser nehmen, abkühlen und erstarren lassen.

Vanillemilch
Mleczko waniliowe

3 Eier, $^1/_2$ l Milch,
60 g Zucker, Vanille.

Die Eier mit Milch, Zucker und Vanille verquirlen, in mit Butter eingefettete Becher füllen und im Wasserbad auf kleiner Flamme oder in der Backröhre etwa 45 Minuten geleeartig werden lassen. Die Becher aus dem Wasser nehmen und auf Kuchenteller stürzen.

Erdbeerzephir

Zefir poziomkowy

2 Teegläser durch ein Sieb gestrichene Erdbeeren,
3 Eiweiß,
1 Glas Puderzucker,
1 Glas süße Sahne.

Das Erdbeermus in eine Schüssel gießen, Eiweiß und Zucker zufügen, alles zu einer dicken Masse schlagen. Die süße Sahne steifschlagen und vorsichtig mit der Erdbeermasse vermengen. Den Erdbeerzephir in Schälchen verteilen und im Tiefkühlfach einfrieren.

Früchte in Schlagsahne

Owoce w bitej śmietanie

600 g frisches Obst (Garten- und Walderdbeeren, Himbeeren, entkernte Kirschen),
100 g Zucker, 1/2 l süße Sahne,
Vanillinzucker,
1 Gläschen Arrak, Rum oder Likör.

Das gewaschene Obst abtropfen lassen, mit Zucker vermischen, Arrak, Rum oder Likör zugeben. Die Sahne mit Vanillinzucker schlagen und mit den Früchten vermengen. In Portionsschälchen anrichten. Dazu Kleingebäck reichen.

Schlagsahne mit Früchten

Bita śmietana z owocami

1/2 l süße Sahne,
100 g Zucker,
400 g Obst (Garten- und Walderdbeeren, Himbeeren, entkernte Kirschen),
100 g Beerenfrüchte (Garten- oder Walderdbeeren, Himbeeren, Johannisbeeren),
120 g Puderzucker,
2 Eßl. Rotwein.

100 g Beeren zerdrücken, durch das Sieb schlagen, mit Rotwein und Puderzucker verrühren. Die gut gekühlte süße Sahne mit Zucker steifschlagen, portionieren, mit Obst garnieren, mit zerdrückten Beeren übergießen und ins Kalte stellen. Vor dem Auftragen jede Portion mit kleinen Keksen garnieren.

Äpfel oder Birnen in Vanillesoße

Jabłka lub gruszki w sosie waniliowym

400 g Äpfel oder Birnen,
Puderzucker, Zitrone
oder Zitronensäure,
1/4 bis 1/3 l Vanillesoße,
30 g Rosinen.

Die Äpfel oder Birnen waschen, schälen, in Streifen schneiden oder grob hobeln, mit Zucker und Zitronensaft abschmecken. Das zerkleinerte Obst in Glasschüsselchen anrichten und mit Vanillesoße übergießen. Mit Rosinen bestreuen.

Beeren mit Quark

Twarożek owocowy

250 g Beeren
(Garten- und Walderdbeeren,
Himbeeren, Johannisbeeren),
250 g Quark,
2 bis 3 Eßl. Sahne,
2 Gläschen Likör, Zitronensaft.

Die Beeren waschen und abtropfen lassen. Einige schöne Beeren zurückbehalten. Restliche Beeren fein zerdrücken und mit Quark, Sahne, Likör schaumig rühren. Mit Zitronensaft abschmecken, in Portionsschälchen geben und mit schönen Beeren garnieren.

Aprikosen in eigener Soße

Morele we własnym sosie

500 g Aprikosen,
3 bis 5 Eßl. Met,
100 g Puderzucker,
1/8 l Schlagsahne,
Zitronensaft, 30 g Rosinen.

Die Aprikosen schälen, entsteinen und in Würfel schneiden. Eine Hälfte der Aprikosenwürfel in die Glasschüsselchen geben und mit Met begießen. Die andere Hälfte zerdrücken, mit Zucker und Sahne schaumig rühren und mit Zitronensaft abschmecken. Mit dieser Soße die Aprikosenwürfel in Schüsselchen begießen. Mit Rosinen bestreuen.

Birnen mit Met
Gruszki z miodem

4 Birnen, 8 Teel. Met,
4 Teel. Zucker,
1/4 l süße Sahne, 1 Eigelb,
2 Eßl. Vanillinzucker,
2 Eßl. gewiegte oder gemahlene Walnüsse.

Die Birnen schälen, entkernen und halbieren. Jede Hälfte mit 1 Teelöffel Met begießen und mit Zucker bestreuen. Sahne, Eigelb und Vanillinzucker schaumig rühren. Birnenhälfte mit Sahne garnieren und mit Walnüssen bestreuen.

Mandelmasse
Masa migdałowa

120 g Butter, 120 g Zucker,
3 Eigelb,
120 gemahlene Mandeln,
2 Teel. Vanillinzucker,
1/8 l süße Sahne,
1 Gläschen Likör.

Butter mit Zucker schaumig rühren und unter ständigem Rühren nach und nach Eigelb, Mandeln und Vanillinzucker, die süße Sahne und Likör zufügen. Mit Kleingebäck portionsweise, gut gekühlt servieren.

Walnuß- oder Haselnußmasse
Masa z orzechów włoskich lub laskowych

250 g geschälte Nüsse,
250 g Puderzucker,
1/8 l süße Sahne, Vanille.

Die Nüsse durch den Wolf drehen, Zucker, süße Sahne und geriebene Vanille zugeben und alles gut vermischen. Die Masse nach Belieben aus angerösteten Nüssen zubereiten. Mit Kleingebäck portionsweise servieren.

Salat aus Haferflocken

Surówka z płatków owsianych

4 gehäufte Eßl. Haferflocken,
$^1/_4$ l Kondensmilch oder Sahne,
4 Eßl. Bienenhonig,
400 g Äpfel,
Zitronensaft, 4 Eßl. gewiegte oder gemahlene Walnüsse.

Die Haferflocken mit $^1/_2$ Liter kaltem Wasser verrühren und über Nacht in einem Porzellangefäß kühl stellen. Am nächsten Tag die Flocken mit Milch, Honig, geriebenen Äpfeln, nach Belieben auch zerdrückten Beeren oder trockenen, eingeweichten Pflaumen vermengen. Mit Zitronensaft abschmecken und mit Walnüssen bestreuen.

GETRÄNKE

„In der ersten Hälfte des 20. Jahrhunderts gab es wichtige Neuerungen, der Kubismus, der Blues und der polnische Wodka kamen auf", sagte einmal Pablo Picasso. Obwohl man diese Aussage des weltberühmten Malers nur mit einem Augenzwinkern betrachten kann, steht doch fest, daß im 20. Jahrhundert der polnische Wodka zu einem der bekanntesten und meistgefragten alkoholischen Getränke in der Welt wurde. In Polen wurde der Wodka bereits früher bekannt, jedoch nicht so früh, daß wir meinen könnten, er sei von jeher das Stammgetränk der Polen gewesen. Zu brennen begann man den klaren Korn erst gegen Ende des 15. Jahrhunderts. Vorher trank man gern ein leichtes Bier und den wohlschmeckenden Met, der übrigens bis auf den heutigen Tag einen Ehrenplatz auf der Karte der polnischen Getränke einnimmt.
Seit dieser Zeit, seit dem 16. Jahrundert, hat man den klaren Wodka ständig vervollkommnet, bis er die heutige Gütequalität und einen Alkoholgehalt 40 bis 45% erreicht hat. Der Klare wurde auch bei der Herstellung von anderen Schnäpsen, auch den hausgemachten herben Obstschnäpsen und den Likören verwendet. In unseren Zeiten dient er ebenfalls zur Herstellung von Cocktails, über die G. B. Shaw, der große Spötter, folgendes bemerkte: „Ich liebe Cocktails, auf polnischem 'Wodka Wyborowa' zubereitet. Proportionen: ein Teeglas Wodka und ein Stein einer Sauerkirsche." Damit hat G. B. Shaw leicht übertrieben! Man kann sich davon überzeugen, wenn man unser Rezept für „Wiśniak" (Sauerkirsch-Schnaps) vergleicht.

Die zitierte Bemerkung des weltbekannten Dramatikers enthält gewiß eine zutreffende Beobachtung: der polnische klare Wodka eignet sich tatsächlich sehr gut zur Zubereitung von Cocktails und auch von wohlschmeckenden Hausschnäpsen. Es gibt hierfür so viele Rezepte, daß man sie alle kaum aufzählen kann. Jeder Hausherr besitzt außerdem noch einige eigene, die er streng als Geheimnis hütet. Diese Hausschnäpse werden bei uns in Polen aus Früchten, Gewürzen und Kräutern gemacht. Zu den bekanntesten Schnäpsen gehört zweifellos der Żubrówka (Wisentschnaps) mit dem Grashalm; dieser wird nebenbei bemerkt, von den Wisenten gern gefressen. W. Somerset-Maugham lobte diesen Schnaps und bemerkte: „Das Trinken von Żubrówka bereitet mir soviel Vergnügen wie Musik bei Mondschein." Doch raten wir, das rechte Maß zu halten und vernünftig zu trinken. Nicht jeder hat einen so starken Kopf wie ein Wisent! Am besten mundet Żubrówka zum Essen, und zwar zu Vorspeisen und zu Hauptgerichten. Bei dieser Gelegenheit ist gewiß auch ein gut gekühlter Korn nicht zu verachten. Zum Kaffee oder Nachtisch hingegen empfehlen wir einen Likör, nicht zu kalt, in kleinen Gläschen.
Alkoholische Getränke trinkt man in Polen „bei Gelegenheit". Für den Alltag erwarben sich Tee und Kaffee das Bürgerrecht, vor allem aber die Milch. Immer populärer werden in Polen gemixte Milchcocktails mit wenig oder ohne Alkohol. Wir haben für Alkoholgegner einige Rezepte aufgenommen, damit sie auch „Na zdrowie!" – „Zum Wohl!" sagen können.

ALKOHOLISCHE GETRÄNKE

Żubrovka (Wisentschnaps mit Gras)

Żubrówka

1 Sträußchen getrocknetes
Wisentgras (Herba Hierochloe),
$^{1}/_{2}$ l Primasprit (95%).

Die Grashalme in 3 bis 4 cm lange Stückchen brechen, abspülen, abtropfen lassen und in eine Flasche stecken, mit Primasprit übergießen, zukorken und die Flasche an einem dunklen, kühlen Ort stehen lassen. Nach 10 Tagen den Primasprit abgießen und $^{1}/_{2}$ Liter abgekochtes kaltes Wasser auf das Gras gießen, den gefilterten Primasprit zufügen. Die Flasche oder ein etwas größeres Glasgefäß verschließen und 24 Stunden ziehen lassen.

Schnaps aus getrockneten Pflaumen

Śliwowica

250 g getrocknete Pflaumen,
1 l klarer Wodka (45%),
$^{1}/_{4}$ l Primasprit (95%),
$^{1}/_{4}$ l Wasser.

Die getrockneten Pflaumen entkernen, fein schneiden, in ein Glasgefäß schütten, mit Primasprit und Wodka übergießen und zukorken. Das Gefäß 4 bis 6 Wochen stehen lassen und öfter schütteln. Nach 4 bis 6 Wochen den Pflaumensaft durch einen Filter in ein anderes Gefäß abgießen, die Pflaumen mit Wasser übergießen und 1 bis 2 Tage stehen lassen. Danach den Saft ebenfalls filtern und mit der zuerst abgegossenen Flüssigkeit vermischen. Alles zum Klären stehenlassen. Nach einigen Tagen den Likör vom Satz, der sich auf dem Boden des Gefäßes gebildet hat, abgießen. Den Likör filtern und in Flaschen füllen. Der Likör gewinnt an Aroma und Stärke, je länger er steht.

Obstbranntwein

Ratafia

In ein großes 10- bis 15-Liter-Glasgefäß
je 100 bis 200 g Früchte schütten (Erdbeeren, Kirschen, Sauerkirschen, Aprikosen, Himbeeren, Pfirsiche, Walderdbeeren, schwarze und rote Johannisbeeren. Blaubeeren, Pflaumen, Birnen, Äpfel, Weintrauben).

Auf je 100 bis 200 g Obst 2 bis 4 Eßlöffel Zucker und so viel Primasprit geben, bis das ganze Obst bedeckt ist. Das Gefäß zubinden. Der Gärungsprozeß dauert etwa 6 Monate. Nach diesem Zeitabschnitt die

Flüssigkeit in Flaschen abgießen und die Flaschen zukorken. Die im Glasgefäß gebliebenen Früchte erneut mit Primasprit bedecken. Nach 3 Monaten erhält man einen ebenso guten Obstbranntwein wie nach dem ersten Gärungsprozeß.

Liköre aus frischen Früchten

Nalewki na świeżych owocach

1 kg Obst, 1 l Primasprit (95%),
1/2 l klarer Wodka (45%),
1 kg Zucker.

Das gewaschene, geputzte bzw. entsteinte frische Obst (Himbeeren, schwarze Johannisbeeren, Walderdbeeren, Pflaumen, Schlehen, Kornelkirschen oder Aprikosen) in ein großes Glasgefäß schütten und mit Primasprit und Wodka übergießen. Das Gefäß fest verschließen und 4 bis 6 Wochen (Walderdbeeren und Himbeeren 2 bis 3 Wochen) ziehen lassen. Das Gefäß von Zeit zu Zeit schütteln. Dann die Flüssigkeit, die sich gebildet hat, in ein anderes Gefäß filtern. Das übrige Obst zerdrükken, mit Zucker bestreuen und im Gefäß durcheinanderschütteln. Das Gefäß etwa 2 bis 3 Wochen warm stellen, am besten in die Sonne auf das Fensterbrett, damit der Zucker sich auflöst. Das Gefäß öfters schütteln. Den so entstandenen Sirup in ein anderes Gefäß filtern. Mit diesem Sirup die vorher abgegossene Fruchtflüssigkeit vermengen und zum Klären abstellen. Die restlichen Früchte nochmals mit Wodka übergießen und als schwachen Likör verwenden. Den geklärten guten Likör nochmals filtern und in Flaschen gießen, in denen er aufbewahrt werden soll. Je länger dieser Likör steht, desto besser ist er.

Polnischer Honiglikör

Krupnik-Likier

1/3 kg Bienenhonig
1/2 l Primasprit (95%),
1/4 Vanillestange,
1/4 Muskatnuß,
10 g Zimt, 2 Nelken,
etwas Zitronen-
oder Apfelsinenschale.

Den Honig mit $^1/_4$ Liter Wasser aufkochen, die zerkleinerten Gewürze dazugeben und noch einige Minuten kochen lassen. Vom Feuer nehmen, 30 Minuten stehen lassen, abseihen, nochmals aufkochen und noch heiß in einen vorgewärmten Krug mit Deckel gießen. Primasprit zugeben und alles schnell vermischen. Der Honiglikör wird sehr heiß in Schnapsgläsern oder in vorgewärmten Tontassen serviert. Kleine Kaffeetassen eignen sich dafür ebenfalls. Den Honiglikör kann man auch kalt trinken.

Honigpunsch
Poncz miodowy

1 Teeglas Honig, Zimt,
6 Nelken,
1 l starker schwarzer Tee,
2 Orangen, 1 Zitrone,
einige Tropfen Arrak.

Den Honig auflösen, die gemahlenen Nelken und den Zimt mit einem Glas kochendem Wasser überbrühen, durch ein Leinentuch gießen und den Honig zufügen. In den vorbereiteten kochend heißen Tee den Honig mit den Gewürzen, Organgensaft und einige Tropfen Arrak oder Rum geben. In Gläser füllen und heiß mit Zitronenscheiben servieren.

Eleganter Cocktail
Cocktail wykwintny

$^1/_2$ l süße Sahne,
1 Glas Sauerkirsch-,
Apfel- oder Himbeersaft,
1 Glas Kognak.

Die süße Sahne mit dem Saft im Mixer mixen, dabei nach und nach den Kognak zugeben. In Cocktailgläser Eiswürfel verteilen und den Cocktail darübergießen. Dazu süße Waffeln oder Biskuits reichen.

Warmes Bier
Piwo grzane

4 Eigelb, 3 Eßl. Zucker,
1 Flasche helles Bier, Zimt.

Die Eigelb mit dem Zucker schaumig schlagen. Das Bier mit Zimt aufkochen und kochend langsam der Eigelbmasse zugeben. Mit dem Schneebesen oder mit dem elektrischen Mixgerät weiterschlagen. Heiß servieren.

Warmer Met
Miód grzany

1 Flasche Met, Nelken,
Vanille, Zimt.

Den Met mit den Gewürzen stark erhitzen, nicht kochen, in kleinen Steingutbechern servieren.

Cherry Brandy
Wiśniak

2 1/2 kg Sauerkirschen,
2 1/2 kg süße Kirschen,
500 g Gartenerdbeeren,
500 g Walderdbeeren,
1 l Primasprit,
100 g Zucker, 2 g Koriander.

Das Obst auspressen und 1 Liter Obstsaft mit Primasprit, Zucker und Koriander vermischen. 1 Monat stehen lassen und dann in Flaschen füllen. Je länger er steht, je stärker und besser wird er.

ALKOHOLFREIE GETRÄNKE

Pfirsich-Cocktail
Cocktail brzoskwiniowy

2 bis 4 Pfirsiche, 1 Glas Milch,
1 Glas saure Milch,
2 Eßl. Orangensaft
oder Zitronensaft,
4 Eßl. Puderzucker.

Die geschälten Pfirsiche würfeln und im Mixgerät mit der Milch, dem Saft und dem Zucker kurz mixen. Mit Eiswürfeln servieren.

Kirsch-Cocktail
Cocktail wiśniowy

4 Glas saure Milch,
4 Eßl. Puderzucker,
400 g entkernte Kirschen.

Die saure Milch mit dem Zucker und den Kirschen im Mixgerät etwa 1 Minute mixen. In die Cocktailgläser Eiswürfel verteilen und den Cocktail darübergießen.

Obst-Joghurt-Cocktail
Cocktail jogurtowo-owocowy

400 g Obst,
(Erdbeeren, Himbeeren,
Gartenerdbeeren, Johannisbeeren).
4 Flaschen Joghurt,
4 Eßl. Puderzucker.

Die gewaschenen Früchte im Mixgerät mit Joghurt und Zucker etwa 1 Minute mixen. In Gläser Eiswürfel verteilen, den Cocktail darübergießen.

Cocktail aus Frühgemüse
Cocktail wiosenny

4 Flaschen Joghurt,
1/2 Glas saure Sahne, geschälte,
geputzte und gewaschene
grüne Gurken, Radieschen,
gewiegter Dill und Schnittlauch,
Salz.

Den Joghurt, die saure Sahne und das vorbereitete Frühgemüse im Mixgerät mixen, mit Salz abschmecken. In Gläser Eiswürfel verteilen. Den Cocktail darüber gießen. Dazu Salzstangen reichen.

HALTBARMACHEN

Nehmen wir dieses Kapitel nicht so ganz genau, denn es enthält gewiß nicht alle Einkochrezepte der polnischen Küche! Eingekocht wird weiterhin, jedoch gewiß weniger als früher, denn die Lebensmittelindustrie hat eine große Entwicklung genommen und bietet heute die verschiedensten Konzentrate, Konserven, Tiefkühlprodukte und anderes mehr auf dem Markt an. Daraus kann man ganze Mahlzeiten, von der Vorspeise bis zum Nachtisch zubereiten.

Auf den folgenden Seiten schlagen wir Rezepte vor, die für die Vorbereitung der Speisen, die in den vorhergehenden Kapiteln beschrieben wurden, unumgänglich sind. Man kann keinen guten Barschtsch kochen, ohne das Säuern von roten Rüben zu kennen. Auch ein „klassischer" Bigos gelingt ohne „klassischen" sauren Kohl nicht recht, geschweige denn eine Gurkensuppe, die ohne Salzgurken – die in Polen anders als in anderen Ländern schmecken – einfach undenkbar ist. Probiert man die süß-sauer eingekochten Preisel- oder Moosbeeren zum Fleisch, kann man leicht feststellen, welche schmackhafte Ergänzung sie zum Braten bilden. Ohne sie würde eine gebratene Pute direkt Minderwertigkeitskomplexe bekommen. Und erst die marinierten Steinpilze, ohne die eine kalte Platte einfach unvorstellbar ist...

So wollen wir unseren Lesern auf den folgenden Seiten nur einige wichtige Einmachrezepte vermitteln und ihnen gleichzeitig versichern, daß auch die übrigen sehr gut sind.

Rote-Rüben-Extrakt zur Bereitung von Barschtsch

Kwas burakowy

1 kg rote Rüben,
50 g schwarzes Roggenbrot.

Die roten Rüben unter fließendem Wasser abbürsten, dünn schälen, in Scheiben schneiden, in ein Steingut- oder Glasgefäß geben und mit 2 Liter abgekochtem, lauwarmem Wasser übergießen. Einige Stückchen schwarzes Roggenbrot mit Rinde zufügen, mit durchlöchertem Papier zudecken und im Warmen stehen lassen (18–20°C). Nach einigen Tagen den entstandenen säuerlichen Saft abgießen und in Flaschen füllen. Die Flaschen gut verschließen. Die roten Rüben nach Belieben erneut mit Wasser übergießen. Dieser Extrakt eignet sich hervorragend im Winter zur Zubereitung von Barschtsch. Dafür den Extrakt nach Belieben verdünnen, mit Gewürzen abschmecken, zuckern, aufkochen lassen und servieren.

Żursäure

Kwas na żur

100 g Roggenmehl, Schrotmehl
oder Hafermehl.

Das Mehl mit $^1/_2$ Liter warmem abgekochtem Wasser verrühren, in ein Glas- oder Steingutgefäß gießen und warmstellen. Wenn die Mehlflüssigkeit sauer wird und angenehm zu riechen beginnt, kann daraus eine schmackhafte Mehlsuppe, der „polnische Żur" gekocht werden.

Sauerkraut

Kapusta kwaszona

10 kg Weißkohl, 200 g Salz,
20 g Kümmel, 10 g Dillsamen,
nach Belieben 250 g Möhren,
500 g Äpfel,
einige Lorbeerblätter.

Zum Säuern für den Winter eignen sich am besten die winterlichen Weißkohlsorten. Das Kraut putzen, waschen und hobeln. Das zerklei-

nerte Kraut mit Salz, Kümmel und Dill vermengen. Durch Zusatz von geschnippelten Möhren, geviertelten Äpfeln und Lorbeerblättern gewinnt das Kraut an Geschmack.
Den zubereiteten Weißkohl in ein vorher mit kochendem Wasser gereinigtes Holzfaß, Steingut- oder Glasgefäß geben und mit einem Holzstampfer feststampfen. Überflüssigen Saft abschöpfen. Das Gefäß nicht allzu voll füllen, damit der während der Gärung enstehende Krautsaft nicht überläuft. Auf die Oberfläche ein Stück ausgekochtes Leinen und darauf einen Holzteller legen. Den Holzteller mit einem sauberen großen Stein belasten. Das Gefäß mit dem Kraut 1 bis 2 Tage bei 18°C beiseitestellen, danach in einem kühlen Keller bei 8 bis 10°C weiter gären lassen. Während der ersten Gärungstage das Kraut mit einem Holzstiel durchschlagen, damit die Gärung gut durchzieht. Darauf achten, daß während der Gärungszeit das Kraut immer mit Saft bedeckt ist. Wenn sich während der Gärung zu wenig Saft gebildet hat, Salzwasser nachfüllen. Für 1 Liter abgekochtes Wasser werden 20 g Salz benötigt. Während der winterlichen Aufbewahrungszeit den sich auf der Oberfläche bildenden Schimmel sofort entfernen. Den Holzteller oft waschen und überbrühen. Das Leinen mehrmals auskochen.

Salzgurken
Ogórki kwaszone

10 kg Gurken, 10 l Wasser, 500 g Salz und 500 g Gewürze (einige Dillstengel, Meerrettichwurzeln, einige Eichen- oder Kirschbaumblätter, Knoblauch, Senf).

Zum Einsalzen eignen sich am besten mittelgroße, nicht allzureife frische grüne Gurken. Dazu entweder Fäßchen aus hartem Holz oder Steingutgefäße verwenden. Die Gefäße vorher sorgfältig waschen und mit kochendem Wasser ausbrühen. Die Gurken waschen, abtropfen lassen. Die Enden nicht abschneiden und die Gurken nicht anstechen! Auf den Boden des ausgebrühten Holz- oder Steingutgefäßes eine Schicht Gewürze geben. Das Gefäß zur Hälfte mit Gurken füllen. Zuerst eine weitere Schicht Gewürze daraufgeben und darauf die restlichen

Gurken geben. Das Gefäß nicht zu voll füllen! Für das Salzwasser je Liter Wasser 50 g Salz verwenden, aufkochen und wieder abkühlen lassen. Das Wasser über die Gurken gießen. Das Gefäß mit einem ausgekochten Leinentuch bedecken, einen gut gewaschenen und überbrühten Teller daraufsetzen und mit einem sauberen mittelgroßen Stein beschweren. Das Gefäß mit den eingelegten Gurken 2 bis 3 Tage im Warmen bei 18 bis 20°C stehen lassen und dann im Keller bei 8 bis 10°C aufbewahren. Die Gurken müssen immer mit Brühe bedeckt sein. Den sich auf der Oberfläche bildenden Schimmel sofort entfernen, den Teller oft waschen und überbrühen, das Leinen öfters auskochen.

Salzgurken zum Schnellverbrauch

Ogórki kwaszone małosolne

1 kg mittelgroße grüne Gurken,
2 Knoblauchzehen,
20 bis 30 g Salz,
1 bis 1 1/2 l Wasser,
Dillstengel.

Die Gurken waschen, beide Enden abschneiden. Jede Gurke mit einer Gabel an mehreren Stellen anstechen, in ein Glasgefäß legen, die Knoblauchzehen dazugeben und alles reichlich mit abgekochtem, abgekühlten Salzwasser (20 g Salz auf 1 Liter Wasser) übergießen. Die Gurken müssen völlig bedeckt sein. Zum Schluß den Dill darauflegen. Das Gefäß mit sauberem und an mehreren Stellen durchlöcherten Pergamentpapier oder mit einem Leinentuch zubinden und im Warmen stehen lassen. Wenn die Gurken sauer werden – der Saft sauer schmeckt und das Gurkenfleisch „durchsichtig" wird – das Gefäß kühlstellen (8 bis 10 °C). Beim allmählichen Verbrauch der Gurken darauf achten, daß die restlichen Gurken immer mit reichlich Saft bedeckt bleiben.

Marinierte Pilze

Grzyby marynowane

Frische Pilze, Essig, Salz,
1 Zwiebel, auf 1 l Essig
5 g Gewürze (Pfeffer, Piment, Lorbeerblätter).

Zum Marinieren eignen sich Steinpilze, Reizker, Butterpilze, Grünlinge und Honigpilze. Jede Pilzsorte getrennt marinieren. Am besten eignen sich dafür ganz kleine Pilze, die nicht geschnitten werden. Größere Pilze halbieren oder vierteln. Die völlig einwandfreien Pilze putzen und gut waschen. Die Pilze in wenig Salzwasser ansetzen, die Zwiebel ganz oder halbiert dazugeben. Alles garen. Die Pilze aus dem Wasser herausnehmen (ohne Zwiebel), abtropfen lassen, in Gläser füllen, abkühlen lassen und mit kaltem, mit den Gewürzen aufgekochtem Essig übergießen. Nach Belieben kleine überbrühte Zwiebeln oder gekochte Möhrenringe zu den Pilzen geben. Die Gläser verschließen und kühl und trocken aufbewahren.

Pflaumen in Essig

Śliwki w occie

1 kg frische gesunde feste Pflaumen, 1/4 l Essig,
250 g Zucker, 1 Teel. Nelken, Zimt.

Die Pflaumen waschen und mit einem Geschirrtuch abtrocknen. 1/4 Liter Wasser mit Essig, Zucker und den Gewürzen aufkochen, abkühlen lassen und über die Pflaumen gießen. Bis zum nächsten Tag stehen lassen. Dann den Sirup abschöpfen, nochmals aufkochen lassen und wieder kochend über die Pflaumen gießen. Diesen Vorgang 2 bis 3 mal wiederholen, die Pflaumen immer wieder mit kochendem Sirup übergießen. Die Pflaumen mit dem Saft in Gläser füllen, so daß sie völlig bedeckt sind, fest verschließen und für den Winter aufbewahren. Sie schmecken ausgezeichnet zu kalten Platten.

Preiselbeeren zu Fleischspeisen

Borówki do mięsa

1 kg Preiselbeeren, 300 g Zucker,
350 g Birnen oder Äpfel.

Die Preiselbeeren verlesen, waschen, abtropfen lassen. Den Zucker mit 1/8 Liter Wasser unter ständigem Rühren zu dickem Sirup kochen. Die

Preiselbeeren in den heißen Sirup geben und unter weiterem Rühren noch etwa 15 Minuten kochen lassen. Birnen oder Äpfel waschen, schälen, vierteln, von den Kerngehäusen befreien, zu den Preiselbeeren geben und alles zusammen noch etwa weitere 30 Minuten kochen lassen, bis die Preiselbeeren und das Obst durchsichtig werden. Die heißen Preiselbeeren in Steingutgefäße oder Gläser füllen. Die Steingutgefäße mit den Preiselbeeren nach Belieben in die vorgewärmte Backröhre stellen und bei großer Flamme die Oberfläche verkrusten lassen. Die abgekühlten Gefäße mit den Preiselbeeren mit Pergamentpapier oder Zellophan verschließen und zubinden. Im Kühlen aufbewahren.

Moosbeerenkonfitüre zu Fleischspeisen

Żurawiny do mięsa

1 kg Moosbeeren, 500 g Zucker,
350 g Äpfel.

Die Moosbeeren verlesen, waschen, abtropfen lassen, anstechen, mit Zucker vermischen. $^1/_8$ Liter Wasser zugeben und langsam unter Rühren kochen. Den Obstsaft bis zu $^3/_4$ der anfänglichen Menge abschöpfen. Die Äpfel schälen, in Stücke schneiden, den Moosbeeren zufügen und alles zusammen kochen, bis die Äpfel durchsichtig werden. Die Konfitüre in Einkochgläser füllen, verschließen und kühl aufbewahren. Die Moosbeeren schmecken hervorragend zu Geflügel und Wild.

BILDTAFELVERZEICHNIS

REZEPTVERZEICHNIS

Für die inhaltliche Erarbeitung, graphische Gestaltung und den Druck des Tafelteiles und des Schutzumschlages zeichnet der Verlag für die Frau, Leipzig, verantwortlich.

Herausgeber: Państwowe Wydawnictwo Ekonomiczne, ul. Niecała 4a,
00-098 Warszawa, Polska
und
Verlag für die Frau, DDR, 701 Leipzig, Friedrich-Ebert-Straße 76/78

Bearbeitet durch: Redaktion Hauswirtschaft, Verlag für die Frau, Leipzig
Gesamtgestaltung: Ursula Walch
Fotografie: Heinz Schütze
Arrangement: Ursula Walch, Heinz Schütze
Printed in Poland by Drukarnia im. Rewolucji Październikowej, Warszawa

Druckgenehmigungsnummer: 126/405/11/79
LSV 9229
Bestellnummer 673 156 2
DDR 15,– M